身边的婚姻法律顾问

离婚纠纷常见法律问题与全程应对指南

王秀全　张　莹◎主　编

李金萍　赵鸿江　晋家兴　王丹丹◎副主编

中国法制出版社
CHINA LEGAL PUBLISHING HOUSE

第一章　协议离婚

第一节　协议离婚与诉讼离婚的选择

第二节　订立离婚协议

第三节　办理协议离婚的具体程序

第二章　诉讼离婚

第一节　认定夫妻感情确已破裂的标准

第七节 诉讼离婚中的常见问题

第三章 涉外离婚

第一节 如何理解涉外离婚案件中的“涉外因素”

第二节 涉外离婚案件的管辖与法律适用

第三节 涉外离婚案件的公证、认证

第四节 涉外离婚案件中的常见问题

第五节 国外离婚判决的承认与执行

第四章　诉讼程序基础知识

第一节　诉前的准备工作

第二节　立案

第三节　庭审程序

第一章
协议离婚

第一节　协议离婚与诉讼离婚的选择

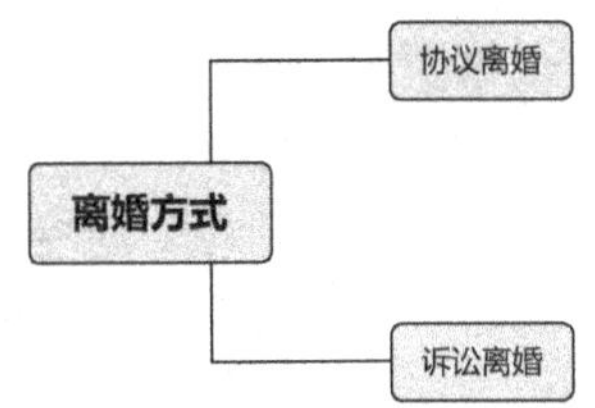

释明：
离婚方式有且只有两种：协议离婚与诉讼离婚。
网络谣传的以下方式没有法律依据，且是错误的：
1. 分居满两年，视为自动离婚；
2. 一方下落不明，自动离婚；
3. 一方失踪，自动离婚。

图 1-1　离婚方式

一、协议离婚与诉讼离婚的利弊分析

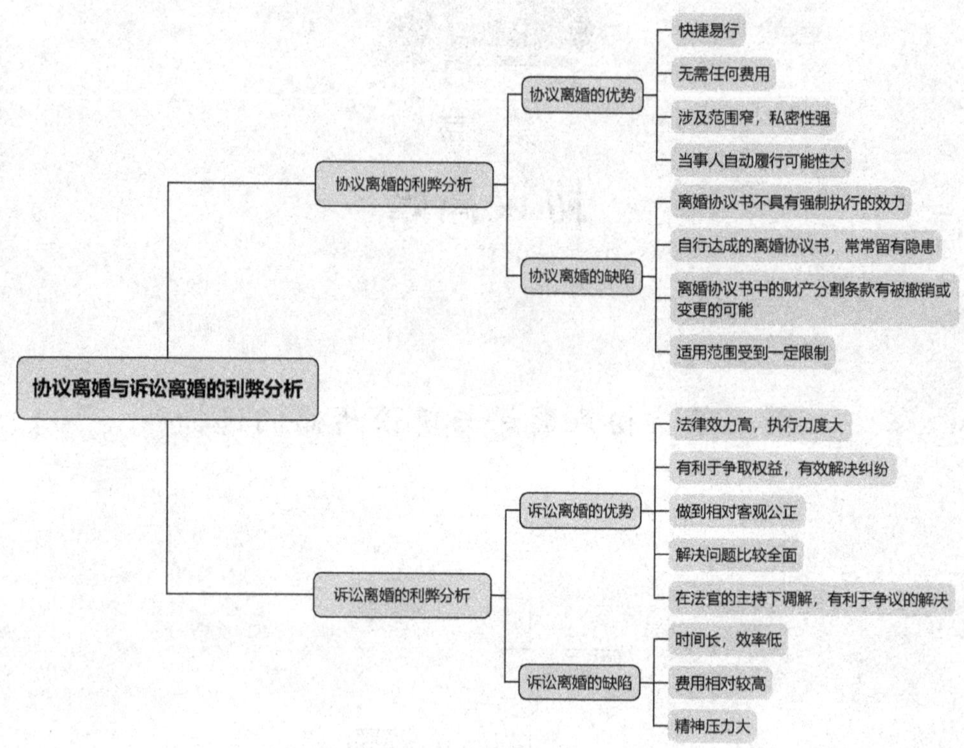

图 1-2 协议离婚与诉讼离婚的利弊分析

依据《民法典》及相关法律的规定，解除夫妻之间的婚姻关系只能通过两种方式：第一种是协议离婚；第二种是诉讼离婚。

（一）协议离婚的利弊分析

协议离婚，是指男女双方自愿解除婚姻关系，并就离婚的相关法律问题达成协议，由婚姻登记机关颁发离婚证后使婚姻关系归于消灭的离婚方式。

依据《民法典》第 1077 条的规定，自婚姻登记机关收到离婚登记申请之日起 30 日内，任何一方不愿意离婚的，可以向婚姻登记机关撤回离婚登记申请。前款规定期限届满后 30 日内，双方应当亲自到婚姻登记机关申请发给离婚证；未申请的，视为撤回离婚登记申请。《民法典》专门设置了“离婚冷静期”制度，改变了“即申即离”的登记离婚情形，有利于督促当事人冷静思考，避免当事人一时冲动、草率离婚。目前看来，离婚冷静期只适用于协议离婚，诉讼离婚并不适用。在离婚冷静期内，任一方均有权反悔，向婚姻登记机关撤回离婚登记的申请。离婚冷静期内，虽然婚姻登记机关受理了当事人的离婚申请，但双方的婚姻关系并不会解除；离婚冷静期过后，如当事人未在30日内亲自向婚姻登记机关申请发给离婚证的，视为双方撤回了离婚登记的申请，婚姻关系不会自动解除。

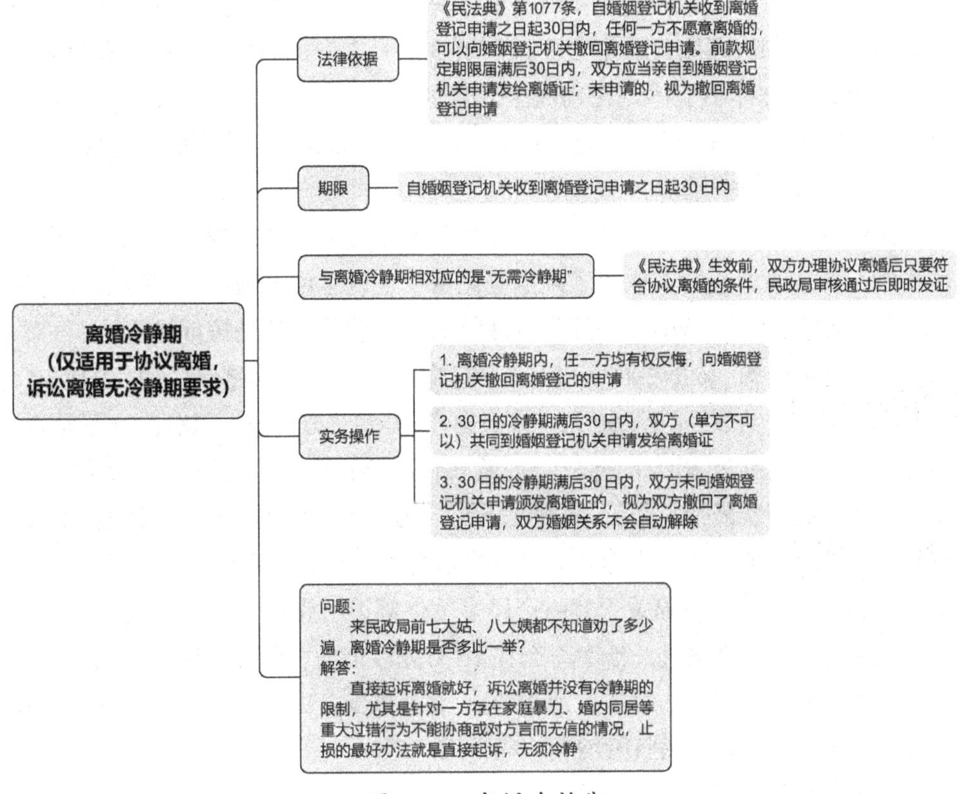

图 1-3 离婚冷静期

1. 协议离婚的优势

前文已经分析，离婚的方式无非协议离婚和诉讼离婚两种。在夫妻双方都同意离婚的前提条件下，除非双方就子女抚养、财产分割、债务承担等问题难以达成一致，正常情况下，考虑到协议离婚的诸多优势，大多数当事人都会选择通过协议离婚的途径来解除双方之间的婚姻关系。

协议离婚比较快捷易行，保密性强，属于“好聚好散”的离婚途径，充分体现了婚姻自由中的“离婚自由”，成为当事人离婚的首选方式。协议离婚的主要优点如下：

（1）快捷易行

虽然《民法典》第1077条设置了30日的离婚冷静期，但如果双方的离婚意愿坚决，则可以在离婚冷静期届满后30日内向婚姻登记机关申请颁发离婚证。相对于诉讼离婚而言，协议离婚所需时间较短，是节约时间成本最佳的离婚方式之一（法院的诉前调解程序也是一种快捷方式）。

而诉讼离婚，适用简易程序的，从立案到一审判决作出需要3个月左右的时间。适用普通程序的，从立案到一审判决作出需要6个月左右的时间。如果一方当事人对判决不服，二审程序又需要3个月左右的时间；如果一审判决不准予离婚，双方都不上诉，在判决生效后的6个月内，没有新情况、新事由，原告不能再提起离婚诉讼。因此，相对于诉讼离婚而言，协议离婚较为快捷。

（2）无需任何费用

2017年3月15日，《财政部、国家发展改革委关于清理规范一批行政事业性收费有关政策的通知》取消了婚姻登记费，也就是说办理协议离婚不再收取工本费。而在诉讼离婚中，法院除按件收取诉讼费外，都是按诉讼标的额的一定比例收取诉讼费。依据2007年4月1日起施行的《诉讼费用交纳办法》的规定，离婚案件每件交纳50元至300元。涉及财产分割，财产总额不超过20万元的，不另行交纳；超过20万元的部分，按照0.5%交纳。按照上述标准，离婚纠纷案件的案件受理费最少50元，多则几千元、几万元甚至几十万元。根据《北京市高级人民法院关于适用〈诉讼费用交纳办法〉的若干意见》《北京市发展和改革委员会、北京市财政局关于非财产民事案件等诉讼受理费标准的通告》的规定，北京地区的离婚案件（涉案财产在20万元以下的）每件交纳150元，如果先行按照简易程序审理，每件交纳75元。在离婚案件中如涉及评估、审计、财产保全等事项的，还须另行缴纳相应的费用。

（3）涉及范围窄，私密性强

如果双方当事人自行采取协议离婚的方式，可以避免“外人”知道自己的“家务事”，具体事务完全由双方处理，知情人限于双方或双方亲朋好友；由律师参与的协议离婚过程中，知情人仅增加了律师，而不像诉讼离婚，知情方扩展到法院系统，因诉讼文书送达，以及可能的司法鉴定、审计、评估、证人出庭作证等环节，又将知情范围扩展到邻居、单位、鉴定机构等，存在公告情形的，扩展范围还会涉及不特定第三人。因此，采取协议离婚方式涉及范围窄。因需遵守职业道德规范，律师往往会保守其在执业过程中获悉的离婚当事人的信息，特别是隐私信息，因此协议离婚的私密性强。

（4）当事人自动履行可能性大

采用协议方式离婚时，因达成的协议内容是双方有效协商的结果，所以双方争议较小，在子女抚养权行使、抚养费用支付、探望权的行使等具体问题上，双方一般都会积极主动地履行，相对于法院的强制执行，自动履行的可能性大，有利于社会的和谐稳定。而通过诉讼方式离婚，在诉讼过程中，不排除一方当事人因情绪波动而产生过激行为，如：到另一方当事人单位去闹事、在互联网上公布对方隐私、抢夺孩子、实施家庭暴力等。一旦上述情况出现，双方的矛盾已激化，判决离婚后，判决结果是法官运用法律、依据证据证明的事实而作出的裁判，大多数情况下，不能同时满足双方的诉求，有可能会导致一方不满，判决的执行在现实中多存在一方拒不履行的情况。即使是法院的调解书，当事人一方不完全履行的现象也屡见不鲜。尤其是涉及子女抚养权、探望权等问题，法院依据生效的判决书或调解书也很难强制执行，特别是对子女人身自由不能强制执行，对对方不履行判决确定的协助义务的，大多数情况下也只能采取拘留、罚款等措施。相比较而言，离婚协议书大多是双方在自愿互谅的基础上作出的，双方容易接受和互相配合，“缘分尽了，大家还可以做朋友”，使双方破裂的感情不至于走到反目成仇的程度，同时也有利于社会的和谐、稳定。

2. 协议离婚的缺陷

当然，相对于诉讼离婚，协议离婚也有一些缺陷，主要有以下几点：

（1）离婚协议书不具有强制执行的效力

发生法律效力的离婚判决书或调解书，当一方当事人拒绝履行相应义务的时候，另一方当事人可以申请法院强制执行，法院的执行机构可依据《民事判决书》或《民事调解书》的内容强制执行。而离婚协议书却没有强制执行的效力，当一方不按照协议的内容履行财产分割、子女抚养费的支付、协助探望权的行使等义务时，另一方须提起诉讼，经法院审理出具《民事判决书》或《民事调解书》，待相应法律文书生效后方可申请强制执行。

（2）自行达成的离婚协议书，常常留有隐患

离婚协议的内容，由双方当事人协商一致即可。由于当事人的法律知识有限，对于协议书中具体条款的法律后果往往认识不足，协议书中涉及财产分割、子女抚养、债权债务的处分，往往考虑不周全，内容上可能词不达意，容易产生纠纷。婚姻登记机关对离婚协议的内容仅进行形式审查，即内容上只要有明确自愿离婚的意思表示、子女抚养权的行使、抚养费的支付、探望权的行使、财产分割的意愿、债权的分割、债务的承担等约定内容就可以，而不对条款约定的内容是否公平、约定的条款是否具有可执行性、是否严重侵害一方的权益进行审核，因此，自行达成的离婚协议书往往留有隐患。

（3）离婚协议书中的财产分割条款有被撤销或变更的可能

依据《最高人民法院关于适用〈中华人民共和国民法典〉婚姻家庭编的解释（一）》（以下简称《民法典婚姻家庭编解释（一）》）第70条的规定，夫妻双方协议离婚后就财产分割问题反悔，请求撤销财产分割协议的，人民法院应当受理。人民法院审理后，未发现订立财产分割协议时存在欺诈、胁迫等情形的，应当依法驳回当事人的诉讼请求。

在现实生活中，不排除一方当事人为了拖延向对方支付款项，恶意以此条规定为借口向法院起诉，对于是否具有欺诈、胁迫的情形，只有法院审理后才能依法作出判决。

（4）适用范围受到一定限制

不是所有想离婚的当事人都可以通过协议离婚方式办理离婚手续，结合《民法典》及其他相关法律法规，协议离婚的适用范围是受到一定限制的，如协议离婚的双方当事人须持有内地结婚证或中国驻外使（领）馆颁发的结婚证，双方当事人均须具有完全民事行为能力，双方均同意离婚并就子女抚养、财产及债务处理等事项协商一致，对不具备上述实质条件的，比如处于发病期间的精神病人，以及属于无民事行为能力人或者限制民事行为能力人，则不能协议离婚，只能到法院诉讼离婚。

3. 如何有效避免协议离婚过程中的隐患

（1）离婚协议由专业离婚律师起草

很多当事人基于个人隐私、律师费用等方面的考虑，直接到网上下载离婚协议书范本，经简单修改后使用。正如“世界上没有两片完全相同的树叶”，每一起离婚案件都有其自身的特点，不考虑差异性而直接套用的后果，往往导致离婚协议书内容约定不明，离婚后分割财产时容易产生纠纷。对于财产数额较小且争议不大的离婚，这样做也未尝不可，但对于涉及房产、大额股票、公司股权，以及争议财产数额巨大的离婚案件，最好请专业的离婚律师起草离婚协议，以确保当事人的合法权益。

律师在制作离婚协议时，一般会将涉及的问题约定得比较详细，尤其是财产分割（如房产、股票、公司股权）、子女抚养等问题，这样有利于离婚协议的履行。

另外，对于对方聘请律师起草好的离婚协议书，在签署时一定要慎重考虑，离婚协议书与生意场上的经济合同具有某种程度上的相似性，有时会“一字千金”，有时会“一字之差，谬以千里”，有的离婚协议书在内容上会设有伏笔和陷阱，如盲目签署，该协议生效后，很容易侵害自己的合法权益。

（2）财产数额巨大的，可在签署离婚协议书外另行签订财产分割协议书，并将财产分割协议书依法申请公证

财产分割协议书是指夫妻双方对婚姻关系存续期间的财产经过协商，达成一致意见后签订的书面协议。可以分割的离婚财产是家庭共同财产、夫妻共同财产、夫妻个人特有的财产等。在财产分割协议书中可以详细约定财产的名称（房产、股票、股权、存款、车辆）、数量、价值、归属等，需要办理过户的，约定过户的时间、地点、逾期办理的违约责任、争议的解决等条款，充分保障当事人的合法权益。

（3）离婚协议书中载明财产分割、给付、过户等方面的违约责任条款

违约责任主要是针对财产的分割、给付期限与房产的过户等方面，而针对是否离婚、子女抚养等涉及身份关系的内容，很难通过设定违约责任加以规范和制约。

（4）签好离婚协议书后，可以到法院办理诉前调解，由法院出具调解书，当一方不履行义务时，可以直接申请强制执行

对于双方当事人都同意离婚的，北京各区法院一般都采用诉前调解程序，快的话在调解当天就能出具调解书。如果走正式的调解程序，一般在3个月之内就能出具调解书。法院何时能够出具调解书，影响案件进展的因素主要是法院案件量的多少。

（二）诉讼离婚的利弊分析

诉讼离婚是指夫妻双方就是否离婚或者财产的分割、债务的分担、子女的抚养等问题无法达成一致的意见而向人民法院起诉，人民法院经过审理后，通过调解或判决的方式解除婚姻关系的一种离婚制度。

1. 诉讼离婚的优势

（1）法律效力高，执行力度大

法院调解书或判决书的法律效力远远高于当事人的离婚协议书，离婚调解书或离婚判决书一经生效，就具有法律强制执行力。当事人应当按照调解书或判决书的内容及时履行自己的义务；如果负有履行义务的当事人拒不履行法院调解书或判决书，另一方当事人有权申请法院强制执行，执行法院会根据当事人的申请依法强制执行。

（2）有利于争取权益，有效解决纠纷

依据《民法典》第1087条的规定，离婚时，夫妻的共同财产由双方协议处

理；协议不成的，由人民法院根据财产的具体情况，按照照顾子女、女方和无过错方权益的原则判决。在一方当事人为女方或无过错方的情况下，如通过协商的方式不能达到子女抚养、财产分割方面的合理要求，则通过诉讼的方式离婚，更能有效地维护自身的合法权益。

（3）做到相对客观公正

诉讼离婚过程中，法院会根据双方提交的证据、案件的客观事实、相应的法律规定等作出相对公正的判决。对于离婚判决中财产部分的分割，如果有异议，可以通过提起上诉和申请再审，纠正错误判决。

（4）解决问题比较全面

当事人选择诉讼离婚时，对自己离婚涉及的问题已经考虑得比较周全，所以向法院提交的证据一般也会比较充分、全面，这样就便于法官对案件所涉及的问题进行全面审理。诉讼离婚通常由律师进行代理，对离婚中存在的问题，能够解决的尽量解决。法官掌握专业法律知识，具有实务经验，通过对案件的全面审理尽可能地解决存在的问题。在案件审理过程中，通过当事人双方举证、质证和法官的询问审理，尽可能使当事人想起或发现一些已经遗忘的财产或债权债务等，一经发现，在当事人当庭提出后一并审理解决。诉讼离婚相对协议离婚而言，解决问题会比较全面。尤其是当事人一般对诉讼程序和证据的把握没有经验，而律师熟悉离婚的相关法律规定和诉讼程序，可以从事实、法律和证据等多方面为当事人提供法律帮助。律师的代理可以更好地维护当事人的合法权益，尽量避免遗留隐患。

（5）在法官的主持下调解，有利于争议的解决

诉讼离婚当事人在起诉前，大都经历了双方协商解决的过程，一般是在双方协商不成的情况下，不得以才起诉到法院的。当然，也有的当事人不愿意浪费时间，直接起诉到法院。法院受理后，对于离婚案件一般是先行调解，调解几乎贯穿整个诉讼过程。实践中，很多案件都是在法官的调解下结案的，因为法官一般具有非常丰富的实践经验，通过双方提交的证据进行利弊分析，使当事人充分认识到自己所要面对的判决结果，这样便于双方的争议尽快地解决。法官作为中立的一方主持调解，使得双方当事人得以在第三方的参与下开诚布公地进行交流，在法院庄严肃穆的环境里，双方会更加理智。基于对法官的信任，双方可以进行真实想法的沟通，比较容易相互谅解，有利于意见的统一以及最后调解协议的达成。在法官主持下的调解，具有办事效率高、解决问题快捷、调解书一经签收立即生效（也可以在调解笔录中约定签字时生效）、双方自

愿履行等特点，有利于争议的解决。

2. 诉讼离婚的缺陷

（1）时间长，效率低

依据《民事诉讼法》关于审限的规定，按简易程序审理的离婚案件，审限一般为 3 个月；按普通程序审理的离婚案件，审限一般为 6 个月。如果一方当事人在国外，甚至下落不明，离婚所需的时间更长。在北京，一般的离婚案件，若没有其他重大、复杂的因素，基本都适用简易程序，只有对于标的额巨大、案情重大或者相对复杂的案件，才适用普通程序。诉讼程序拖沓导致离婚所需的时间较长。

（2）费用相对较高

在离婚诉讼案件中，当事人要支付的费用是根据案件所涉及的财产标的、案件复杂程度等因素来定，一般离婚案件的经济成本主要体现在以下几个方面：

一是律师代理费。目前，在我国律师收费尚无统一的标准，不同的城市、同一城市的不同律师事务所，律师收费都有差异。比如，同一个离婚案件，有的律师收取几千元就可以代理，有的律师则要收取数万元。所以委托律师代理离婚案件前，要了解当地律师收费的行情，在自己能力范围内聘请律师。以北京济和律师事务所的收费为例（2020 年版），北京市律师行业的大概收费情况如下：①不涉及财产标的的案件，北京市内的普通民事案件，律师代理费不低于 2 万元，外埠民事案件的律师代理费不低于 5 万元。②涉及财产标的的案件，根据争议标的额，按照如下比例累进收取律师代理费：10 万元以下部分，律师代理费 2 万元；10 万—100 万元部分，在第一档 2 万元的收费基础上加收争议标的额的 10 万元以上部分的 8%—10%；100 万—500 万元部分，在前两档的收费基础上加收争议标的额的 100 万元以上部分的 6%—8%；500 万—1000 万元部分，在前三档的收费基础上加收争议标的额的 500 万元以上部分的 4%—6%；1000 万—1 亿元部分，在前四档的收费基础上加收争议标的额的 1000 万元以上部分的 4%；1 亿元以上部分，在前五档的收费基础上加收争议标的额的 1 亿元以上部分的 2%。

二是法院的诉讼费。离婚诉讼费用是当事人必须交纳的，一般由原告预先交纳。在离婚案件中，如第一次法院判决不准离婚，一般是收取 50—300 元的诉讼费，多交纳的部分可以申请法院退还。最终判决离婚的，法院收取的诉讼费用一般不再退还。法院判决离婚的，一般会判令双方按照各自分得共同财产的比例来分担诉讼费用，根据案件情况，法院也可以判令原、被告双方平均分担诉讼费用。法院最终没有判决离婚的，诉讼费用由原告来承担。

三是分割房产缴纳的评估费。离婚案件中，如果涉及房产的分割，而双方当事人对房产的价值难以达成一致，就需要一方当事人提出评估申请，由法院委托具有房产评估资格的机构（可以由双方协商指定范围内的一家评估机构，协商不成的，摇号确定）对房产进行评估，评估费用的多少，根据房屋价格按照一定比例分段计算，通常为房屋价格的1%—5%。

四是其他费用。离婚案件中，如果当事人申请财产保全或鉴定，还需要缴纳财产保全费或者鉴定费等费用。

（3）精神压力大

在前面也谈到了一般离婚诉讼的时间较长，在整个漫长的离婚过程中，双方当事人经受的精神压力相对较大。双方当事人在法庭上相见，容易互相指责、互揭隐私，使原本破裂的夫妻感情雪上加霜。有的当事人可能对另一方当事人无法证实的财产不予认可，出现这种情形，会加深彼此之间的矛盾，当事人的精神也会受到打击。另外，诉讼离婚的影响面在某种程度上比协议离婚要广一些，容易导致当事人身心俱疲。

二、协议离婚的条件

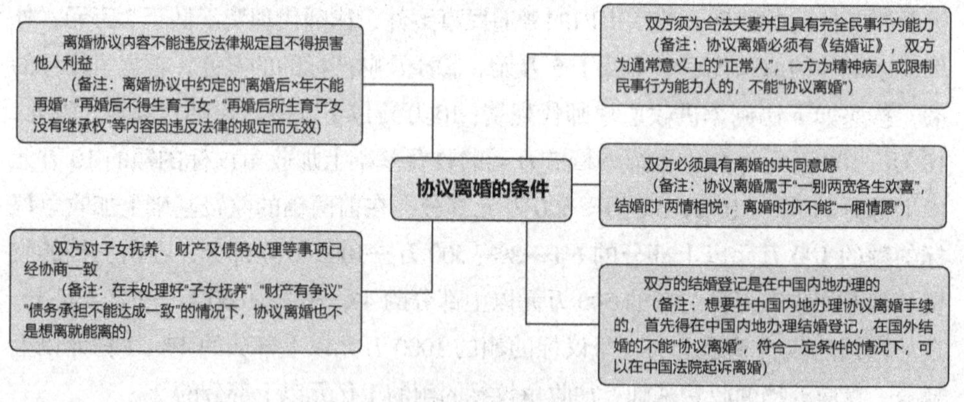

图 1-4　协议离婚的条件

典型案例

不是所有人都可以协议离婚

张某与王某于2010年8月5日登记结婚，2015年7月4日王某被诊断为精神分裂症并入院治疗，2016 年 6 月 5 日被法院认定为无民事行为能力人。

2017 年 3 月 3 日王某与张某前往 ×× 区民政局申请离婚登记，二人并未将王某患病且已被认定为无民事行为能力人的事实告知 ×× 区民政局工作人员，工作人员亦未进行询问就为二人颁发了离婚证。王某的母亲得知女儿离婚后，以 ×× 区民政局作为被告提起行政诉讼，要求 ×× 区民政局撤销王某与张某二人的离婚登记。

法院经审理后认为，依照《婚姻登记条例》的相关规定，办理离婚登记的当事人属于无民事行为能力人或者限制民事行为能力人的，婚姻登记机关应当不予受理。王某与张某办理离婚登记时，王某不具有以自己的行为进行民事活动的能力，×× 区民政局不应受理其作为申请人的离婚申请。因此，×× 区民政局向王某和张某核发的离婚证主要证据不足，应当依法予以撤销。

律师分析

结合案例的内容，主要分析协议离婚须具备的条件。

（一）协议离婚需满足哪些条件？

1. 双方须为合法夫妻并且具有完全民事行为能力

（1）协议离婚的当事人双方应当具有合法夫妻身份

合法婚姻关系的确立一般以双方领取结婚证为标志。现实生活中常见的男女同居关系或事实婚姻关系，因不具有合法的夫妻关系这一特定要件，所以不能到民政部门办理协议离婚手续。未办理过结婚登记的男女申请离婚登记的，婚姻登记管理机关不予受理。同居期间发生的有关身份关系的纠纷，以及涉及子女、财产问题的争议，可以诉请人民法院处理。

（2）协议离婚的双方当事人均应当具有完全民事行为能力

离婚涉及当事人身份关系的解除，只有具有完全民事行为能力的人，才能对离婚的法律后果有清醒的认识，才能独立自主地行使相应的权利。限制民事行为能力人或无民事行为能力人的离婚，只能通过诉讼程序来解除。

案例中，王某与张某在办理离婚登记手续时，隐瞒了王某属于无民事行为能力人的事实，王某对离婚的法律后果并无清醒的认识，二人并不符合办理离婚登记手续的必要条件，故最终法院撤销了 ×× 区民政局为二人办理离婚登记手续的行为。

2. 协议离婚双方必须具有离婚的共同意愿

离婚应当是夫妻双方真实的意思表示，这就排除了单方离婚意愿。这意味着，任何一方所作出的离婚意思表示不是在对方或第三方欺诈、胁迫或因重大误解而形成的；离婚的意愿应当是一致的，而不能有不同的意见。

3. 双方对子女抚养和财产、债务等问题达成一致意见

如果夫妻双方都同意离婚，但就共同财产的范围确定，以及如何分割不能达成一致意见的，也无法到民政局办理协议离婚手续，只能通过诉讼方式离婚。

4. 协议内容不能违反法律规定且不得损害他人利益

《民法典》第 1041 条明确规定实行婚姻自由、一夫一妻、男女平等的婚姻制度。如果在离婚协议书中约定一方在离婚后多少年之内不能再婚的条款，因违反了法律的强制性规定，自然不具有相应的法律效力。

如果双方当事人在财产分割条款中处分了第三人的财产或者为了逃避债务约定全部财产归属一方所有，该类条款因损害他人合法权益，即使经婚姻登记机关备案且已办理完离婚手续，相应的条款也不具有法律效力。

（二）哪些情况下，婚姻登记机关不予受理离婚登记？

依据《民法典》《婚姻登记条例》之相应规定，办理离婚登记的当事人有下列情形之一的，登记机关将不予受理：

1. 一方要求离婚的

办理协议离婚的前提条件是双方必须就离婚的意向达成一致。一方要求离婚，而另一方不同意的，无法到民政局办理协议离婚手续。要求离婚的一方当事人只能到法院提起离婚纠纷之诉，通过诉讼程序解除双方之间的婚姻关系。

2. 双方虽然同意离婚，但是对子女抚养、财产分割及债务处理等事项未达成协议的

依据《民法典》第 1076 条的规定，夫妻双方自愿离婚的，应当签订书面离婚协议，并亲自到婚姻登记机关申请离婚登记。离婚协议应当载明双方自愿离婚的意思表示和对子女抚养、财产及债务处理等事项协商一致的意见。如双方未对上述事宜协商一致，则民政部门不予颁发离婚证。

3. 一方或者双方当事人为限制民事行为能力人或者无民事行为能力人的

离婚涉及双方身份关系的解除，如果一方当事人为无民事行为能力人或限制民事行为能力人，因其无法表达离婚的真实意愿，婚姻登记机关不应受理其作为申请人的离婚申请。当事人的亲属或者其他代理人也不能代替其办理协议离婚手续。无民事行为能力人、限制民事行为能力人的离婚问题只能通过诉讼程序解决。

4. 双方不是在中国内地办理结婚登记的

随着时代的发展，越来越多的中国人和外国人结婚，是在国外登记的，或是在我国港、澳、台地区注册登记的。如果双方的结婚登记不是在内地办理的，即使双方达成了离婚协议，也不能办理协议手续，只能通过人民法院以诉讼方式离婚。

第二节　订立离婚协议

一、离婚协议书的主要内容

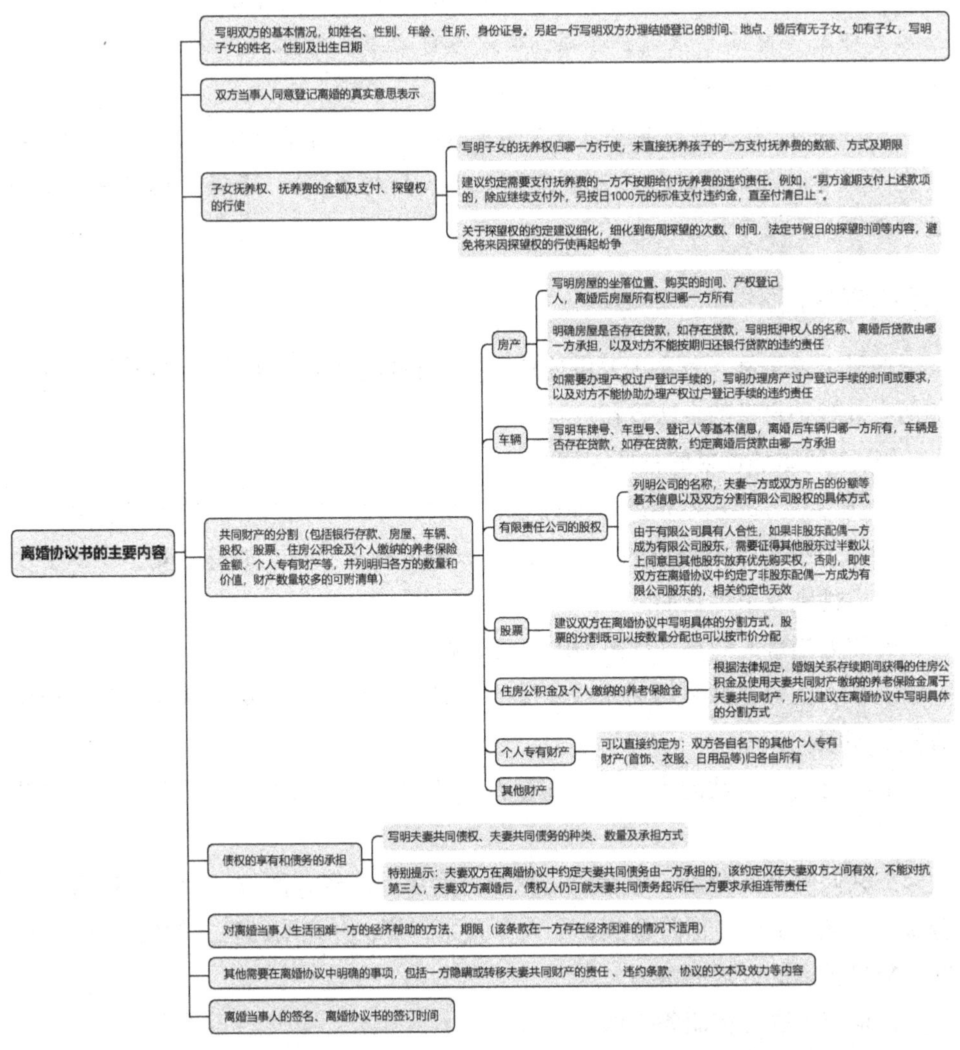

图 1-5　离婚协议书的主要内容

典型案例

您亲笔书写的离婚协议，可能无法保护您约定的权益

钱某与赵某于2015年8月4日登记结婚，婚后二人购买了北京市海淀区××路××号院5单元501号房屋（以下简称501号房屋），501号房屋登记在钱某名下并以钱某名义办理了贷款。

2018年4月3日，二人办理了离婚登记手续，并在离婚协议中约定“钱某名下的501号房屋归赵某所有，剩余贷款由赵某承担，钱某应当在收到赵某通知后立即配合赵某办理过户手续；双方各自名下银行账户内存款归各自所有，无其他夫妻共同财产”。

2019年12月5日赵某要求钱某协助办理501号房屋产权变更登记手续，钱某先是以各种理由推托，后万般无奈之下告知赵某，501号房屋已经被出卖并过户至第三人名下。

律师分析

通过上述案例，下文主要讲述离婚协议书的主要内容及在签订离婚协议时，如何有效维护自己的合法权益。

（一）离婚协议书的主要内容

1. 写明双方的基本情况，如姓名、性别、年龄、住所、身份证号。另起一行写明双方办理结婚登记的时间、地点，婚后有无子女。如有子女，写明子女的姓名、性别及出生日期。

2. 双方当事人同意登记离婚的真实意思表示。

3. 子女抚养，即离婚后未成年子女由哪一方抚养以及抚养费的数额、给付方式及期限。

4. 没有与子女共同生活一方探望权行使的方式，与子女共同生活一方协助的义务。

5. 共同财产的分割（包括银行存款、房屋、车辆、股权、股票、住房公积金及个人缴纳的养老保险金额、个人专有财产等，并列明归各方的数量和价值，财产数量较多的可附清单）。

6. 债权的享有和债务的承担。

7. 对离婚当事人生活困难一方的经济帮助的方法、期限（该条款在一方存

在经济困难的情况下适用）。

8. 其他需要在离婚协议中明确的事项，包括一方隐瞒或转移夫妻共同财产的责任、违约条款、协议的文本及效力等内容。

9. 离婚当事人的签名。

10. 离婚协议书签订时的年、月、日。

（离婚协议书范本详见增值服务部分“常用法律文书”）

（二）律师提示

离婚协议书不属于人民法院强制执行的范围，不具有强制执行的效力，其履行主要靠当事人自觉、自愿。当离婚时分割的财产涉及的不动产、动产需办理过户登记手续的，建议在离婚协议中详细约定过户时间、过户条件、一方不配合过户登记的违约责任等内容，以敦促义务方主动履行义务，否则一旦产生纠纷，离婚协议书很可能会成为一纸空文，对义务方起不到敦促和制约效果。

案例中，虽然赵某与钱某在离婚协议中约定了501号房屋的归属，但并未约定钱某不履行过户登记时的违约责任，导致二人离婚后钱某毫无忌惮、随意处理501号房屋，最终按照协议约定属于赵某的房产被第三人取得。

二、签订离婚协议书时应注意的问题

（一）对房产的约定

财产分割往往是离婚时双方最容易产生争议的地方，而房产的分割则又是财产分割的焦点。但是，与诉讼离婚不同的是，协议离婚的双方只要能够达成一致，不违反法律的强制性、禁止性规定，则可以完全按照当事人的意愿进行财产分割。

1. 完全所有权房屋的约定

对于已经取得完全所有权、不需要偿还贷款的房产，当事人双方享有完全的处分权，在协议离婚时可以根据双方协商的结果，约定归一方所有，或者约定在离婚后将房屋出售，所得款项按照一定的比例进行分割。如果将房产约定归非登记的产权人一方所有，尽量在办理离婚手续前办理更名手续。如不能在婚内更名，那么在离婚后应尽快按照离婚协议书的约定，到房产管理部门进行变更登记，以防止出现案例中的产权登记人将房产出售或抵押的不利局面。

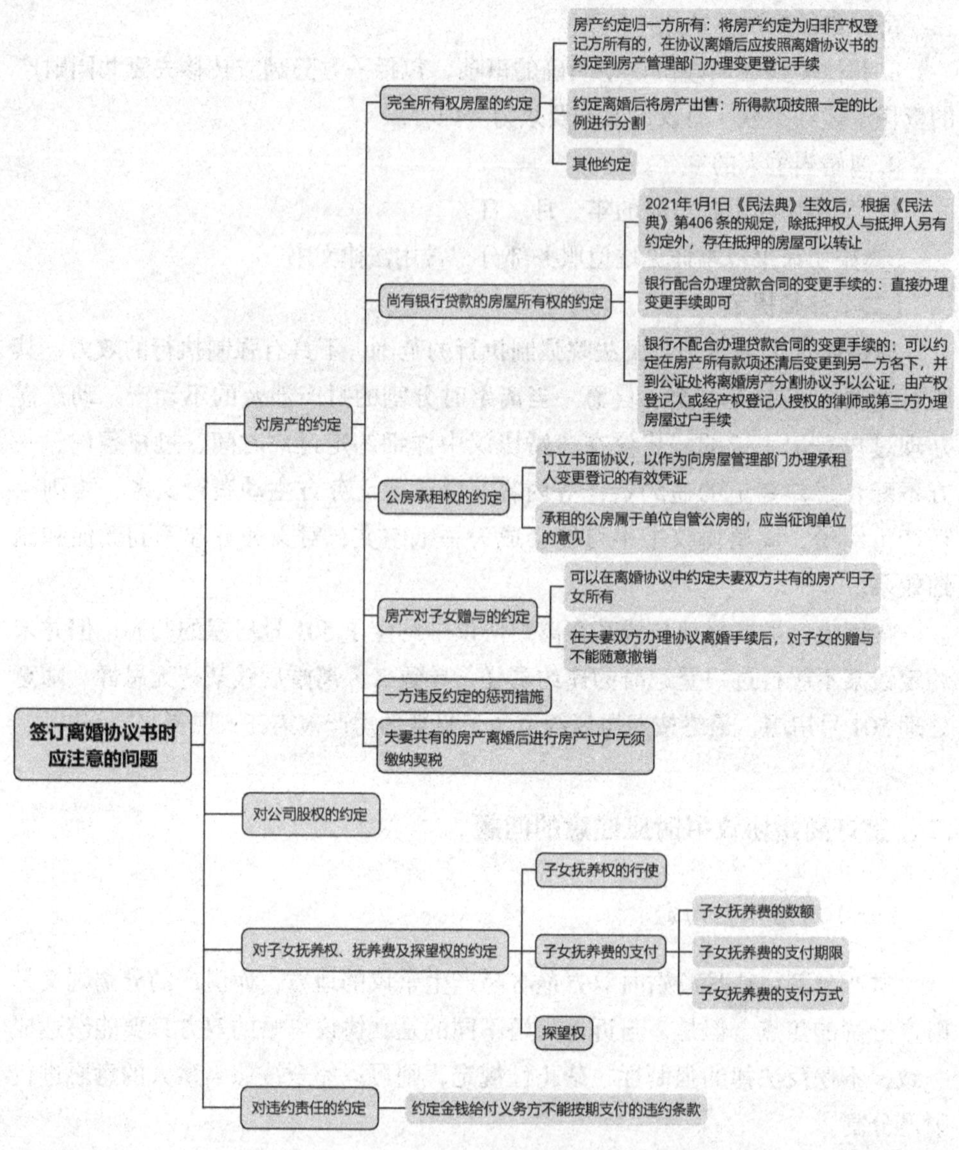

图 1–6　签订离婚协议书时应注意的问题

2. 尚有银行贷款的房屋所有权的约定

由于购买房屋涉及款项巨大，很多家庭并没有能力一次性支付全部房款，在离婚时需要分割尚有按揭贷款的房屋。在 2021 年 1 月 1 日《民法典》施行前，依据《物权法》第 191 条的规定，房屋的转让须取得抵押权人（银行）的同意。在《民法典》施行后，依据《民法典》第 406 条之规定，房屋的转让可以进行，产权人只需通知抵押权人（银行）即可。

在实践中，如果夫妻双方就房产的分割能够达成一致意见，而贷款的周期较短、每月还款数额不高，银行一般能配合办理贷款合同的变更手续。而对于贷款周期较长、每月还款数额较高，变更后的还贷人月工资收入不足还款金额的二倍，当事人未另行提供担保的情况下，银行一般不会同意变更主贷人或减少共同抵押人。在办理银行贷款变更手续中，银行会严格要求当事人双方到场，在只有一方到场的情况下，银行会拒绝办理变更手续。如果一方有特殊情况无法到场，可以委托第三人办理变更手续，但《授权委托书》及相关手续必须经过公证处公证。

有的当事人为了比较快捷地办理离婚手续，往往会约定在房产所有款项还清后变更到另一方名下，但又担心产权登记人将来不配合办理过户手续或中途反悔，此时，当事人可通过公证处将离婚房产分割协议予以公证（注：因涉及抵押权人利益，很多公证处要求提供银行同意变更的书面声明，否则不予办理公证），并由产权登记人或者经产权登记人授权的律师或第三方办理房屋过户手续，授权委托书应经过公证处公证。

下例为离婚财产分割协议书及北京市某某公证处出具的公证书。

离婚财产分割协议书

协议人：张某，男，×年×月×日出生，汉族，住址：北京市通州区荷香街一号院×号楼×单元××室，身份证号：×××。

协议人：李某某，女，×年×月×日出生，汉族，住址：北京市石景山路北侧×号楼×单元××室，身份证号：×××。

协议人双方于×年×月×日在北京市某区民政局办理登记离婚，在婚姻关系存续期间共同以贷款方式购买位于北京市某区×××房产，双方经协商，对上述房产在离婚后的产权归属及还贷责任达成如下协议：

1. 上述房产产权归李某某个人所有，张某不享有产权份额；

2. 上述房屋的剩余贷款由李某某个人偿还，张某不承担还款及连带还款责任；

3. 本协议一式三份，双方各执一份，一份由北京市某某公证处保存。

协议人（签字）：

×年×月×日

公证书

申请人：张某，男，× 年 × 月 × 日出生，汉族，住址：北京市通州区荷香街一号院 × 号楼 × 单元 ×× 室，身份证号：×××。

申请人：李某某，女，× 年 × 月 × 日出生，汉族，住址：北京市石景山路北侧 × 号楼 × 单元 ×× 室，身份证号：×××。

申请公证事项：离婚财产分割协议书。

申请人张某、李某某于 × 年 × 月 × 日向我处申请办理《离婚财产分割协议书》公证。根据《中华人民共和国民法典》《中华人民共和国公证法》的规定及张某、李某某的申请，本公证员于 × 年 × 月 × 日在本公证处为申请人张某、李某某《离婚财产分割协议书》公证。

经审查，申请人张某、李某某均具有完全民事权利能力和民事行为能力。《离婚财产分割协议书》内容合法，协议人意思表示真实，对协议内容均无异议。

兹证明前面的《离婚财产分割协议书》上协议人张某、李某某签名均属实。

北京市某某公证处（盖章）

公证员：王某某

× 年 × 月 × 日

下例为离婚后将房屋出售，双方分割房款的协议内容。

房产的分割：婚后以邹某民名义购有坐落于北京市某区 ×× 园 ×× 号楼 ×× 单元 ×× 号的房产（房产证号：××××）一套。该房的房屋所有权证上漏列了产权共有人李某莉，但并不影响李某莉的所有权，此套房属邹某民和李某莉共有财产。购房时以邹某民名义贷款 ×× 万元，现尚剩余贷款本金 ×× 万元。该房的剩余贷款由双方共同承担，现双方协商该房的处理方式如下：（1）将该房连同房内装修、家具、家电卖掉，卖房所得的款项在归还银行按揭贷款和夫妻共同债务后平均分割。（2）由于离婚手续的办理和出售该房屋存在时间先后顺序，即离婚手续办理在卖房之前，所以离婚手续办理完成后，虽然该房房屋所有权证上的房屋所有权人为邹某民，但该房仍为邹某民、李某莉的共同财产。出售该房签约时，卖方邹某民、李某莉二人必须同时在场签字认可，不得单方面将该房卖掉，否则其与买方签订的买卖合同无效，并视为放弃房屋的所有权，即该房归另一方单独所有。（3）由于产权证上漏列产权共有人李某莉，为保障双方权利不受损失和避免意想不到的麻烦，在卖房合同完全签订之前，该房的房屋所有权证由李某莉保管，邹某民不得以任何理由申领新的房屋所有权证书。如果提前还清了剩余贷款，需在房屋所有权证上加盖注销印章（即解押）。因在还贷款余额和解押过程中所产生的单据证件及解押后的房产证仍由李某莉保管直到卖房合同完全签订之前，如需更新房屋所有权证，本着尊重事实的原则，在新的产权证上必须加上产权共有人李某莉的名字。对解押后的房产证或更新后的房产证，本协议双方都不得将其挪作他用（如房屋抵押贷款等），否则依法追究其责任。（4）邹某民及其家人需在协议双方领取离婚证之日起一个月内从该房中搬出，之后协议双方都不得擅自搬入该房居住。房中只留需要连房卖掉的家具、家电等物品。如邹某民及其家人逾期搬出该房屋，则须支付每月 4000 元的租金，所得全部租金的一半归李某莉所有。如李某莉入住该房则同样需支付每月 4000 元的租金，所得全部租金的一半归邹某民所有。（5）在卖房过程中，如果一方出现户口迁入迁出问题，由该方自行处理（因邹某民的户口在该房处，而李某莉户口不在该房上），另一方无协助的义务，但如有需要在方便的情况下尽量予以配合。

3. 公房承租权的约定

公房，是指政府以及国有企业、事业单位投资兴建、销售的房屋，在未出售之前，其产权归国家所有。公房可以分为自管公房和统管公房，自管公房是单位自行建造、自行管理的房屋，而统管公房则是由房屋管理部门统一管理的公有房屋。公房承租权的约定主要涉及的是使用权的约定。

协议离婚时，对于公房的使用和承租权的约定也应当遵照相关法律及司法解释的规定处理。在协议离婚时，应以书面形式约定，以此作为向房屋管理部门办理承租权变更登记的有效凭证。如果是单位自管公房，则应当征得单位的同意。

4. 赠与子女房产的约定

夫妻双方在协议离婚时，有时会约定离婚后，双方共有房产归子女所有。这是一种以解除双方身份关系为目的的赠与行为。鉴于离婚协议主要是为解除双方婚姻关系的目的而设定，这种发生在特定身份关系当事人之间的、有目的的赠与，并不违反法律的规定，具有一定的道德义务性质，也属于一项诺成性的约定。在双方婚姻关系事实上因协议离婚得以解除，且离婚协议的其他内容已经履行的情况下，应当视为赠与财产的目的已经实现，故其赠与房产行为依法不能随意撤销。夫妻共有财产赠与子女有别于普通民事主体之间的赠与，这种赠与表面上也体现了赠与的“无偿”特性，实际上往往与父母对子女的抚养义务及其他附随义务紧密相连。

夫妻双方在离婚时同意赠与子女房产，并以离婚协议的形式明确该意思表示，体现了双方的真实意思表示，无违反法律规定的情形；这种赠与法律关系的主体、客体和内容与婚前财产赠与夫妻另一方亦无本质区别。登记离婚后，受赠人即有权要求赠与人为其办理赠与房产的过户登记手续，赠与人不得拒绝履行离婚协议的附随义务及主张撤销该项赠与。

如果赠与人可随意撤销赠与，一是违背了诚实信用的基本原则；二是违反了当代契约签字生效的原则；三是恶意利用赠与的撤销达到既离婚又占有财产的目的，不仅给子女或原配偶造成了经济损失和新的精神伤害，也给法院增加了诉累，因此引起的社会负面影响显而易见。

夫妻双方在离婚时约定将夫妻共同财产赠与子女，也属于双方对财产分割达成的一致协议，反悔一方没有证据证明所达成的协议存在欺诈、胁迫情形的，依法不应予以变更或撤销。

如赠与人未配合办理过户登记，子女能不能直接起诉要求赠与人履行？该问题目前在司法实务中存在不同的观点。例如，在（2021）辽民终 11132 号民事判决书中，二审法院认为，子女并非《离婚协议书》的当事人，根据合同相对性原则，其不能基于《离婚协议书》而请求父亲履行《离婚协议书》约定的义务，最终法院驳回了子女要求父亲协助办理案涉房屋过户登记手续的诉讼请求。但同时，我们也注意到，在（2021）京 01 民终 644 号民事判决书中，二审法院认为，夫妻双方签订的《离婚协议书》中明确约定涉案房屋归子女所有，且需办理过户手续时，父母双方均负有办理过户的义务。依据该协议书，在夫妻双方已经作出将涉案房屋赠与子女的意思表示。子女在该协议签署后，曾要求父亲履行办理过户的义务，系以行动表明接受该赠与，结合各方的真实意思表示，夫妻双方、子女之间成立赠与合同关系，最终法院支持了子女要求父母协助办理案涉房屋过户登记手续的诉讼请求。

如果要想保证赠与的约定在离婚后能够得到实际履行，最好提前到房屋所在地的房屋管理部门咨询，看在一定期限内能否将产权变更登记至子女名下，尤其是在有限购政策的一二线城市。如不能将产权变更登记至子女名下，则可以在夫妻双方签订《离婚协议书》后，就赠与财产事宜，另行与子女签订赠与协议书。此时，子女就可依据赠与协议书获得原告主体资格。另外，律师建议当事人在有条件的情况下，将相关赠与协议（或含有赠与内容的财产分割协议）加以公证。就赠与协议发生纠纷的，从案由上来讲，属于合同纠纷的范畴。

下例为将房产赠与子女方的离婚协议内容。

三、财产处分及补偿方案

1. 共有房产的处置

位于北京市西城区裕中东里 × 号楼 3 门 202 室的房产（房产证号：× 京房权证西字第 ×× 号）双方均同意赠与女儿王某思；男女双方均确认上述赠与为不可撤销之赠与，且该赠与行为与离婚的意思表示、子女抚养、其他财产的分割构成统一整体、不可分割。

上述房产目前存在抵押，在符合过户条件之日起 15 日内，双方须配合办理过户手续。逾期办理的，除应继续办理外，另按日 1000 元的标准向王某思承担违约责任，直至办理完过户手续止。在上述房产过户至王某思名下之前，非为王某思的利益，男、女双方均不得做任何处置。

如本协议中一方或双方违约、受限购政策影响或出现其他任何情形导致上述房产最终未能变更至王某思名下的，王某思有权向法院提起诉讼，要求赠与方按照起诉时的房屋评估价值向王某思承担赔偿责任。

考虑到上述房产存在抵押，无法办理赠与公证，故双方明确承诺不以法律规定的任何理由主张上述赠与行为可撤销或不具有法律效力。

除本离婚协议书外，双方与王某思就上述房产另行签订《房产赠与协议书》。

5. 一方违反约定的惩罚措施

在涉及房产过户的情况下，房地产管理部门会要求当事人双方均到现场才能办理，在一方无理由拒绝或故意拖延的情况下，另一方的利益不能得到法律保障。

前文中提到，离婚协议书不像生效的民事调解书或民事判决书那样具有强制执行力，具有配合义务的一方往往恶意拒绝办理过户手续，导致权利的享有方不得不另行起诉。为了有效避免上述情况，离婚协议书中必须明确一方拒不履行义务的违约责任，对于逾期不支付房屋出售款项或者不配合办理房产过户手续的，应约定相应的惩罚措施，以敦促义务方主动履行。

6. 夫妻共有的房产离婚后进行房产过户无须缴纳契税

根据《国家税务总局关于离婚后房屋权属变化是否征收契税的批复》（国税函〔1999〕391 号，1999 年 6 月 3 日）的规定，夫妻共有房屋属共同共有财产。因夫妻财产分割而将原共有房屋产权归属一方，是房产共有权的变动而不是现行契税政策规定征税的房屋产权转移行为，因此，对离婚后原共有房屋产权的归属人不征收契税。2021 年 9 月 1 日起施行的《契税法》第 6 条明确规定，婚姻关系存续期间，夫妻之间变更土地、房屋权属的，免征契税。

（二）对公司股权的约定

在协议离婚或诉讼离婚中，往往会涉及公司股权的分割，尤其是在公司的效益较好、股权具有较大价值时，股权的分割几乎成了争议的焦点。如果夫妻双方在同一公司拥有等额股权，又涉及离婚后公司如何经营、决策的问题，离婚时股权的分割会变得非常棘手。在司法实践中，对于一方或双方在公司拥有股份时，夫妻可在离婚协议中约定一方持股，给予另一方股权价值一半的补偿，这样操作相对比较简单，只需双方协议并书面明确价款及支付方式即可。比较复杂的问题在于：如果当事人双方经过约定，将一方拥有的公司股权部分或全部给付另一方的，其转让必须符合《民法典》《公司法》的相关规定。

《民法典婚姻家庭编解释（一）》第 73 条规定，审理离婚案件时，涉及分割夫妻共同财产中以一方名义在有限责任公司的出资额，另一方不是该公司股东的，按以下情形分别处理：（1）夫妻双方协商一致将出资额部分或者全部转让给该股东的配偶，其他过半数股东同意，并且其他股东明确表示放弃优先购买权的，该股东的配偶可以成为该公司股东；（2）夫妻双方就出资额转让份额和转让价格等事项协商一致后，其他股东半数以上不同意转让，但愿意以同等价格购买该出资额的，人民法院可以对转让出资所得财产进行分割。其他股东半数以上不同意转让，也不愿意以同等条件购买该出资额的，视为其同意转让，该股东的配偶可以成为该公司股东。用于证明前款规定的股东同意的证据，可以是股东会议材料，也可以是当事人通过其他合法途径取得的股东的书面声明材料。

（三）对子女抚养权、抚养费及探望权的约定

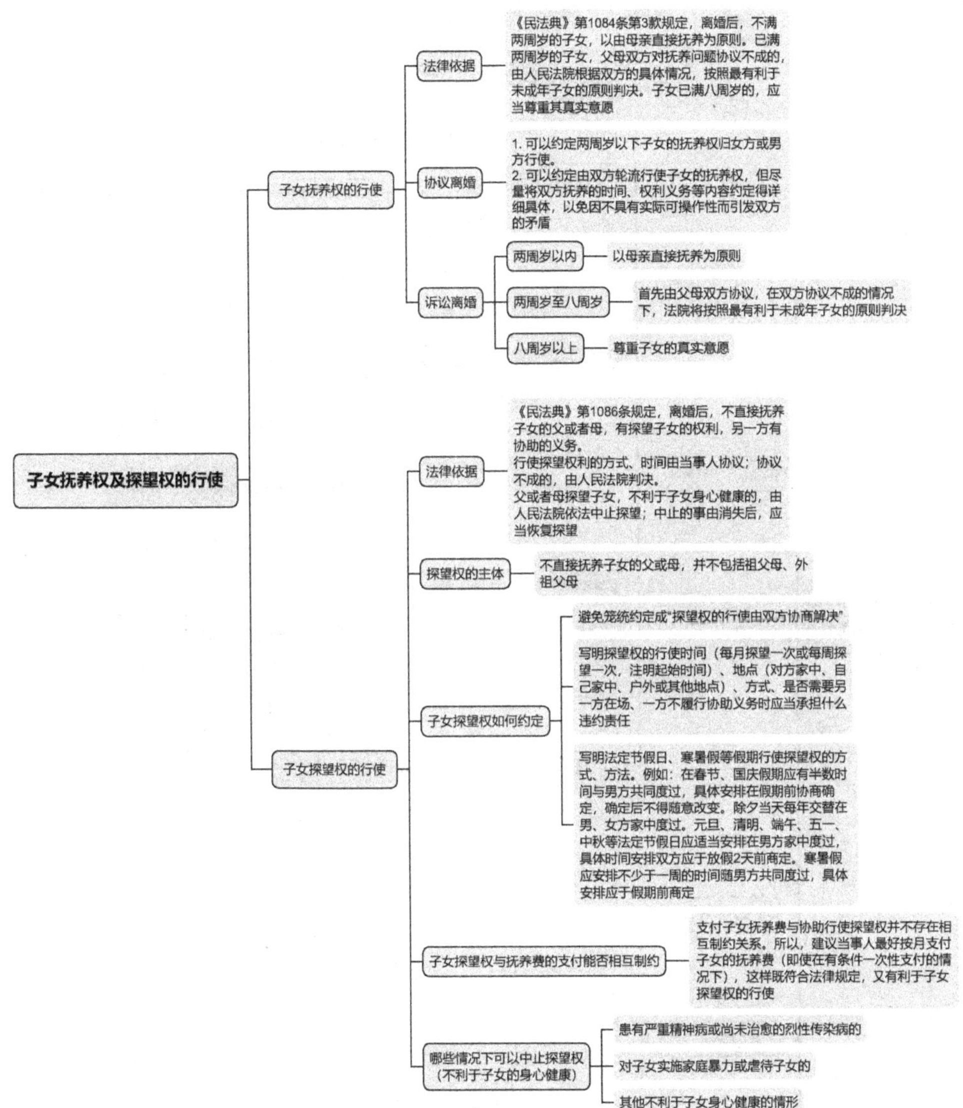

图 1-7　子女抚养权及探望权的行使

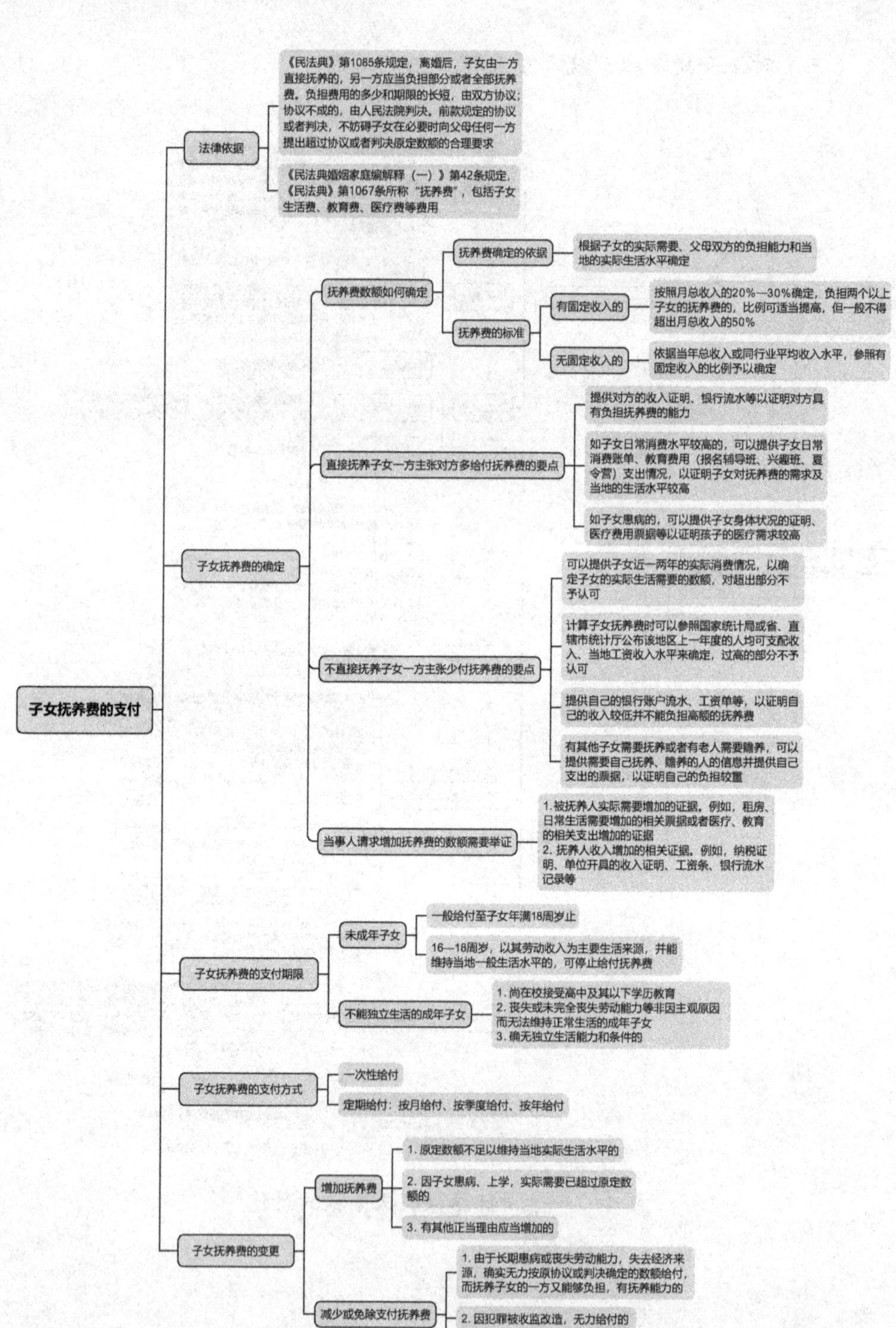

图 1-8　子女抚养费的支付

1. 抚养权的行使

夫妻双方协议离婚的，可以约定子女抚养权由一方行使，也可以约定由双方轮流行使。诉讼离婚中，两周岁以内的子女的抚养权一般都会判归女方行使。协议离婚中，如果女方同意两周岁以内的子女随男方生活，办理离婚手续的民政部门一般不会干涉。

需要注意的是，如夫妻双方在离婚协议中约定轮流抚养子女的，则轮流抚养的条款应具有现实可操作性，轮流的周期应尽量结合双方的工作情况、家人的协助抚养现状、子女的生活和受教育情况综合确定，并科学地安排一方抚养期间另一方的探望权，将轮流抚养期间的权利义务约定得详细具体，同时注意原则性和灵活性相结合，以免不具有实际的可执行性引发双方之间新的矛盾，导致轮流抚养流于形式。

2. 子女抚养费

（1）什么是子女抚养费

子女抚养费是指未成年子女或不能独立生活的成年子女都有权向其父母领取合理必要的生活资助，直至其达到法律规定的停止支付的条件时止，抚养费具体包括生活费、教育费、医疗费。

（2）子女抚养费的数额

依据《民法典》第1085条第1款的规定，离婚后，子女由一方直接抚养的，另一方应当负担部分或者全部抚养费。负担费用的多少和期限的长短，由双方协议；协议不成的，由人民法院判决。

目前诉讼离婚中，各地法院一般根据子女的实际需要、父母双方的负担能力和当地的实际生活水平来确定抚养费的数额。有固定收入的，抚养费一般可按其月总收入的20%—30%的比例给付。负担2个以上子女抚养费的，比例可适当提高，但一般不得超过月总收入的50%。无固定收入的，抚养费的数额可依据当年总收入或同行业平均收入，参照上述比例确定。有特殊情况的，可适当提高或降低上述比例。

在不同的案件中，被抚养人的实际消费不同，被抚养人所处的区域经济发展水平也不一致，从而造成不同案件法院判决子女的抚养费数额差距悬殊。在北京地区，子女抚养费的数额大多会控制在1000—5000元之间。在笔者所承办的一起抚养权案件中，法院考虑到子女患有癫痫病尚未完全康复，需要进行长期治疗和定期检查，必然会产生额外的医疗费用，另外法院还考虑到子女的国籍为外籍，按照北京市的收费标准，被抚养人在北京接受教育所支付的费用将高于中国籍学生，同时法院认为未抚养子女一方的受教育背景和工作经历完全有能力承担起对子女的抚养义务。最终法院判决未抚养子女一方每月承担5000元抚养费至子女满十八周岁止。在北京市朝阳区人民法院所判的一起离婚案件中，法院考虑到男方上一年度收入高达180万元的事实，结合男方在案件中的过错程度，判令子女抚养权由女方行使，男方每月支付2万元的抚养费至子女年满十八周岁止。男方不服一审判决，提起上诉，北京市第三中级人民法院审理后依法驳回了上诉，维持原判。

协议离婚过程中，如果一方收入较高，在离婚协议中明确约定自愿每月承担巨额（如数万元及以上）抚养费至子女年满十八周岁止，因其系当事人双方协商一致所达成的“意思自治”，且没有违反法律、法规的强制性、禁止性规定，该协议在双方签字并经民政局办理协议离婚手续后，具有相应的法律效力。

（3）子女抚养费的支付期限

抚养费的给付期限，一般至子女成年（满十八周岁）时止。如果被抚养子女系十六周岁以上不满十八周岁，可以其劳动收入为主要生活来源，并能维持当地一般生活水平的，父母可以不再支付抚养费。

对于尚在校接受高中及其以下学历教育，或者丧失或未完全丧失劳动能力等非因主观原因而无法维持正常生活的成年子女，应当给予合法保护。立法本着成年子女能自力更生的精神，对于子女上大学的费用，原则上不予支持，但抚养人同意支付的除外。尚未独立生活的成年子女主要是指以下情形：①丧失劳动能力或虽未完全丧失劳动能力，但其收入不足以维持生活的；②尚在校就读的，依据《民法典婚姻家庭编解释（一）》第41条的规定，尚在校就读指的是尚在校接受高中及其以下学历教育；③确无独立生活能力和条件的。

如果夫妻双方在离婚协议书或者民事调解书中约定，子女上大学期间的费用由父母一方或双方负担。子女上大学期间费用的支出，子女作为原告要求父母支付该费用一定能得到法院支持吗?

目前的司法实务中，如果夫妻双方在《离婚协议书》中约定，子女上大学的费用由一方或双方承担，大部分法院会尊重双方的意思自治。例如，在（2021）苏02民终1048号民事判决中，法院认为“对于成年子女因教育、生活、医疗等事项而支出的相关费用，父母虽然没有法定的支付义务，但法律并不禁止父母自愿为成年子女承担教育费等相关费用。本案中，何某1(父亲)与周某在离婚协议中就女儿读大学及出国的费用负担有过约定，双方应从子女利益出发来履行抚养义务。虽何某2（子女）已经成年，但根据周某与何某1的离婚协议，何某1应继续承担出国的费用，况且何某2目前的学业具有特殊性，如果中断，可能造成的损失更大，故何某1陈述何某2已经成年，不应承担抚养费的抗辩意见，不予采纳。”但（2021）辽13民终2763号民事判决书却出现了相反的裁判结果，该判决书或许能引起读者的思考。在该判决书中，二审法院驳回了成年子女要求父亲负担大学期间学费的诉讼请求。二审法院认为，从抚养费立法目的和功能来看，抚养费的主要功能是保障未成年子女的健康成长，当子女成年且能独立生活后，抚养费的功能已经丧失，不再具有保护利益。本案中，子女一方起诉时已满18周岁，属于被上诉人（父亲）成年子女，且不存在丧失、部分丧失劳动能力等非因主观原因。故子女一方向父亲追偿抚养费没有法律依据。且民事调解书中当事人为夫妻双方，调解书中内容仅约束夫妻双方，子女并非调解书中当事人，故子女依据该调解书主张权利没有事实和法律依据。

（4）子女抚养费的支付方式

依据《民法典婚姻家庭编解释（一）》第50条的规定，抚养费应当定期给付，有条件的可以一次性给付。按照上述司法解释，抚养费的支付主要有以下两种方式，即一次性给付和定期给付。

①一次性给付

一次性支付主要是指行使子女抚养权的一方，按照年固定的抚养费金额乘以被抚养人需要抚养年限，由履行义务方一次性支付完毕。

在诉讼离婚中，是否采用一次性的支付方式，法院要看对方的实际支付能力，以及对方当事人的态度。不直接抚养子女的一方不同意一次性支付的，法院不会判令其一次性支付。尤其一次性支付抚养费存在一定的风险，很多行使抚养权的一方在得到款项后，往往会基于增值、营利等目的，将本应用于抚养、教育子女的费用，挪用于炒股、购买理财产品等，给该部分专款专用的资金带来巨大的风险，并不利于子女将来的成长。现实生活中，因抚养义务人一次性支付子女抚养费后，行使子女抚养权的一方往往会怠于履行协助对方探望之义务，对子女的心理健康也是一种损害。

②定期给付

定期给付是指未抚养子女的一方，按照离婚协议的约定或法院生效的判决书、调解书所确定的期限、金额给付。常见的定期给付有按月支付、按季度支付、按年支付。大多数离婚案件中选择的是按月支付，尤其是履行义务方有固定工作、固定收入的工薪阶层。如果说给付义务方属于收入不稳定的阶层，双方在协商一致的情况下，可以按照季度支付或年度支付。

（5）子女抚养费的变更

抚养费的变更主要包括增加、减少和免除三种情况。

子女要求增加抚养费的情形常有以下几种：①原定的（包括离婚协议书约定的及法院的调解书、判决书确定的）抚养费数额已不能满足被抚养人正常的实际需要，无法维持当地实际生活水平的；②子女因上学、患病等原因，所需要的费用已超过原定数额的；③有其他正当理由应当增加的。

有给付抚养费义务的父母，出现特定的原因无法支付原定数额的抚养费的，可以向法院提出减少或免除支付的请求，申请减少或免除支付的情形如下：①由于长期患病或丧失劳动能力，失去经济来源，确实无力按原协议或判决确定的数额给付，而抚养子女的一方又能够负担，有抚养能力的；②因犯罪被收监改造，无力给付的；③直接抚养子女的一方再婚后，继父或继母愿意负担子女所需抚养费的一部分或全部的。

3. 探望权

（1）什么是子女探望权

探望权即离婚后未直接抚养子女的父亲或母亲（注意：并不包括祖父母、外祖父母）一方依法享有的在一定时间，以一定方式探视、看望子女的权利。《民法典》第1086条规定，离婚后，不直接抚养子女的父或母有探望子女的权利，另一方有协助的义务。行使探望权利的方式、时间由当事人协议；协议不成时，由人民法院判决。

（2）子女探望权在离婚协议中如何约定

在探望权制度的设立上，我国采用的是协议优先的原则，离异的双方应该通过协商的方式确定探望权。父母应本着有利于子女身心健康成长的基本原则，根据夫妻双方的实际情况，确定具体的探望时间和方式。父母是探望权的利害关系人，由父母协议，可以有效平衡父母和子女三方的权益，妥当地安排探望的时间和方式，父母通过平等协商达成的协议也容易得到执行。和法院判决比起来，父母协议确定探望时间、地点的成本最小，给探望的利害关系人造成的影响也最低，相对于法院判决具有优先性。

在很多离婚协议书中，对子女探望权的约定比较笼统，以至于在发生争执后才发现根本不具有可操作性，比如，“探望权的行使由双方协商解决”，这样的约定可能会在离异的双方发生矛盾的情况下导致未抚养子女的一方探望权难以实现，因此在起草离婚协议书时一定要写明探望权行使的时间（每月探望一次、每周探望一次或其他方式，注明起始时间等）、地点（对方家中、自己家中、户外或由未抚养子女一方自定等，可灵活约定）、是否需要一方在场、一方不履行协助义务时应承担什么责任，等等，对子女行使探望权应本着有利于子女身心健康的原则进行。

下例为涉及子女探望权的离婚协议内容。

1. 女儿王某菡的抚养权由女方行使，随同女方生活。

2. 男方每月 28 日前支付抚养费 2600 元（大写：贰仟陆佰元整），至王某菡年满十八周岁止。如出现大额医疗费用需个人自付部分，由双方按照均等的原则分担。

3. 男方每月有权探望王某菡两天，具体时间为每月第一周的周六早上八点从女方住处接走，周日晚上 8 点前将王某菡送回女方住处。双方如遇特殊情况无法探望的，应提前 24 小时通知对方并协商调整时间。

节假日与王某菡共同生活的特殊约定：春节、国庆假期应有半数时间与男方共同度过，具体安排在假期前协商确定，确定后不得随意改变。除夕当天每年交替在男、女方家中度过。元旦、清明、端午、五一、中秋等法定节假日应适当安排在男方家中度过，具体时间安排双方应于节前放假 2 天前商定。王某菡生日每年交替在男、女方家中度过。王某菡寒暑假应安排不少于一周的时间随男方共同度过，具体安排应于假期前商定。如遇特殊情况需改变时间的，应提前 24 小时通知对方并协商时间安排。

如男方遇客观原因造成无法探望时，男方父母可按前述安排进行探望。任何一方携王某菡离京，须提前 24 小时以书面或电子数据形式（包括短信、微信、电子邮件和纸质形式）告知对方。

探望权的行使应充分尊重女儿意见，不可强行按本协议执行。王某菡八周岁以上时，随男方或女方生活由其自行决定。

如女方未配合履行上述义务，应视为其放弃孩子抚养权，男方有权向有管辖权的人民法院起诉变更抚养权。

（3）子女探望权与抚养费的支付能否相互制约

在中国目前的环境条件下，出现了大量的“你不给我孩子抚养费，我就不让你看孩子”或者“你不让我看孩子，我就不给你抚养费”的相互矛盾、相互制约的现象。

笔者接待的咨询者当中，很多人也会提及抚养费的支付与子女探望权之间是否具有制约关系。子女抚养费的支付与协助对方行使探望权均属于法定（包括判决与调解）或约定之义务，并不存在相互制约的关系。从一分为二的角度来看，如一方不按协议约定支付抚养费，可以孩子名义起诉，要求未抚养孩子的一方履行支付义务。同理，如实际抚养子女的一方未协助行使探望权，另一方可依据生效的《离婚协议书》予以起诉，待法院的判决书或调解书发生法律效力后申请法院执行。

依据《民法典婚姻家庭编解释（一）》的相关规定，抚养费应定期给付，有条件的可一次性给付。对一方无经济收入或者下落不明的，可用其财物折抵子女抚养费。但基于实际情况考虑，笔者建议当事人最好是按月支付孩子抚养费（即使在有条件一次性支付的情况下），这样既符合法律的规定，又有利于子女探望权的行使。

（4）哪些情况下可以中止探望权

父或母探望子女不利于子女身心健康的，由人民法院依法中止探望；中止的事由消失后，应当恢复探望。具体的“不利于子女身心健康的”，主要是指不直接抚养子女的一方有下列情形：①患有严重精神病或尚未治愈的烈性传染性疾病的；②对子女实施家庭暴力或虐待子女的；③其他不利于子女身心健康的情形。未成年子女、直接抚养子女的父或母及其他对未成年子女负担抚养、教育义务的法定监护人，有权向人民法院提出中止探望权的请求。

（四）对违约责任的约定

在离婚协议书中，往往存在金钱给付义务条款。但是，这些条款一般约定得较为简单，例如，约定“在领取离婚证后七日内，男方需支付女方财产补偿款150万元”，这样的约定较为笼统，缺乏惩罚性条款，当义务方违反约定，拒不支付相应款项时，双方将再一次陷入不断的争执当中。

律师建议双方在订立离婚协议时，可以针对金钱给付义务约定违约惩罚条款，例如，若不按期支付，除应继续支付外，则需每日支付未履行部分5%的违约金，直至支付完毕止；或者约定为：若不按期支付，除应继续支付外，另需按日××元的标准支付违约金，直至支付完毕止。通过这样的约定，既可以为金钱给付的义务方增加压力，督促其按时履行义务，也可以在发生纠纷时有约可依，更大程度地保护自身合法权益。

三、离婚协议书何时生效?

典型案例

双方已经签完字但未办理离婚手续，离婚协议书是否有效?

孙某、周某雪于2013年5月28日登记结婚，婚后二人经常因琐事发生争吵，并多次扬言要离婚。

2019年7月5日，二人再次产生矛盾并签订了《离婚协议书》，其主要内容为:“一、男女双方自愿离婚。二、婚后无子女。三、夫妻共同财产的处理:1.位于北京市丰台区××小区××号楼×单元703室（以下简称703室），归女方所有;2.各自名下的存款归各自所有;3.无其他夫妻共同债权或债务。”

《离婚协议书》签订后，双方并未办理离婚登记手续。

2021年7月4日，孙某向法院起诉离婚，并要求法院分割703室，而周某雪则认为双方签订的《离婚协议书》合法有效，法院应当按照《离婚协议书》的内容判决，将703室的所有权判归自己所有。

律师分析

一般来说，离婚协议书有成立和生效两个阶段。

离婚协议是夫妻双方以终止婚姻关系为目的，就财产分割、子女抚养等相关问题达成的一致性意见，应符合法律规定，不能违背社会公共道德。因此，应当认定离婚协议自夫妻双方达成共同意思表示时成立，即双方签字时成立。

但是离婚协议成立并不代表离婚协议生效。离婚协议中关于财产如何分割、子女由谁抚养等内容的约定都是以夫妻双方解除婚姻关系为前提条件，如果双方没有解除婚姻关系，这些约定也根本无从谈起。因此，离婚协议对男女双方具有法律约束力的前提条件是当事人在婚姻登记机关协议离婚，离婚协议只有双方在婚姻登记机关办理了离婚手续之后才生效。

另外，还须指出一点:离婚协议生效之后并不意味着就可以高枕无忧了。法律给了离婚双方再次寻求救济的机会，也就是对于离婚协议书的内容，当事人从诉讼程序上有反悔的权利。依据《民法典婚姻家庭编解释（一）》第70条的规定，夫妻双方协议离婚后就财产分割问题反悔，请求撤销财产分割协议的，人民法院应当受理。当然这个救济是有前提的，即签订离婚协议的时候，一方存在欺诈或者胁迫行为。

案例中，2019 年 7 月 5 日孙某、周某雪签订了《离婚协议书》，该协议自双方签字之日起已经成立，由于二人并未办理离婚登记手续，所以该协议并未生效。孙某向法院起诉离婚时，可以请求法院分割 703 室，周某雪要求法院按照《离婚协议书》的内容判决 703 室归自己所有的理由不能成立。

四、离婚协议书中的可撤销条款或无效约定条款

典型案例一

以逃避债务为目的，约定夫妻共同债务由一方单独承担，离婚协议书的财产分割条款被撤销

章某山与孙某于 2011 年 3 月 10 日登记结婚，婚后生育一子。

2011 年 8 月至 2011 年 12 月，章某山共向黄某借款 40 万余元。2015 年 12 月法院判决，章某山需要偿还黄某借款本金及利息共计 45 万元，在判决生效之日起 10 日内付清。

2016 年 6 月 20 日，孙某与章某山签订离婚协议，并办理了离婚登记手续。离婚协议中约定："位于运城市 ×× 西区 ×× 室的房产归女方和孩子所有，家中轿车归女方所有，各自的衣物及生活用品归各自所有。婚姻关系存续期间发生的一切债务都由男方偿还，与女方无关。"

因章某山一直未偿还借款，多次索要无果，黄某向法院提起诉讼，请求撤销孙某、章某山之间离婚协议中的房产分割条款。

法院认为，章某山作为运城市 ×× 西区 ×× 室的登记所有权人，在重病在身、债务未予清偿的情况下，通过协议离婚的形式，与孙某约定婚姻关系存续期间发生的一切债务都由男方偿还，与女方无关及运城市 ×× 西区 ×× 室的房产归女方和孩子所有的事项，该财产处分行为明显存在逃避债务的目的，损害了债权人的合法权益，致使债权无法得以顺利实现，故判决撤销孙某、章某山之间离婚协议中关于房产分割方面的约定。

律师分析

夫妻之间可以在离婚时对婚姻关系存续期间的共同财产作出约定，但该约

定仅在夫妻双方之间有效，对债权人并不生效。债权人仍可以要求夫妻双方或任一方偿还夫妻共同债务。

如债务人在离婚协议中约定自己“净身出户”并承担所有债务的，由此导致债务人一方资不抵债的，这样的财产分割条款很可能被认定为“以协议离婚方式恶意逃避夫妻共同债务，侵害了债权人的合法权益”，债权人可以行使撤销权。

案例中，章某山与孙某离婚时，在离婚协议中约定，房产、车辆等归女方或孩子所有，夫妻共同债务均由男方承担等事项。在章某山资不抵债的情况下，这类“净身出户”条款，有明显的逃避债务目的，损害了债权人黄某的合法权益，最终法院撤销了二人签订的离婚协议中关于房产分割的条款。

典型案例二

离婚协议书中处分他人财产，该部分内容无效

赵某娜系赵某与前妻钱某（1995 年 4 月病故）之女，2000 年 8 月 6 日，赵某与孙某萍登记结婚。2013 年 6 月 18 日，赵某与孙某萍登记离婚并签订《自愿离婚协议书》一份，其中第 3 条约定：“三、夫妻共同财产：位于彭山区的自建中式房屋共八间，男女双方各分得其中四间的产权。”经村委会及乡政府出具说明，涉案房屋属于自建房且在赵某、孙某萍结婚前已经存在。

2017 年 3 月 4 日，赵某娜以赵某、孙某萍为被告向法院起诉请求：判令二被告于 2013 年 6 月 18 日签订的《自愿离婚协议书》第 3 条“位于彭山区的自建中式房屋八间，男女双方各分得其中四间的产权”无效。

法院认为，钱某作为涉案房屋的修建人之一对房屋享有相应的份额，其去世后未留下遗嘱，故涉案房屋属于赵某娜与赵某的共有财产，赵某与孙某萍在未经赵某娜同意的情形下，在《自愿离婚协议书》中处分了赵某娜应有的份额，本案也无证据证明赵某娜事后对赵某与孙某萍分割涉案房屋的行为进行了追认，故赵某与孙某萍《自愿离婚协议书》处分涉案房屋的行为无效。

律师分析

夫妻双方可以在离婚协议中处分一方的婚前财产、夫妻共同财产，通常只要协议双方意思表示真实，不存在违反法律的强制性规定等情况，离婚协议的财产分割条款均是合法有效的。公民的合法财产受法律保护，未征得财产全部

所有权人同意的情况下，夫妻双方处分他人财产的行为构成无权处分，财产的所有权人有权向人民法院起诉要求确认该部分财产分割内容无效。

离婚协议中约定的内容并不能“天马行空”，想怎么写就怎么写，违反法律强制性规定的条款往往会被法院确认为无效条款，不能产生相应的效力。在实务中，常见的离婚协议中的无效条款有：“离婚后 × 年内不得再婚”（违反婚姻自由）、“离婚后 × 年内不得再生育”（限制生育权利）、“离婚后再婚所生育子女无继承权”（限制继承权）、“某某（第三人）名下的房产归男（女）方所有”（处分第三人的财产）。

案例中，涉案房屋由赵某与其前妻共同出资修建，二人为涉案房屋的所有权人。在钱某去世后属于钱某的份额应当由赵某、赵某娜继承，故涉案房屋属于赵某、赵某娜共同共有。赵某与孙某萍在未征得赵某娜同意的情况下，在《自愿离婚协议书》中处分了赵某娜的财产份额，且事后亦未获得赵某娜的追认，赵某的行为构成无权处分。赵某娜作为涉案房屋的所有权人之一有权请求法院确认《自愿离婚协议书》处分涉案房屋的行为无效，最终法院也支持了赵某娜的诉讼请求。

五、离婚前后签订了多份离婚协议书的效力确定

典型案例

多份协议引发的财产争夺战

王某松与刘某娟系夫妻关系，2010 年 5 月王某松因嫖娼被公安机关处以劳动教养 6 个月的行政处罚。

王某松被释放后，基于愧疚和对妻子刘某娟补偿的心理，与刘某娟签订了《夫妻财产约定协议书》，将婚后购买的房产约定为刘某娟个人所有并办理了公证。

后王某松因工作不顺，在家中对刘某娟实施了家庭暴力。刘某娟忍无可忍，要求离婚，王某松也表示同意，二人签署了《离婚协议书》约定房子归王某松所有，由其补偿刘某娟 79 万元，家中的存款 85 万元按照均等原则进行分割。协议签订不到两天的时间，王某松又拿来另外一份《离婚协议书》并对刘某娟说：“我觉得给你的补偿太多了，我只同意给你 60 万元，愿意你就签字，不愿

意你可以到法院起诉，我咨询过律师了，拖你个一年半载的不成问题。”为了尽快摆脱王某松，刘某娟同意并签字。因王某松反悔，双方协议离婚未成。2017年7月5日，刘某娟以夫妻感情彻底破裂为由提起离婚诉讼。

法院最终判决：婚后房屋的所有权归刘某娟所有，存款85万元中45万元归刘某娟所有，剩余40万元归王某松所有。

律师分析

在现实生活中，因离婚涉及子女抚养、财产分割、债务承担等一系列问题，在协商的过程中形成多份《离婚协议书》也比较常见，让当事人困惑的是：存在多份《离婚协议书》的情况下，哪份协议才具有法律效力？

（一）当事人虽然存在多份离婚协议，但最终未到民政部门办理协议离婚手续，则多份协议均不具有法律效力

离婚的原因复杂多样，举不胜举。在笔者所承办的离婚案件中，一方为达到离婚的目的，一般会在财产分割和子女抚养、债务承担方面作出适当的让步，但该离婚协议的生效是以当事人登记离婚或者到人民法院调解离婚为前提的。

如果双方最终并未到婚姻登记机关办理离婚登记，或者到法院离婚时一方反悔，不愿意按照原协议履行，原离婚协议所附的解除婚姻关系的条件不能成就，对当事人双方均不产生法律约束力，不能作为人民法院处理离婚案件的依据。

案例中，王某松与刘某娟虽然签订了两份《离婚协议书》，但由于二人并未到民政局办理离婚登记手续，故两份《离婚协议书》均未生效，对当事人不产生法律约束力。

（二）存在多份离婚协议的情况下，在民政部门备案的离婚协议具有相应的法律效力

当事人往往会存有一个误区，认为在存在多份离婚协议的情况下，最后一份肯定会具有较高的法律效力。其实不然，《民法典婚姻家庭编解释（一）》第69条第2款规定：“当事人依照民法典第一千零七十六条签订的离婚协议中关于财产以及债务处理的条款，对男女双方具有法律约束力……”但该条款适用的前提是当事人已经通过协议的方式办理完离婚手续，且该离婚协议已在办理离婚手续的民政部门进行了备案。夫妻双方存在多份离婚协议的情况下，在民政部门备案的离婚协议才具有相应的法律效力。

（三）协议离婚后双方当事人另行签订的补充协议的效力

离婚问题是动态变化而非静态不变的。正如商业合同中约定补充条款的道理一样，基于现实中离婚问题之复杂性，双方当事人往往会在协议离婚后就子女抚养问题或财产分割问题另行签订补充协议。从司法实践来看，只要协议的内容属于双方真实的意思表示，在没有违反法律规定的前提条件下，应具有法律效力。

六、被撤销或被确认无效的离婚协议

典型案例一

采用欺诈手段签订的《离婚协议书》，财产分割条款被撤销

唐某、苗某秀于2012年10月20日登记结婚，2014年6月4日，两人在北京市某某区民政局办理协议离婚手续，协议离婚时苗某秀已经怀孕5个月。

在《离婚协议书》财产分割条款约定如下：（1）登记在女方名下的北京市石景山区××号院501室归男方所有，登记在男方名下的北京市朝阳区××号院601室归女方所有。（2）男方一次性补偿女方人民币60万元。

双方离婚前，苗某秀一直谎称腹中胎儿系婚内人工授精所致，离婚后唐某发现，苗某秀怀孕的真实原因是婚内与第三者发生了两性关系。唐某感觉自己受到了欺骗，于是向人民法院起诉请求撤销《离婚协议书》中的财产分割条款。

法院经过审理认为，苗某秀向唐某隐瞒了与他人通奸怀孕的事实，构成欺诈。最终判决：一、撤销《离婚协议书》中的财产分割条款；二、北京市石景山区××号院501室归苗某秀所有；北京市朝阳区××号院601室归唐某所有；三、苗某秀于判决生效后十五日内给付唐某30万元。

律师分析

一般来讲，男女双方因协议离婚而签订的财产分割协议不能随意变更或撤销，除非存在欺诈、胁迫等明显违背了当事人真实意思表示的情形。案例中，苗某秀谎称离婚时腹中胎儿系人工授精所致，隐瞒了与他人通奸并怀孕的事实，使得唐某误以为苗某秀腹中胎儿为自己的子女而在双方离婚时对财产分割作出了错误的意思表示，苗某秀的行为构成欺诈，唐某有权以欺诈为由请求人民法院撤销财产分割条款，最终法院支持了其诉求并对二人的夫妻共同财产作出了分割。

典型案例二

离婚协议中，赠与子女的房产能否撤销？

赵某、赵某兰系父女关系，2011 年 11 月 7 日赵某与赵某兰母亲王某在牟平区民政局协议离婚，并对财产进行了约定："西桂小区、政府大街 ×× 号 ×× 号楼 × 单元 ×× 号房产一套归属女儿赵某兰所有。"赵某与王某离婚后一直未办理上述房产的过户登记手续，2017 年 8 月 4 日，赵某以房产未办理过户登记，其无固定收入，无房居住，且生活十分困难为由诉至法院，要求撤销对女儿赵某兰的赠与。

法院经审理认为，赵某将婚前房产赠与女儿，是其与王某离婚协议的一部分，与离婚协议的其他内容不可分割，具有身份关系属性，与民法调整的赠与合同不完全一致。赵某与王某离婚并达成离婚协议，是基于对离婚协议全部内容的整体衡量与考虑，最终驳回了赵某的诉讼请求。

律师分析

依据《民法典》第 658 条的规定，赠与人在赠与财产的权利转移之前可以撤销赠与。经过公证的赠与合同或者依法不得撤销的具有救灾、扶贫、助残等公益、道德义务性质的赠与合同，不适用前款规定。

一般的赠与合同在赠与财产权利转移前可以撤销，即在财产转移之前，除法律规定的情形外，赠与人享有任意撤销权。因房产是以进行房产登记确认所有权，所以房产的权利转移以是否进行过户登记为准，也就是说在房屋尚未登记过户前，赠与人享有任意撤销权。

而离婚协议中对子女的赠与，具有身份关系属性，不能简单适用《民法典》第 658 条的规定允许赠与人随意撤销赠与。如果允许赠与人随意撤销离婚协议中的赠与，会造成一方在离婚时同意对方的任何条件，离婚后再顺利毁约要回财产，达到既离婚又占有财产的目的，不但给子女和原配偶造成经济损失和新的精神伤害，还会严重破坏社会秩序和伦理体系。案例中，赵某与赵某兰之间形成赠与合同关系，且该赠与合同并非普通的赠与关系，而是赵某与王某在离婚协议中约定的赠与事项，系出于解除双方身份关系的动机、为保障双方子女的权益而作出，属于双方就离婚事项所作整体约定的一部分，具有道德义务的性质，非因法定情形不能随意撤销。

第三节　办理协议离婚的具体程序

一、确定管辖的婚姻登记机关

典型案例

协议离婚可以到经常居住地的民政局办理吗?

张某强和陈某户籍地均为石家庄市桥西区，结婚后二人一直在北京市朝阳区工作。2017 年 5 月 6 日两人因家庭琐事导致感情破裂，双方均同意离婚，并就财产分割和子女抚养问题达成了一致，双方能否到经常居住地北京市朝阳区民政局办理离婚手续?

律师分析

依据《婚姻登记条例》第 10 条的规定，办理协议离婚手续的机关应为一方当事人常住户口所在地（户籍所在地）的婚姻登记机关。

案例中，张某强和陈某的户籍所在地均为石家庄市桥西区，故二人应当前往石家庄市桥西区民政局办理离婚手续，北京市朝阳区民政局无权受理其协议离婚申请。

另外，如果中国公民同外国人在中国内地自愿离婚的，内地居民同香港居民、澳门居民、台湾居民、华侨在中国内地自愿离婚的，男女双方应当共同到内地居民常住户口所在地的婚姻登记机关办理离婚登记。

上述规定已有例外。北京市婚姻登记新规已经出台，自 2015 年 12 月 1 日起，北京市居民婚姻登记可跨区办理，即一方或双方为北京市居民的结婚登记、离婚登记或者补领婚姻登记证（包括涉外、涉华侨、涉港澳台婚姻登记），当事人可到北京市任一区域民政局婚姻登记处办理。

二、办理离婚登记所需要的材料

典型案例一

办离婚手续时，发现户口本上显示“未婚”，这可怎么办？

周某与赵某结婚后发现赵某与多名异性存在密切交往，因不堪忍受赵某的社交圈，二人决定协议离婚。到达民政局时，工作人员因二人户口本登记簿上显示“未婚”状态，而无法为二人办理登记手续，请问二人应当如何处理？

典型案例二

结婚证被撕毁，该怎么离婚？

孙某和杨某玲因性格不合，经常吵架，无法共同生活，准备协议离婚。但在一次吵架过程中，杨某玲在一气之下将两本结婚证撕毁，请问，在无法提供结婚证的情况下，两人应当如何准备离婚登记所需要的材料？

典型案例三

离婚协议书需要当面签吗？

陈某与张某因婚后感情不和，二人协商办理离婚登记手续，在家拟好了《离婚协议书》，双方签字，到达民政局后，工作人员以“《离婚协议书》的签名是否是本人签名不详”为由，要求二人重签。

律师分析

上述三个案例是当事人在办理协议离婚中的常见问题，主要涉及双方办理协议离婚时应准备的材料及注意事项。

办理离婚登记时，双方应当准备下列材料：

1. 双方的身份证、户口簿

注意身份证应当在有效期内，户口本婚姻状态一栏应显示“已婚”或“有配偶”字样。如未显示，需要到户籍所在地的公安机关办理变更手续后方能通过协议方式办理离婚。案例一中，周某与赵某的户口簿均为“未婚”的状态，二人需将婚姻状态变更为“已婚”或“有配偶”后方可办理协议离婚。

如果当事人无法提供身份证、户口簿，应到公安机关或者户籍管理机构办理户籍证明，并加盖公安机关或者户籍管理机构的印章。当事人身份证遗失的，应到公安部门或户籍管理机构补办证件或者提交临时身份证。如涉及户口迁移，当事人无法提供落户手续，无法提交户口簿的，应当提交公安部门或者有关户籍管理机构出具的迁移证或者迁移证明。如果当事人一方或双方属于集体户口，应持所在单位出具的记载其户籍情况的户口簿复印件，并需要加盖单位公章。

2. 结婚证原件

男女双方各一本结婚证，共两本。对于结婚证丢失的情况，《民政部关于贯彻落实〈中华人民共和国民法典〉中有关婚姻登记规定的通知》（民发〔2020〕116号）规定，申请办理离婚登记的当事人两本结婚证都丢失的，当事人应当书面声明结婚证遗失并提供加盖查档专用章的结婚登记档案复印件，婚姻登记员可根据当事人提供的上述材料受理离婚登记申请。当事人应对结婚证的丢失情况作出书面说明，该说明由婚姻登记机关存档。案例二中，虽然杨某玲已经将两本结婚证撕毁，二人可以向婚姻登记机关作出书面说明，由婚姻登记机关根据二人的结婚登记档案等材料办理离婚登记。

3. 双方共同签署的离婚协议书

离婚协议书应当一式三份，双方各持一份，婚姻登记机关存档一份。《婚姻登记工作规范》第56条第1款第4项规定“夫妻双方应当在离婚协议上现场签名”。所以，如果《离婚协议书》属于双方事先拟订的，签字处尽量空置，在婚姻登记员面前亲自签署，避免出现案例三中张某与陈某到民政局进行重签的情形。

4. 个人近期免冠照片

照片应当是双方各2张2寸近期半身免冠证件照片，并且应当是同一底版。

需要提醒读者注意的是：（1）军人办理协议离婚手续时，除需要提供上述材料之外，还需要另行提供部队团级以上政治机关出具的同意离婚的证明。（2）当事人所提交的证件、证明材料涉及外文的，应当同时提交有正规翻译资质的翻译机构提供的中文翻译文本。

三、办理离婚登记具体流程

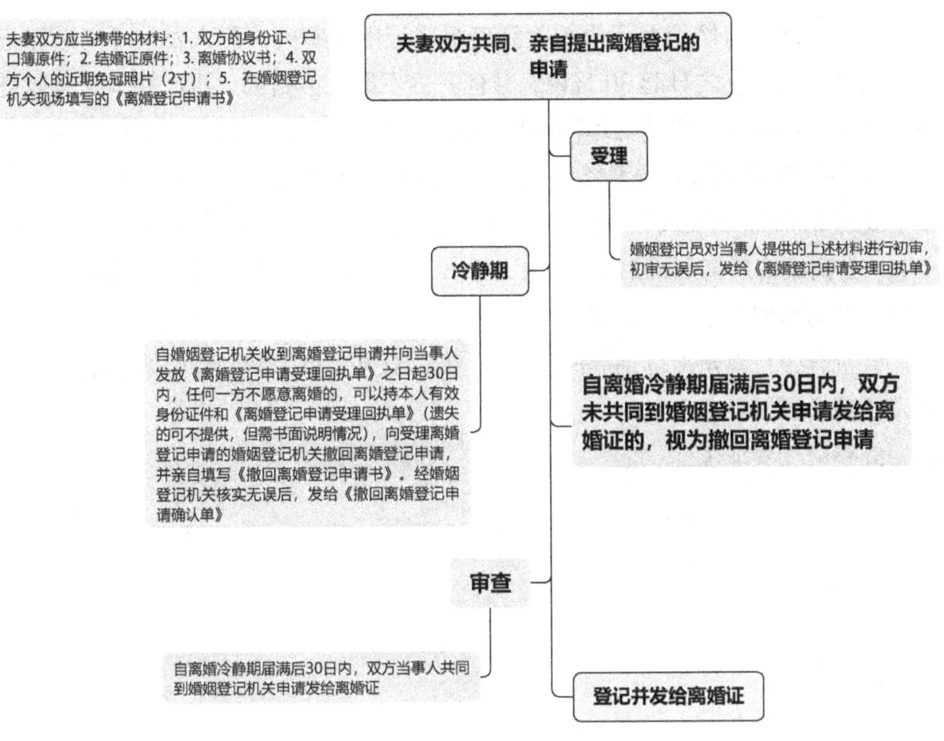

图 1-9 离婚登记流程

由于《婚姻法》并没有离婚冷静期的规定，所以 2015 年 12 月 8 日民政部印发的《婚姻登记工作规范》中仅规定了“即申即离”制度下婚姻登记员受理离婚登记申请后的审查程序。《民法典》中新增了“离婚冷静期”制度，为配合“离婚冷静期”制度，2020 年 11 月 24 日民政部发布《关于贯彻落实〈中华人民共和国民法典〉中有关婚姻登记规定的通知》（民发〔2020〕116 号）调整离婚登记流程。自 2021 年 1 月 1 日以后，前往民政局办理离婚手续将按照如下流程进行：

1. 申请。夫妻双方自愿离婚的，应当签订书面离婚协议，共同到有管辖权的婚姻登记机关提出申请，并提供以下证件和证明材料：（1）内地婚姻登记机关或者中国驻外使（领）馆颁发的结婚证；（2）有效身份证件；（3）在婚姻登记机关现场填写的《离婚登记申请书》。

2. 受理。婚姻登记员按对当事人提交的上述材料进行初审，初审无误后，发给《离婚登记申请受理回执单》。不符合离婚登记申请条件的，不予受理，但当事人可以要求婚姻登记机关出具《不予受理离婚登记申请告知书》。

3. 冷静期。自婚姻登记机关收到离婚登记申请并向当事人发放《离婚登记申请受理回执单》之日起 30 日内，任何一方不愿意离婚的，可以持本人有效身份证件和《离婚登记申请受理回执单》（遗失的可不提供，但需书面说明情况），向受理离婚登记申请的婚姻登记机关撤回离婚登记申请，并亲自填写《撤回离婚登记申请书》。经婚姻登记机关核实无误后，发给《撤回离婚登记申请确认单》。自离婚冷静期届满后 30 日内，双方未共同到婚姻登记机关申请发给离婚证的，视为撤回离婚登记申请。

4. 审查。自离婚冷静期届满后 30 日内，双方当事人共同到婚姻登记机关申请发给离婚证。

5. 登记（发证）。

第二章
诉讼离婚

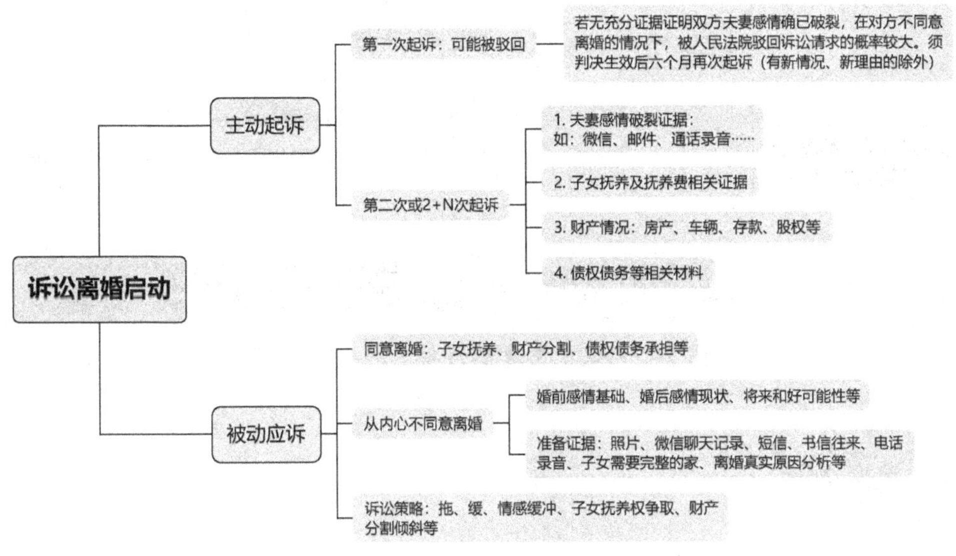

图 2-1　诉讼离婚启动

第一节　认定夫妻感情确已破裂的标准

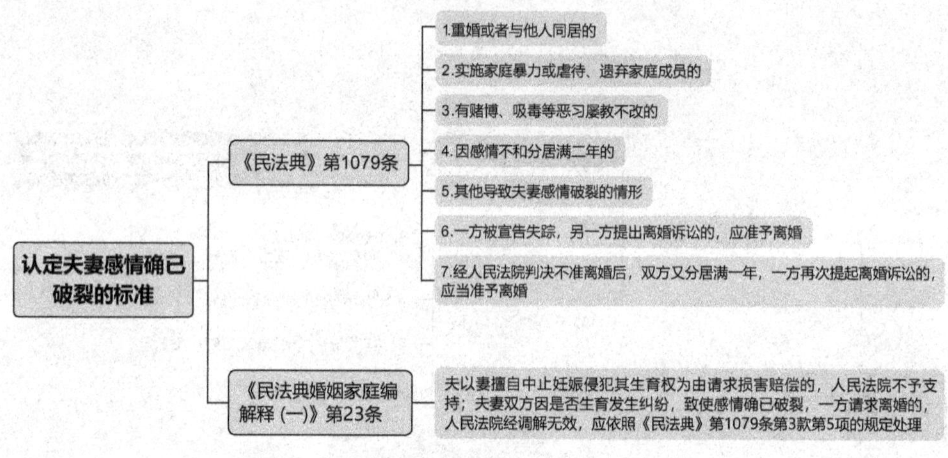

图 2-2　认定夫妻感情确已破裂的标准

典型案例

有赌博恶习屡教不改，法院会判决离婚吗？

张某和王某于 2005 年 10 月登记结婚，婚后共同经营服装生意。

婚姻初期，两人感情尚可，但张某经常赌博，对生意不管不顾，对孩子的生活和教育也不上心。王某曾多次劝张某戒赌，但是张某对王某的要求阳奉阴违且无悔改之意，原本准备买房子的钱也被张某输得一干二净。张某在 2018 年 7 月和 2020 年 4 月因赌博被公安机关分别处以罚款和行政拘留。

为了孩子的将来，王某现在想要起诉离婚，如果张某不同意的话，法院能判双方离婚吗？

律师分析

人民法院审理离婚案件，应当进行调解；如果感情确已破裂，调解无效的，应当准予离婚。法官在审理离婚案件时，如何判断“感情确已破裂”？本案中王某主张的，张某具有赌博的恶习且屡教不改，能否作为认定夫妻感情确已破裂的标准?

依据《民法典》第1079条的规定，法院判决准予离婚的法定条件为：感情确已破裂与调解无效。其中，“感情确已破裂”属于准予离婚的实质要件，“调解无效”属于准予离婚的程序要件，经调解，一方仍坚持己见或者双方无法达成一致意见的，可视为“调解无效”。

本案中，如经法院查明，张某确实沉迷赌博恶习，且屡教不改，可以确定夫妻感情已破裂，经调解无效的法院应当判决双方离婚。

一、重婚

重婚行为违反了《民法典》第1041条规定的一夫一妻制原则，是破坏婚姻秩序的严重过错行为，不仅严重伤害夫妻感情，而且挫伤了对方对婚姻的合理期待，使夫妻正常的共同生活不复存在。因而，夫妻一方重婚，经调解无效的，应当认定夫妻感情确已破裂，准予离婚。

（一）重婚行为的认定

重婚，是指有配偶又与他人结婚，或者明知他人有配偶而与之结婚的行为。所谓“有配偶”，是指男有妻，女有夫，合法婚姻中的男女双方互为配偶。所谓“又与他人结婚”，是指与他人到婚姻登记机关登记结婚或者与他人以夫妻名义共同生活的行为。所谓“明知他人有配偶”是指知道或者应当知道他人有配偶。在我国，合法的婚姻包括以下两种。

1. 法律婚姻

法律婚姻，是指欲结婚的男女双方根据法律的相关规定办理结婚登记，并领取结婚证所形成的婚姻。

《婚姻登记条例》(2003年8月8日)第4条规定：“内地居民结婚，男女双方应当共同到一方当事人常住户口所在地的婚姻登记机关办理结婚登记。中国公民同外国人在中国内地结婚的，内地居民同香港居民、澳门居民、台湾居民、华侨在中国内地结婚的，男女双方应当共同到内地居民常住户口所在地的婚姻登记机关办理结婚登记。”

2. 1994年2月1日以前形成的事实婚姻

事实婚姻是相对于法律婚姻而言的，事实婚姻是指未经依法登记，即以夫妻名义共同生活所形成的婚姻。本质上属于违法婚姻，但考虑到我国的现实国情，为了维持一定范围内的，特别是广大农村地区婚姻关系的稳定，国家对未办理结婚登记而以夫妻名义同居生活的男女双方之间的关系有条件地予以认可，这就产生了“事实婚姻”这一概念。

根据《民法典婚姻家庭编解释（一）》第7条的规定，1994年2月1日《婚姻登记管理条例》发布实行之后，如果欲结婚的男女双方未按照法律规定进行结婚登记，即以夫妻名义同居生活，按照同居关系对待，不能得到《民法典》婚姻家庭编的保护。

（二）刑事法律关系上关于重婚的认定

《刑法》在重婚罪的认定上，有限制地认可1994年2月1日之后的事实婚姻的效力，这是维护一夫一妻制原则所必需的。如果刑法与民法一样，不认可1994年2月1日之后的事实婚姻的效力，这样势必纵容了一些人在婚姻外与他人公开以夫妻名义生活，或是同时与几个异性同居生活而不进行结婚登记以达到多夫多妻的目的。

但是，需要注意，在认定夫妻一方是否具有导致“夫妻感情破裂”的“重婚”行为时，其判断标准与刑事法律上认定夫妻一方是否构成“重婚罪”的判断标准是一致的。只要构成重婚罪，就当然构成导致“夫妻感情破裂”的“重婚行为”，只要夫妻一方存在导致“夫妻感情破裂”的“重婚行为”，夫妻另一方就有权追究其重婚罪的刑事责任。但因“重婚罪”属于刑事自诉案件，实行“不告不理原则”，只有被害人向人民法院提起诉讼，并经人民法院判决后重婚者才构成“重婚罪”，才能依法追究其刑事责任，如果被害人放弃追究重婚者的刑事责任，公安司法机关是不会主动介入追究其刑事责任的。

（三）重婚行为的表现形式

1. 与配偶登记结婚后又与他人登记结婚。此处前婚和后婚均为法律婚姻。造成这种重婚行为存在的原因主要有二：其一，2012年6月底前，我国并未建立全国婚姻登记管理信息系统，导致婚姻登记机关在办理婚姻登记过程中无法进行全国性的信息比对。2012年6月底，全国已实现婚姻登记信息联网目标。目前，民政部已初步建立中央级婚姻登记数据中心，除港澳台地区之外，全国31个省（自治区、直辖市）均已建立省级婚姻登记工作网络平台和数据中心，各地婚姻登记机关实现了在线婚姻登记和婚姻登记信息全国联网审查。相信，今后这种形式的重婚行为会得到有效避免。其二，有配偶者利用虚假身份信息骗取结婚登记。这种行为取得的《结婚证》是真实的，只是结婚证上的身份信息是虚假的。但是当事人结婚目的是明确的，因此，不影响重婚行为的构成，也是重婚行为的重要表现形式之一。

2. 与配偶登记结婚，又与他人不登记结婚，而以夫妻名义共同生活。

3. 1994 年 2 月 1 日之前与配偶不登记结婚，而以夫妻名义共同生活，后又与他人登记结婚。

4. 1994 年 2 月 1 日之前与配偶不登记结婚，而以夫妻名义共同生活，后又与他人以夫妻名义共同生活，而不进行结婚登记。

上述四种情况下，如果“后婚”的相婚人明知他人有配偶，而与之到婚姻登记机关登记结婚，或者虽不进行结婚登记，但是却与之以夫妻名义共同生活的，“后婚”的相婚人同样构成重婚行为或者重婚罪的主体。

二、与他人同居

一般认为，同居是指男女两性共同居住、生活。依据《民法典婚姻家庭编解释（一）》第 2 条的规定，与他人同居，是指有配偶者与婚外异性，不以夫妻名义，持续、稳定地共同居住，俗称婚外同居或者姘居。与重婚行为相同，与他人同居也是属于违反《民法典》第 1041 条规定的一夫一妻制原则、破坏婚姻秩序的严重过错行为，既严重伤害夫妻感情，又挫伤了对方对婚姻的合理期待。因而，夫妻一方与他人同居，调解无效的，应当认为夫妻感情确已破裂，准予离婚。

在适用这一规定时，应当注意以下问题：

1. 与他人同居和重婚的区别

与他人同居和重婚的概念有交叉重合之处，重婚也是与他人同居，但两者的主要区别在于：与他人同居，是指同居时既不办理结婚登记，对外也不以夫妻名义共同生活；重婚，是指与他人同居时办理了结婚登记或对外以夫妻名义生活。换言之，重婚为婚姻关系，而姘居则为非婚同居关系。实践中的“包二奶”和“包二爷”属于与他人同居的行为，当然这种行为很容易向重婚行为转化。

2. 与他人同居和通奸、婚外恋等行为的区别

通奸是指双方或一方有配偶的男、女，秘密、自愿发生两性关系的行为。

婚外恋泛指已婚者与配偶之外的人发生恋情。通奸、婚外恋都是违背社会主义婚姻道德的行为，应由道德规范调整。而与他人同居则是《民法典》禁止的违法行为，行为人要承担相应的法律责任。

三、实施家庭暴力或虐待、遗弃家庭成员的

（一）实施家庭暴力或虐待家庭成员的

根据《反家庭暴力法》第 2 条的规定，家庭暴力，是指家庭成员之间以殴打、捆绑、残害、限制人身自由以及经常性谩骂、恐吓等方式实施的身体、精神等侵害行为。依据《民法典婚姻家庭编解释（一）》第 1 条的规定，持续性、经常性的家庭暴力，可以认定为《民法典》第 1042 条、第 1079 条、第 1091 条所称的“虐待”。

实施家庭暴力或虐待、遗弃家庭成员的行为在给家庭成员造成身体和精神上伤害的同时，也损害了夫妻间的相互信任和相互依赖，破坏了家庭的和睦氛围，因此，一方实施家庭暴力或虐待、遗弃家庭成员，调解无效的，应当认为夫妻感情确已破裂，应准予离婚。

在认定家庭暴力行为时应当注意以下两点：

1. 实施家庭暴力的行为人为夫妻一方，但受害人不限于其配偶，也包括其他家庭成员。例如，夫妻一方针对未成年子女或者父母等家庭成员实施暴力，也属于家庭暴力的范畴。

2. 家庭暴力与一般夫妻纠纷的区别。一般夫妻纠纷中也可能存在轻微暴力甚至因失手而造成较为严重的身体伤害，但其与家庭暴力有着本质的区别。家庭暴力的核心是权力和控制，且具有持续性和经常性。加害人存在通过暴力伤害达到目的的主观故意，大多数家庭暴力行为呈现周期性，并且不同程度地造成受害人的身体或心理伤害后果，导致受害一方因为恐惧而屈从于加害一方的意愿。而一般夫妻纠纷不具有上述特征。

根据最高人民法院中国应用法学研究所于 2008 年 3 月发布的《涉及家庭暴力婚姻案件审理指南》第 3 条的规定，家庭暴力包括身体暴力、性暴力、精神暴力和经济控制四种类型。

第一，身体暴力是加害人通过殴打、捆绑、残害受害人或限制受害人人身自由等使受害人产生恐惧的行为；

第二，性暴力是加害人强迫受害人以其感到屈辱、恐惧、抵触的方式接受性行为，或者残害受害人性器官等性侵犯行为；

第三，精神暴力是加害人以侮辱、谩骂，或者不予理睬、不给治病、不肯离婚等手段对受害人进行精神折磨，使受害人产生屈辱、恐惧、无价值感等作为或不作为行为；

第四，经济控制是加害人通过对夫妻共同财产和家庭收支状况的严格控制、摧毁受害人自尊心、自信心和自我价值感，以达到控制受害人的目的。

在认定家庭暴力的情况下，如果一方当事人坚决要求离婚的，不管要求离婚的是加害人还是受害人，人民法院均应当尊重当事人意愿，维护婚姻自由原则，尽快调解或判决离婚，避免因久拖不决而出现更严重的暴力伤害行为。

（二）遗弃家庭成员的

遗弃家庭成员，一般是指婚姻关系当事人无正当理由，不履行对家庭成员，包括对夫或妻以及家庭的其他成员的扶养、抚育、赡养义务，且持续一定期限的。遗弃以不作为的形式出现，该为而不为，致使被遗弃人的权益受到侵害。主要有以下几种情况：一是将被扶养人置于自己不能扶养的场所；二是有意离开被扶养人，使对方无法知悉自己的情况，如行为人为遗弃子女而离家出走，杳无音信的；三是对需要扶助的家庭成员不提供扶助。例如，对患病的配偶不提供医药费，不给予必要的照料，等等。遗弃行为，情节恶劣的，构成遗弃罪，应当依法追究刑事责任。

《民法典》第 26 条规定，父母对未成年子女负有抚养、教育和保护的义务，成年子女对父母负有赡养、扶助和保护的义务。第 1059 条规定，夫妻之间有相互扶养的义务。如果当事人无正当理由，不履行上述义务，且持续一定的期限的，则构成遗弃家庭成员的行为。夫妻一方存在上述行为的，可以认为夫妻感情确已破裂，准予离婚。

遗弃行为的受害人提出请求的，人民法院应当依法作出支付扶养费、抚养费、赡养费的判决，遗弃家庭成员构成犯罪的，受害人可以向人民法院自诉；导致离婚的，无过错方有权依据《民法典》第 1091 条的规定请求离婚损害赔偿。

四、有赌博、吸毒等恶习屡教不改的

现实生活中，多数有赌博、吸毒等恶习的人，常常好逸恶劳、不务正业，既消耗了家庭共同财产，又严重影响了夫妻互相扶养义务的履行，使夫妻之间在物质生活和感情生活上出现了严重障碍。因此，赌博、吸毒等行为是严重危害婚姻幸福、家庭和谐的违法行为。配偶一方有赌博、吸毒等恶习，经多次教育仍拒不改正，另一方起诉离婚的，经调解无效，应准予离婚。

在适用《民法典》第 1079 条第 3 款第 3 项时，需要注意以下两点：

1. 本项所指赌博、吸毒等恶习，并非一般的赌博、吸毒等行为，而是须达到已成恶习并屡教不改，即在一定时期内逐渐养成的，经过教育仍不悔改的赌博、吸毒等坏习惯。虽有赌博、吸毒等行为，但只是偶尔为之，没有成瘾；或者虽然曾有赌博、吸毒等恶习，但已经改正的，不能适用本项。

2. 本项为列举性规范，除了明确列举的赌博、吸毒恶习之外，还包括其他会严重危害夫妻感情的恶习，诸如酗酒、卖淫、嫖娼、淫乱等。

五、因感情不和分居满二年的

分居是指夫妻双方在维持其夫妻关系的情况下，停止共同生活，互不履行夫妻之间的权利与义务，并各自建立属于自己的生活方式的状况。在夫妻分居的情况下，夫妻关系已名存实亡。如果双方因感情不和分居满两年的，一方坚持要求离婚，经调解无效的，应视为夫妻感情确已破裂，应准予离婚。

在适用此条款时，需要注意以下三点：

1. 夫妻双方客观上处于分居状态。即必须存在夫妻双方不共同生活在一起的事实状态，夫妻间已不存在相互关照、同床共枕、同桌就餐等具有固定婚姻意义的共同生活。婚姻当事人双方在不同的住所过着完全分开的生活，当然构成客观的分居状态；即使夫妻双方住在同一屋檐下，如并未过着同一家庭生活，也构成客观上的分居。

2. 分居的原因必须是“感情不和”。夫妻分居，不是因为不能克服的客观原因而导致的，而是分居者主动追求，“有意”造成的。如果因工作、学习、治疗疾病等原因而分开生活，不属于法律意义上的分居。如在一起离婚案件中，男方作为原告起诉离婚，提出两人分房睡觉已经两年多，法官询问分房睡觉的原因时，男方回答“因为女方睡觉打呼噜，影响第二天工作”，女方提供了双方在分房期间有正常的夫妻生活的聊天记录，法院认定两人的分居并不属于感情不和，故驳回了原告的诉讼请求。

3. 分居的期间须满两年。即从夫妻最后一次分居之日起已经持续分居两年以上。分居期间不得累加，如果夫妻因感情不和多次分居，但因暂时和好而恢复共同生活的，不能将前后几次的分居期间相加，而应从起诉离婚前的最后一次分居之日起连续不间断地满两年。

六、其他导致夫妻感情破裂的情形

该项属于兜底条款。目前，根据相关司法解释和司法实践，主要有以下几种情形：

（一）夫妻双方因是否生育发生纠纷导致提起离婚诉讼

依据《民法典婚姻家庭编解释（一）》第23条的规定，夫妻双方因是否生育发生纠纷，致使感情确已破裂，一方请求离婚的，人民法院经调解无效，应依照《民法典》第1079条第3款第5项的规定处理。因此，夫妻双方因是否生育发生纠纷导致提起离婚诉讼的，属于应准予离婚的情形。

（二）夫妻一方被另一方自诉重婚被判刑导致提起离婚诉讼

夫妻一方有重婚行为，被另一方提起刑事自诉，因犯重婚罪而被判刑，若另一方以此导致夫妻感情破裂为由提起离婚诉讼的，法院应当准予离婚。

七、一方被宣告失踪，另一方提起离婚诉讼的，应当准予离婚

依据《民法典》第40条、第41条的规定，自然人下落不明满二年的，利害关系人可以向人民法院申请宣告该自然人为失踪人。自然人下落不明的时间自其失去音讯之日起计算。战争期间下落不明的，下落不明的时间自战争结束之日或者有关机关确定的下落不明之日起计算。依据《民法典》第1079条的规定，夫妻一方被宣告失踪，另一方提出离婚诉讼的，应准予离婚。

八、经人民法院判决不准离婚后，双方又分居满一年，一方再次提起离婚诉讼的，应当准予离婚

此条款是《民法典》新增的亮点。在司法实践中大多数法官在审理离婚案

件时都本着“劝和不劝分”的宗旨，在当事人第一次起诉离婚时经审查如果夫妻感情并未破裂或者认为双方有和好的可能性的，直接判决双方不准离婚。在《民法典》生效前，依据《婚姻法》《民事诉讼法》的相关规定，当事人在第一次起诉离婚被法院驳回诉讼请求或判决不准予离婚后，在判决生效六个月后第二次起诉离婚，法院应该会受理，但如果不存在《婚姻法》第32条认定夫妻感情破裂的标准时，法院还是有判决双方不准离婚的可能性的，在笔者以往所承办的案件中，出现过多年数次起诉离婚都未能判离的案例。甚至有的案件中，当事人到死都未能拿到一份离婚的判决。

《民法典》新增“经人民法院判决不准离婚后，双方又分居满一年，一方再次提起离婚诉讼的，应当准予离婚”作为法院判决夫妻双方离婚的标准之一。也就是说，在法院判决夫妻双方不准离婚后，一方再次向人民法院起诉要求离婚，在庭审期间，一方能够拿出证据证明上次判决不准离婚后，双方夫妻感情并没有任何改善又继续分居一年的，这时候法院应当判决双方离婚。其实，夫妻双方在法院判决不准离婚后继续分居不愿意共处同一屋檐下，这也说明了夫妻矛盾确实不可调和，双方没有和好的意愿和可能，《民法典》将该种情况作为法院判决离婚的标准之一，避免了法院“久拖不决”“久调不决”的情形，极大地维护了当事人的权益。

第二节　子女抚养权的行使与变更

一、法院判决抚养权归哪一方行使的依据

典型案例

离婚时，孩子的抚养权判给谁？

于某江与王某芳于2011年4月26日登记结婚，婚后生育一子于某。于某江与前妻生育有一女，现随于某江共同生活。

王某芳与于某江由于婚前缺乏必要的了解，婚后又因子女教育等家庭琐事发生争吵，2015 年王某芳与于某江分居，王某芳及于某在外租房居住。

2015 年 10 月，王某芳向法院起诉请求与于某江离婚，一审法院于 2015 年 12 月 11 日判决驳回王某芳的诉讼请求；2016 年 7 月 12 日，王某芳再次起诉请求与于某江离婚，并请求法院判决于某由自己抚养，于某江按月支付抚养费。

法院经审理认为，双方均同意离婚，争议焦点是子女的抚养权问题。从有利于子女身心健康、保障子女合法权益的原则出发，考虑到于某年纪尚幼（2013 年 5 月出生）且一直与王某芳生活在一起，王某芳对其承担了较多的照顾义务。王某芳、于某江双方均系再婚，王某芳婚后仅生此一子，于某江与前妻离婚时已有一女今年 14 岁，故婚生子于某随王某芳生活较适宜。最终法院判决王某芳与于某江离婚，于某随王某芳生活，于某江每月给付其抚养费 1000 元至其独立生活时止。

律师分析

《民法典》第 1084 条第 3 款规定："离婚后，不满两周岁的子女，以由母亲直接抚养为原则。已满两周岁的子女，父母双方对抚养问题协议不成的，由人民法院根据双方的具体情况，按照最有利于未成年子女的原则判决。子女已满八周岁的，应当尊重其真实意愿。"根据以上规定，不满两周岁的子女一般是由女方抚养，八周岁以上子女抚养权的归属要尊重子女的真实意愿，确定两周岁到八周岁之间的子女抚养权的行使上双方协商不成的，需要结合父母双方的抚养能力和抚养条件，最终从有利于子女身心健康，保障子女的合法权益出发进行判决。

案例中，于某随王某芳生活时间较长、王某芳也对其承担了较多的照顾义务，改变生活环境对于某的健康成长明显不利，且于某江与前妻已有一女随其共同生活而王某芳并无其他子女，最终法院从有利于子女身心健康，保障子女合法权益的原则出发，将于某的抚养权判归王某芳行使。

至于为了争取子女抚养权需要准备哪些证据，详见第四章图 4–6。

二、如果后悔把子女抚养权给对方，能否变更子女抚养权？

在司法实践中，子女抚养权变更的难度较大，依据《民法典婚姻家庭编解释

（一）》第56条的规定，具有下列情形之一，父母一方要求变更子女抚养关系的，人民法院应予支持：（1）与子女共同生活的一方因患严重疾病或者因伤残无力继续抚养子女；（2）与子女共同生活的一方不尽抚养义务或有虐待子女行为，或者其与子女共同生活对子女身心健康确有不利影响；（3）已满八周岁的子女，愿随另一方生活，该方又有抚养能力；（4）有其他正当理由需要变更。实践操作中，如果抚养权已经协议归一方行使，或已经判决归一方行使，另一方申请变更抚养权归属的，若无法定情形，很难实现抚养权的变更。所以，在处理子女抚养权归属问题上，一定要慎之又慎。

第三节　亲子鉴定

典型案例

赵某宇与韩某于2003年2月15日登记结婚。2008年7月5日，生育一子，取名赵某洋。2011年6月，韩某与赵某宇因家庭琐事发生争吵，双方开始分居。

2013年7月，韩某起诉至法院要求解除婚姻关系。庭审过程中，赵某宇请求法院确认赵某洋与自己不存在亲子关系，并要求韩某承担自己抚养赵某洋的损失及精神损害赔偿。赵某宇为支持其主张，提供了鉴定咨询意见书，欲证明赵某洋与赵某宇非亲子关系的事实，韩某认为鉴定咨询意见书无法认定双方是否存在亲子关系。赵某宇当庭提出重新鉴定，但韩某不同意。

法院经审理后认为，赵某宇请求确认亲子关系不存在，并已提交鉴定咨询意见书予以证明，韩某无相反证据又拒绝做亲子鉴定，本院依法推定赵某洋与赵某宇不具有亲子关系。赵某宇抚养与自己无血缘关系的赵某洋累计约达21个月，履行了本不应当履行的抚养义务，赵某宇有权要求韩某返还婚内开支的抚养费。

韩某在婚姻关系存续期间与他人生育子女，违反了夫妻应当互相忠实的义务，主观上存有过错，客观上亦给赵某宇在精神上造成了巨大伤害，此侵权行为与损害后果之间具有因果关系，韩某应当向赵某宇承担精神损害赔偿金30000元。

律师分析

在韩某拒不配合赵某宇与赵某洋进行亲子鉴定的情况下，法院能否强制进行亲子鉴定？如不能强制，赵某宇又应当如何维护自己的合法权益？

一、进行亲子鉴定的条件有哪些？

亲子鉴定的启动有两个必要条件：（1）由主张确认或否认亲子关系的当事人提出鉴定申请；（2）被鉴定人同意鉴定。一方面，亲子鉴定涉及身份关系，应当以双方自愿为原则，法律不会强制要求不愿意鉴定的当事人进行亲子鉴定。另一方面，诉讼一方当事人无义务协助对方获得不利于自己的证据，亲子鉴定结论作为一方当事人提供的证据，证明其主张的同时，必然会对另一方产生不利的诉讼后果，被鉴定人有权通过拒绝鉴定来避免对自己可能产生的不利诉讼结果。

虽然法院并不能强制当事人进行亲子鉴定，但一方拒绝做亲子鉴定会导致亲子鉴定的程序无法继续开展，案件不能顺利审理，所以《民法典婚姻家庭编解释（一）》第39条规定，父或者母向人民法院起诉请求否认亲子关系，并已提供必要证据予以证明，另一方没有相反证据又拒绝做亲子鉴定的，人民法院可以认定否认亲子关系一方的主张成立。父或者母以及成年子女起诉请求确认亲子关系，并提供必要证据予以证明，另一方没有相反证据又拒绝做亲子鉴定的，人民法院可以认定确认亲子关系一方的主张成立。

案例中，赵某宇向人民法院请求确认亲子关系不存在，并已提交鉴定咨询意见书予以证明，韩某无相反证据又拒绝做亲子鉴定，最终法院推定赵某宇请求确认亲子关系不存在的主张成立，认定赵某洋与赵某宇不具有亲子关系。

二、适用亲子鉴定的案件类型有哪些？

《民法典》第1073条规定，对亲子关系有异议且有正当理由的，父或者母可以向人民法院提起诉讼，请求确认或者否认亲子关系。对亲子关系有异议且有正当理由的，成年子女可以向人民法院提起诉讼，请求确认亲子关系。根据以上规定可知，该类案件可以分为请求确认亲子关系与请求否认亲子关系两种类型。

1. 请求确认亲子关系的案件。请求确认亲子关系的主体可以是父或母，也可以是成年子女。在这类案件中，当事人提起的一般都是给付之诉，亲子关系的存在是其主张给付之诉的基础，此类案件主要在继承、抚养、赡养等纠纷中涉及的较多。

2. 请求否认亲子关系的案件。请求否认亲子关系的主体只能是父或母，成年子女不能向法院起诉要求否认亲子关系，这主要考虑到父母已经将子女抚养成年，如果允许成年子女请求确认不存在亲子关系，可能会成为其逃避赡养义务的借口，有悖公序良俗。此类案件大多是因对亲子关系的异议对其抚养义务或继承关系提出异议而涉诉。

三、亲子鉴定程序如何启动?

我国现行法律框架下，对于父母子女关系身份存在两个推定:（1）在婚姻关系存续期间受孕或出生的子女，推定为与父或母均具有亲子关系;（2）在非婚姻关系存续期间出生的子女，推定与父亲不具有亲子关系。在诉讼过程中，想要推翻以上两个推定，当事人往往会选择亲子鉴定。但是，亲子鉴定程序的启动必须有正当性和必要性，否则将不利于保护未成年子女的合法权益、不利于家庭关系的稳定和公序良俗的维护。因此，《民法典》第 1073 条对亲子关系鉴定的启动设定了两个条件:“有异议”且有“正当理由”。

依据《民法典婚姻家庭编解释（一)》第 39 条的规定，一方当事人需要提供必要的证据予以证明与子女存在或不存在亲子关系，那么什么证据可以作为“必要证据”呢？根据《北京市高级人民法院民一庭关于审理婚姻纠纷案件若干疑难问题的参考意见》第 4 条第 3 款规定，“必要证据”是指足以使法官产生内心确信，使举证责任产生转移的证据，如血型、DNA 鉴定相符或不相符、载有父母子女关系的出生医学证明、对方与他人在特定时段同居、男女双方在特定时段有或没有同居生活等证据。对于是否构成必要证据人民法院应结合个案案情慎重把握。

四、赵某宇能否要求韩某返还抚养费及精神损害赔偿?

《北京市高级人民法院关于审理婚姻纠纷案件若干疑难问题的参考意见》第 5 条规定，夫妻一方因另一方隐瞒真相而受欺诈抚养了另一方与他人所生育子女，受欺诈抚养方请求另一方返还实际支出的抚养费用的，人民法院应予以支持;受欺诈抚养方请求的精神损害赔偿等费用，可酌情予以支持。

案例中，韩某违反了夫妻之间的忠实义务，致使赵某宇抚养与自已无血缘关系的赵某洋累计约达 21 个月，赵某宇履行了本不应当履行的抚养义务，韩某的行为对赵某宇精神上造成了巨大伤害，最终法院判决韩某返还赵某宇婚内开支的抚养费并酌定由韩某赔偿赵某宇精神损害赔偿金 30000 元。

五、离婚后，男方才发现子女非亲生，向法院起诉要求女方支付精神损失的法律依据是什么？

最高人民法院民事审判第一庭编写的《民事审判实务问答》一书的观点可以供读者参考，在该书中作者认为“从男方的角度来看，女方在婚姻关系存续期间与他人发生不正当关系并生育子女，对其精神上造成了巨大伤害，故其同时有权要求侵权者赔偿经济损失。需要指出的是，这里的赔偿精神损失与《民法典》第一千零九十一条规定的离婚损害赔偿是两件事。……所以离婚之后无过错方向过错方追索精神损害赔偿的诉讼，在程序上也不符合婚姻法上离婚损害赔偿请求权的行使条件。而判决女方赔偿精神损失依据应是《民法典》人格权编、侵权责任编及《最高人民法院关于确定民事侵权精神损害赔偿责任若干问题的解释》中有关规定。”

第四节　离婚中常见的财产分割

一、房产

典型案例一

婚前一方出全资购买的房产，离婚时如何分割？

林某、刘某梅于2003年7月4日登记结婚，自2015年1月开始分居。2017年3月，刘某梅向法院起诉要求离婚并分割北京市丰台区太平桥西里××号房产（以下简称太平桥西里房产）。

经查，2001年7月，林某以成本价支付全款的方式从所在单位购买了太平桥西里房产，2005年12月9日取得房产证并登记在林某个人名下。

法院经审理认为，太平桥西里房产系林某在婚前自其所在单位以成本价全款购买，虽然太平桥西里房产是在婚后取得房屋所有权证，但购买行为发生在婚前，太平桥西里房产属于林某的婚前个人财产。故对于刘某梅要求分割太平桥西里房产的诉讼请求，不予支持。

律师分析

（一）一方婚前支付全部购房款，婚后取得房产证并登记在出资者名下的房产，另一方能否要求分割？

一方婚前支付全部购房款，房产证登记在出资者名下，在夫妻双方对该房产没有作出特殊约定的情况下，仍属于出资者的个人财产。房产证的颁发只是对房屋所有权归属的登记和确认，房产证的取得时间并不影响房屋所有权的认定，仍属于出资者的个人财产。

本案中，太平桥西里房产是林某在婚前出全资购买，虽然房屋所有权证取得时间在婚后，但法院仍认定太平桥西里房产属于林某的婚前个人财产。

（二）一方婚前个人房产婚后进行出售的，房屋增值部分是否为夫妻共同财产？

《民法典婚姻家庭编解释（一）》第26条规定，夫妻一方个人财产在婚后产生的收益，除孳息和自然增值外，应认定为夫妻共同财产。一般来讲，一方婚前个人房产在婚后的增值往往是因房地产行情变化而产生，并不存在夫妻对该房产投入物资、劳动、投资或管理等人为因素，故该房产的增值部分仍属于一方的个人财产，不能作为夫妻共同财产进行分割。

（三）一方婚前个人房产婚后加名，离婚时如何分割？

“婚后加名”的行为在现实生活中并不少见，往往是一方为了表达对另一方的忠心而为之，婚后加名的行为在法律上应当视为夫妻一方对另一方的赠与，最终的法律后果是另一方获得该房产的部分份额。一旦双方离婚则共有基础丧失，该房产应作为夫妻共同财产予以分割，但分割该房产的份额时需要区别对待：（1）如房产证显示该房产是夫妻双方按份共有的，法院将按照双方的份额按比例分割；（2）如房产证显示该房产是夫妻双方共同共有的，法院的裁判结果可能会不一致。部分法院会直接判决双方均等分割，部分法院则会考虑双方对该房产的出资多少、婚姻存续时间长短、居住情况等因素，对婚前出资一方适当多分，以保障出资者的利益，避免出现显失公平的情况。

典型案例二

婚前一方出首付款并在银行贷款，婚后共同还贷及增值部分，离婚如何分割？

2004年6月，鲍某莉购买北京市朝阳区建国路12号院××号房屋（以下简称建国路房产）一套，总价款554000元，首付款174000元，鲍某莉以个人名义贷款380000元，贷款期限为180个月，自2004年7月20日起至2019年7月20日止，月还款额3013元，利息合计287280元。鲍某莉于2004年8月7日取得房屋所有权证，房屋所有权人为鲍某莉。

吴某来、鲍某莉于2005年7月5日登记结婚，2015年3月5日经法院判决离婚，离婚时未分割建国路房产。双方离婚后，吴某来起诉至法院要求依法分割建国路房产。庭审过程中，双方均认可建国路房产现值980000元，婚后共同还贷至2011年9月。

法院经审理认为，建国路房产系鲍某莉用婚前个人财产支付首付款并在银行贷款，房屋产权登记在自己名下，建国路房产应归鲍某莉所有。双方婚后共同还贷支付的款项及其相对应财产增值部分，由鲍某莉对吴某来进行补偿。因双方均认可婚后共同还贷至2011年9月，婚后双方共同还款时间为74个月，共同还贷金额222962元（3013元×74个月），占总付款的比例为26.50%（222962元÷841280元×100%），因此，鲍某莉需支付给吴某来补偿款129850元（980000元×26.50%÷2）。

律师分析

（一）婚前单方贷款买房，婚后共同还贷，离婚时房产归谁所有？

婚前购房，如果是全款支付，那么整个房子都是个人的。如果用按揭方式购房，该房产也属于个人，如果遇到离婚等情况，夫妻需自行商议，对于不能达成协议的，人民法院一般会将房产判给产权登记方，未来房贷由产权方自己偿还。但同时，产权登记方需要根据共同还贷数额以及房屋增值部分对另一方进行补偿。本案中，鲍某莉用婚前个人财产支付首付款并在银行贷款，产权登记在自己名下，即使婚后使用夫妻共同财产继续还贷，法院仍然将建国路房产判归鲍某莉所有。

（二）未取得房产证的房屋，离婚时如何处理？

《民法典婚姻家庭编解释（一）》第77条规定，离婚时双方对尚未取得所有权或者尚未取得完全所有权的房屋有争议且协商不成的，人民法院不宜判决房屋所有权的归属，应当根据实际情况判决由当事人使用。当事人就前款规定的房屋取得完全所有权后，有争议的，可以另行向人民法院提起诉讼。这种情况在处理房改房、单位集资建房、单位福利分房时较为常见，面对夫妻双方请求分割无房产证的房屋的诉讼请求时，为了慎重起见，法院首先会组织夫妻双方协商处理，协商不成时法院也不会直接判决房屋所有权归哪一方所有，而是根据房屋的实际情况判归一方使用。当事人可待房屋取得房产证后另行起诉。

（三）夫妻共同还贷及增值部分如何处理？

婚前个人按揭贷款购买的房屋，婚后还贷的部分，无论是由一方用自己的工资、收益还贷，还是用双方的工资、收益还贷，只要不能证明是用一方的婚前财产或者婚后专属于一方个人所有的财产还贷的，都应视为以夫妻共同财产清偿贷款。

婚后共同还贷的款项及其相对应财产增值部分，由法院根据财产的具体情况，按照照顾子女、女方及无过错方权益的原则判决，由产权登记一方对另一方进行补偿。实践中比较倾向性的做法是：明确首付款、按揭贷款总额、利息总额、共同还贷总额、房屋现值等数据后进行确定。非产权登记方获得的补偿款 = 婚后共同还贷款 ÷ 房屋总价款（房价款 + 总利息）× 房屋现值 ×100% ÷ 2。本案中，建国路房产的购房总价款 554000 元，首付款 174000 元，银行贷款 380000 元，利息总计 287280 元，月还款 3013 元。房屋总价款 841280 元（554000 元 +287280 元）。婚后双方共同还贷 74 个月，共同还贷金额 222962 元（3013 元 ×74 个月），占总付款的比例为 26.50%（222962 元 ÷ 841280 元 × 100%），房屋现值 980000 元。所以，鲍某莉应补偿吴某来 129850 元（980000 元 ×26.50% ÷ 2）。

（四）如非产权登记方主张在购房成本中扣减尚未归还的银行贷款利息，有哪些理由？

按照上述补偿计算公式，我们可以看出，非产权登记方与产权登记方共担了尚未归还的银行贷款利息。离婚诉讼中，如双方就尚未归还的银行贷款利息是否计算在购房成本中不能达成一致意见，则以下理由可供读者参考：第一，分割财产及债务应当以离婚时现有的范围予以分配。离婚后持有房产的一方是否继续通过融资的方式供楼，或立即提前偿还贷款，属于其个人对财产的处分权，由此而产生的成本如贷款利息也应由其个人承担，在计算房屋补偿款时不应将未支付的贷款利息纳入购房总成本。第二，如将长达 20 年或者 30 年的尚未还贷的利息都纳入购房成本，会出现非产权登记一方未享受后续可能产生的升值收益，却承担因计入所有利息导致补偿额降低的不公平结果。但是需要注意的是，以上理由也仅供读者参考，每个案件都有其特殊性，不可一概而论，最终结果应当以法院的裁判文书为准。

典型案例三

婚后父母出全资为子女购房且登记在自己子女名下，子女离婚时如何分割？

2007 年 5 月 17 日，李某杰与李某蓓登记结婚，王某凤是李某蓓之母。2010 年 8 月 27 日，李某蓓以个人名义购买了张某名下位于北京经济技术开发区蓝天小区 × 号楼 303 号房屋（以下简称蓝天小区 303 号房屋）一套，总价款为 240 万元。蓝天小区 303 号房屋的购房款全部由李某蓓之母王某凤通过银行转账支付给张某。2010 年 10 月 28 日，蓝天小区 303 号房屋过户登记在李某蓓个人名下，共有情况为单独所有。

2011 年 8 月 8 日，李某杰与李某蓓在民政局办理协议离婚手续，并对婚姻关系存续期间的夫妻共同财产（未包括蓝天小区 303 号房屋）进行了分割。

2013 年 2 月，李某杰以离婚后财产纠纷为由起诉到法院，要求对蓝天小区 303 号房屋进行分割，并将房屋所有权判归李某杰所有。法院经过审理，驳回了李某杰的诉讼请求。

律师分析

依据《最高人民法院关于适用〈中华人民共和国婚姻法〉若干问题的解释（三）》（以下简称《婚姻法司法解释三》）第 7 条的规定，婚后由一方父母出资为子女购买的不动产，产权登记在出资人子女名下的，视为只对自己子女一方的赠与，该不动产应认定为夫妻一方的个人财产。目前，该司法解释已失效，现行有效的《民法典婚姻家庭编解释（一）》中已无此条规定，当前这种情况如何具体适用法律，仍有争议，但《人民司法》2021 年第 13 期《〈关于适用民法典婚姻家庭编的解释（一）〉若干重点问题的理解与适用》（作者：郑学林、刘敏、王丹）一文曾指出，在一方父母出全资并且在购买不动产后将不动产登记在自己一方子女名下的，考虑到物权法已经实施多年，普通民众对不动产登记的意义已经有较为充分的认识，在出资后将不动产登记在自己一方子女名下，认定为是父母将出资确定赠与自己子女一方的意思表示，符合当事人本意，也符合法律规定的精神。该观点可供读者参考。

本案中，虽然蓝天小区303号房屋的购买时间是在李某蓓与李某杰的婚姻关系存续期间，但该房屋的实际出资人是李某蓓之母王某凤，且该房屋的产权登记在李某蓓个人名下，依照当时有效的《婚姻法司法解释三》，蓝天小区303号房屋应视为王某凤对自己女儿李某蓓的赠与，属于李某蓓的个人财产，最终法院驳回了李某杰分割蓝天小区303号房屋的诉讼请求。

典型案例四

一方婚前房产婚后出售，另在出售价值范围内所购新房，离婚时如何处理？

邓某和王某芬于2011年3月5日登记结婚。邓某婚前有一套位于北京朝阳区八里庄北里××号的房产（以下简称八里庄北里房产）。婚后，双方共同出资15万元对该房屋进行了装修，装修后双方一直在此居住。2012年6月，邓某以680万元的价格出售了八里庄北里房产，并利用售房款中的600万元全款另购西城区丽园××号的房产（以下简称丽园房产），丽园房产登记在邓某个人名下，仍由二人共同居住。

2014年1月邓某到法院起诉离婚，并要求将丽园房产判归自己所有，而王某芬则认为丽园房产是在婚姻关系存续期间购买的，属于夫妻共同财产，且八里庄北里房产装修时自己出资7.5万元，应分得八里庄北里房产的一半装修款。法院审理后认为，八里庄北里房产是邓某的婚前个人财产，邓某将八里庄北里房产出售后，用所得售房款购买了丽园房产。丽园房产虽然是在双方婚姻关系存续期间购买，但购房款来自邓某婚前的个人财产，邓某进行的是一种以房换房的行为，丽园房产仍视为邓某婚前个人财产在形态上的转化，属于邓某的个人财产。八里庄北里房产的装修款15万元应属于夫妻共同财产，王某芬主张分割其中一半的装修价款，于法有据，应予以支持。

律师分析

夫妻一方所有的财产，不因婚姻关系的存续而转化为夫妻共同财产。如无共同财产的相关约定，则以房换房的行为应视为婚前个人财产在形态上的转化，其性质仍然是个人财产。

（一）一方婚前财产婚后出售，另在出售价值范围内所购新房，房屋所有权归属

夫妻法定财产制是夫妻婚后所得共同制，即除夫妻个人特有财产和夫妻另有约定外，夫妻双方或一方在婚姻关系存续期间所得财产，均为夫妻双方共同所有。因此，在司法实践中，房屋所有权取得的时间是界定该房产属于夫妻共同财产还是夫妻一方个人财产的基本依据（但不是唯一依据）。

如果夫妻一方能够证明婚后所购房产的购房款来自其婚前个人财产，且所有权登记于自己名下，则应认定该房产为购房一方的个人财产，而非夫妻共同财产。

第一，从购房款来源看，该房产应视为购房一方的婚前个人财产在形态上发生的转化，但财产所有权性质并未改变。

第二，从所有权登记看，该房产登记在购房一方个人名下，说明购房一方并没有将该房产转变为夫妻共同所有的意思表示。

第三，如夫妻双方没有对该房产进行特殊约定，则该房产仍然为夫妻一方的个人财产。

因此，婚姻关系存续期间一方购置的房屋并不一定属于夫妻共同财产。本案中这种非常规的财产权属认定，打破了夫妻共同财产应严格以财产取得时间为区分点的处理模式，更好地体现了物权法定原则及公平原则，这是对夫妻共同财产制度的一种很有力的保护。

（二）离婚诉讼中，当事人经常会对一方使用婚前财产在婚后购买房屋的归属问题产生争议

一种观点认为，婚后使用婚前个人财产购买房屋本质上是婚前个人财产在婚后所发生的具体形态变化，并不因此改变其所有权性质，故仍是一方的个人财产，不能作为夫妻共同财产进行分割。

另一种观点认为，一方以婚前个人财产在婚后购房的行为，属于一方在婚后以个人财产进行投资的行为。依据《民法典婚姻家庭编解释（一）》第25条第1项的规定，一方以个人财产投资取得的收益属于《民法典》第1062条规定的“其他应当归共同所有的财产”，故该房屋属于夫妻共同财产。

本案中，丽园房产应属于邓某的个人财产。首先，丽园房产的购房款来自邓某婚前八里庄北里房产的出售款，丽园房产是邓某婚前财产在婚后所发生的具体形态变化；其次，丽园房产购买后主要用于邓某与王某芬婚后居住，不属于投资行为；最后，直至双方离婚时，丽园房产并未出售，所以更谈不上有任何经营性收入。因此，本案中王某芬主张丽园房产系夫妻共同财产的观点错误，未得到法院的支持。

在婚姻关系存续期间，如果认为婚姻当事人只要在婚姻关系存续期间使用个人婚前财产并使之存在形式发生了变化，就属于投资经营行为，并因此改变所有权的性质或者将其自然增值认定为夫妻共有的观点，明显不利于发挥物的使用价值，不利于财富的流转，也使得人们为了保有自己的婚前个人财产而不敢正常使用上述财产。这样的裁判理念不符合现代民事立法鼓励充分发挥物的效用，鼓励正常的财产流转的基本精神。

（三）处理婚前房产要注意哪些问题？

如果在婚后将婚前房产出售，建议将婚前房产所得售房款存放在固定银行账户中。购买新房时，直接由该银行账户支付全部购房款，避免购房资金出资混乱，不利于证明出资情况。如果是男女双方共同出资买房，最好在购房合同上写上双方的名字。如果由于某种原因只能写一个人的名字，最好立下有法律效力的书面说明，写清楚该房屋的出资关系。同时，在不伤害双方感情的前提下，最好做一份公证，或在律师见证下签一份协议，明确注明双方为该房屋已支付和将支付的款项，每人应享有的房屋份额等相关事宜。

典型案例五

夫妻单方处分共有房产，是否有法律效力？

王某阳与张某萍于2006年10月11日登记结婚，2017年4月张某萍以个人名义全款购买了北京市昌平区×号×单元101室（以下简称101号房屋），101号房屋的产权登记在张某萍个人名下。2018年8月，张某萍与潘某在某房地产中介公司居间下签订了《房屋买卖合同》，约定张某萍以300万元的市场价格将101号房屋出售给潘某，合同签订后潘某付清了全部购房款，并于2018年9月18日取得房屋所有权证书。

2019年6月，王某阳发现101号房屋已经被出售，其认为101号房屋系夫妻共同财产，在未征得王某阳同意的情况下张某萍与潘某签订的《房屋买卖合同》无效，故起诉至法院。

潘某则主张，房屋交易之前，其在房管局核实过，房主是张某萍本人，且中介保证过商住两用房房主有权自行买卖，其支付了合理的对价并完成了房屋过户手续，请法院驳回原告的诉讼请求。

法院经审理后认为，101号房屋属于王某阳、张某萍的夫妻共同财产，张某萍无权单方处分101号房屋。但潘某基于对于房屋所有权证登记所体现的公示公信效力以及对中介机构核查房源信息的可靠性的信任，支付了合理的价格，属于善意购房人，理应得到法律的保护，且现在101号房屋已经登记在潘某名下，故对于王某阳要求确认合同无效的主张，不予支持。

律师分析

（一）未经王某阳同意，张某萍无权单方处分101号房屋

101号房屋虽然登记在张某萍个人名下，但是在双方婚姻关系存续期间购买，属于夫妻共同财产。依据《民法典》第301条、第1064条的规定可知，夫或妻非因家庭日常生活需要处分夫妻共同财产时，应当征得另一方的同意。本案中，张某萍未征得王某阳的同意擅自出让101号房屋的行为属于无权处分。

（二）未征得王某阳同意的情况下，潘某与张某萍签订的《房屋买卖合同》是否有效？

《民法典》第597条规定，因出卖人未取得处分权致使标的物所有权不能转移的，买受人可以解除合同并请求出卖人承担违约责任。由此可见，由于张某萍无权单方处分101号房屋，可以解除《房屋买卖合同》并请求出卖人承担违约责任。

（三）潘某能否取得101号房屋的所有权？

《民法典婚姻家庭编解释（一）》第28条第1款规定，一方未经另一方同意出售夫妻共同共有的房屋，第三人善意购买、支付合理对价并已办理不动产登记，另一方主张追回该房屋的，人民法院不予支持。该规定是《民法典》第311条第1款善意取得制度在婚姻家庭法律关系中的具体体现。

本案中，首先，从房屋所有权证来看，101号房屋登记在张某萍个人名下，潘某在购买前在房管局进行了必要的核实；其次，潘某基于对中介公司的信任与张某萍订立了《房屋买卖合同》；再次，双方房屋成交价格合理，并未存在明显低于市场价格的情况；最后，潘某已经完成了101号房屋的过户登记手续。所以，在潘某善意购买、支付了合理对价并完成产权过户登记手续的情况下，101号房屋的所有权现归潘某所有。

（四）101号房屋所有权归潘某所有的情况下，王某阳的损失由谁赔偿？

《民法典婚姻家庭编解释（一）》第28条第2款规定，夫妻一方擅自处分共同共有的房屋造成另一方损失，离婚时另一方请求赔偿损失的，人民法院应予支持。根据以上规定可知，王某阳可以以张某萍未经自己同意擅自出卖101号房屋为由，在离婚时请求张某萍赔偿自己的损失。

典型案例六

婚前房产婚后出租，离婚时租金收益怎么分割？

张某与王某于2009年3月登记结婚。婚后因工作原因而长期分居，夫妻感情逐渐走向冰点。王某曾于2014年4月15日起诉要求与张某离婚，经法院判决不准离婚后，双方的感情没有好转。2017年王某再次起诉离婚，并要求将男方个人房产在婚姻关系存续期间取得的租金收益平均分配。经查，张某婚前有一套位于北京市昌平区西环房产，婚后用于出租。

法院经审理后判决：准予两人离婚，张某一次性支付诉争房屋租金收益的三分之一给王某。

律师分析

（一）关于婚前房屋婚后进行出租所获租金如何认定？

关于婚前房屋婚后进行出租，已获得的租金收入是否属于夫妻共同财产的问题，在最高人民法院民一庭编著的《民法典婚姻家庭编司法解释（一）理解与适用》一书中，作者认为：从协力理论的角度出发，孳息是否为夫妻一方个人财产应区分不同情形作不同处理：将夫妻一方个人财产产生的天然孳息界定为个人财产并无疑问，但法定孳息不宜均界定为个人财产，最典型如出租房屋所获得的租金，这一孳息与个人财产投资获得的收益并不存在差异，本条将个人财产投资所获得的收益规定为夫妻共同财产，按照类似实务类似处理的平等原则，以租金为代表的法定孳息也应属于夫妻共同财产。而夫妻一方婚前银行存款及其利息则更宜解释为夫妻一方个人财产。总之，在判断孳息是否为夫妻个人财产时，应当从协力理论出发，考察夫妻一方对财产的取得是否作出贡献。

笔者认为，考虑到租金与单纯的银行存款利息不同，出租方对房屋还有维修等义务，租金的获取与房屋本身的管理状况密切相连，需要投入一定的管理或劳务，故将租金认定为夫妻共同财产比较适宜。尤其对夫妻一方依靠收房租维持生计的情形，如果将一方所有的房屋婚后出租的租金收益认定为个人财产，而另一方的工资、奖金收入认定为夫妻共同财产，结果显然是极不公平的。

从目前的主流观点来看，越来越注重家务劳动价值，认为家务劳动应当与外出工作、投资经营具有平等的地位和价值。特别是对于一些全职太太或全职老公来说，在家带孩子或者照顾父母，进行家务劳动，不比在外工作轻松，何况有些夫妻，是为了满足另一方的工作需求，而不得已放弃了自己的工作，所以，在界定夫妻共同财产时，应考虑这部分的劳动与贡献，公平处理各方财产。另外，从证据的角度来说，判断一方是否对经营出租房屋作出过贡献，恐怕也有一定的难度。

（二）婚前房产婚后出租，离婚时租金收益如何分配？

《民法典》第1087条规定，离婚时，夫妻的共同财产由双方协议处理；协议不成的，由人民法院根据财产的具体情况，按照照顾子女、女方和无过错方权益的原则判决。该条是对夫妻财产共同共有制、个人财产权利保护以及夫妻协力价值之间的权衡。而夫妻间的协力，不仅包括直接性的财产投入和生产投入，也包括家务劳动和时间的投入。对夫妻共同财产的分割，原则上应均等分割，但个案情况下如果采纳均等分割方式对一方当事人有失公平，则应运用上述规定进行具体分析。本案中，争议租金收益完全来源于张某的个人财产，显然张某对取得该笔收益贡献较大，同时考虑其金额较大，如采纳均等分割方式对张某有失公平，最终法院在分割涉案房屋的租金时酌定张某多分。

很多法院在分割租金时本着“反正平分就不会错”的心理，但须知，均等分割只是一个大原则，在个案处理上还需考虑生产、生活的实际需要和财产的来源等因素。事实上，“拥有房屋者可多分租金”更贴近一般民众朴素的公平观念。

（三）如何理解孳息？

《民法典婚姻家庭编解释（一）》第26条关于“夫妻一方个人财产在婚后产生的收益，除孳息和自然增值外，应认定为夫妻共同财产”的规定，之所以引起一些争议，根源在于对“孳息”的解释不尽相同，我国法律又对“孳息”的概念未作规定。

笔者认为，“收益”一般来说是“孳息”的上位概念，收益包括孳息但远远超出孳息的范围。《民法典婚姻家庭编解释（一）》中的“孳息”一词应作限缩解释，专指非投资性、非经营性的收益。投资、经营收益与孳息收益的不同之处在于具有风险性、不确定性和主观性的特点。如一方婚前所有果园中的果树，婚后由夫妻共同劳动、管理，该果树所结果实就不能简单认定属于天然孳息。从我国现有法律法规的内容来看，将“人工孳息”归于生产、经营性收益，可能更为合理合法。

增值，可以分为自然增值（被动增值）和主动增值。如果物和权利价格的提升是基于人为努力而产生的，应当属于主动增值，原则上按照夫妻共同财产处理。实际上，夫妻一方个人财产在婚姻关系存续期间的增值，是以该增值所基于的主观能动性行为或客观被动性行为作为划分标准，强调了客观被动性的自然增值属于一方的个人财产。之所以司法解释条文中没有出现“主动增值”的字眼，主要考虑到主动增值的原因包括进行生产、经营或者投资行为等，有些概念是交叉重合的。该司法解释采用规定孳息、自然增值除外的方法，便于法官具体操作及统一裁量尺度。

夫妻一方个人财产在婚姻关系存续期间的自然增值，是指该增值的发生因通货膨胀或市场行情的变化而致，与夫妻一方或双方的协作劳动、努力或管理等并无关联。比如夫妻一方个人婚前所有的房屋、古董、字画、珠宝、黄金等，在婚姻关系存续期间因市场价格上涨而产生的增值，由于抛售后的增值是由原物交换价值的上升所致，是不以人的意志为转移的市场行为作用的结果，仍应依原物所有权归为个人所有，该部分增值认定为一方的个人财产。

由于购买房屋具有投资和自住两种功能，对一方用婚前财产婚后购买房产所带来的收益，需要区分购房是用于投资还是家庭居住。在将婚前房产用于非自住的投资用途时，另一方有权主张其投资收益。

一方婚前个人房产婚后变卖，双方又添加若干夫妻共同财产购买新的房产，离婚时应考虑婚前房产变卖价款在新购房产价款中所占的比例，公平合理地予以分割。

一方用自己个人所有的房产作为家庭共同生活的居住用房，婚姻关系存续期间，因种种原因将该房屋出售后另购住房，仍然用于家庭自住，夫妻一方个人资金的再投入，离婚时对于出售房屋所带来的增值收益，应当属于认定为一方的个人财产。

典型案例七

婚前共同出资购房，离婚时如何分割？

李某与孟某欣于2012年7月28日登记结婚，婚后未生育子女。2012年3月30日，孟某欣购买位于顺义区香悦四季房屋（以下简称顺义区房屋）一套，总价款1513527元，首付款共473527元，由孟某欣与李某共同出资。以孟某欣名义贷款1040000元，双方婚后还贷总额233352.24元。2016年4月11日，李某和孟某欣经法院判决离婚。因顺义区房屋尚未取得所有权证书并未予以分割。2016年初顺义区房屋取得产权证，产权人为孟某欣。2016年6月，孟某欣向法院起诉，要求将顺义区房屋判归自己所有，孟某欣将婚后共同还贷部分补偿给李某。

法院经审理认为：顺义区房屋虽系孟某欣在与李某结婚登记前以孟某欣名义购买，但购房后不久双方即登记结婚，客观上双方是以结婚、长期共同生活使用为目的的购房。且顺义区房屋系双方在婚前共同支付首付款，婚后共同偿还银行贷款，鉴于顺义区房屋系孟某欣婚前申请银行贷款、登记在孟某欣名下、孟某欣名下无其他房屋及本案实际情况等因素，判决顺义区房屋归孟某欣所有，剩余贷款由孟某欣负责偿还，孟某欣应向李某支付相应的房屋折价款，具体数额由法院考虑顺义区房屋的评估值、剩余贷款的偿还情况及适当照顾女方权益的原则等因素，酌情予以确定。

律师分析

（一）婚前双方共同出资购房，产权证上只登记一方名字，离婚时房屋如何分割？

如果双方婚前共同出资购房，购房合同及产权证上只写了一方的名字，夫妻离婚时，登记一方极易主张该房屋为婚前个人财产，另一方无权要求分割。此时，如果产权登记一方不承认另一方在购房时的出资行为，另一方又没有充分的证据证明其出资，法院就无法认定房屋为夫妻共同财产，另一方的权益将无法得到保护。因此，律师建议男女双方如果在结婚前共同出资购买房子，在购房合同及产权证上应该签署双方的名字，以免日后发生争议。

本案中，法院是综合考虑了顺义区房屋首付款系双方共同出资、婚后二人共同偿还银行贷款，客观上双方是以结婚、长期共同生活使用为购房目的，最终认定顺义区房屋应属于夫妻共同财产。

（二）夫妻双方婚前共同出资购买房屋、婚后共同还贷，房屋产权登记在双方名下的，离婚时的房产分割方式

1. 不考虑购房时的各自出资情况，均等分割。这比较适合于婚姻存续时间以及共同生活时间长且双方出资差不多的情况，此时均等分割体现了公平原则。

2. 以分割房产时房屋的市值扣除双方婚前财产部分，剩余财产均等分割。这种适合于婚姻关系存续时间相对较长，购房时使用一方婚前财产的价值较大的情况。

3. 按照购房时双方的出资比例进行分割，所还贷款则区分婚前和婚后两部分，使用婚前财产还贷部分属于个人婚前财产，婚后还贷部分属于夫妻共同财产。此种方式适合于婚姻关系存续时间较短或者婚后共同生活时间较短的情形。

（三）婚前共同出资买房注意事项

如前所述，婚前共同出资买房，房屋登记在双方名下，双方的合法权利都能得到法律的保护。如果婚前共同出资买房只登记在一方名下，离婚时非登记方就很可能会面临法律风险。因此，为避免日后可能存在的纠纷，婚前共同出资买房时，应当注意以下事项：

1. 非登记方对于该财产的权属应当有清晰的认识。不动产的权属采取登记主义，法院对于不动产所有权归属认定以权属证明证书为准，而对涉诉房屋合伙投资事实的认定在现有情况下非常困难。此外，登记方对于所有不动产的处分拥有绝对的自由，非登记方无权干涉。对于这些，非登记方都必须有清晰的认识。

2. 如果共同购房过程中存在赠与、借贷、合伙投资等事实，应当签订书面协议。购房过程中，银行转账记录只能证明金钱来往，而无法证明赠与、借贷、合伙投资等事实。因此，如果双方对于所购房屋权属有约定，应当签订书面协议约定份额，以避免日后产生不必要的争议。

3. 如果非登记方希望自身权益获得法律保障，可以与登记方协商增加自己为共同所有人的方式进行房屋变更登记。通过完善权属登记，无疑是最好、最有效的维护自身权益和避免纠纷的方式。

二、车辆

典型案例

离婚时，车辆可以折价分割吗？

田某天与佟某雅于2013年8月相识，2013年12月6日办理结婚登记手续。

婚后佟某雅以按揭贷款的方式购买别克汽车一辆，从2015年5月开始每月还车贷2432.88元，还款期限至2018年4月。2016年12月8日经法院调解双方自愿离婚。双方离婚后，田某天向人民法院起诉要求分割别克汽车。案件审理过程中，双方认可别克汽车现价值为102000元。

法院经审理认为，别克汽车系原、被告婚姻关系存续期间所购买，属夫妻共同财产。因该车登记在佟某雅名下，故所有权归属佟某雅较合理，车辆的剩余按揭贷款由佟某雅负担。考虑到该车尚有按揭贷款未还清，车辆的现价值还应扣除尚未支付的按揭贷款，最终法院判决别克汽车的剩余价值63073.92元双方各半。

律师分析

（一）婚姻关系存续期间购买的机动车登记在一方名下是否属于夫妻共同财产？

《公安部关于确定机动车所有权人问题的复函》规定："公安机关办理的机动车登记，是准予或者不准予上道路行驶的登记，不是机动车所有权登记。"由此可知，机动车登记并非确定车辆所有权归属的依据，机动车的所有权设立、变更自交付时发生法律效力，机动车的登记产生的是对抗效力与确定机动车的所有权并无直接的联系。

婚姻关系存续期间所得财产为夫妻共同财产，归夫妻共同所有，但夫妻双方另有约定的除外。本案中，佟某雅于婚姻关系存续期间使用夫妻共同财产购买的别克汽车虽登记在佟某雅个人名下，但由于双方并未对该车辆的所有权作出过特殊约定，故该车辆属于夫妻共同财产，在离婚时可以进行分割。

（二）离婚时，车辆分割的基本方式

实践中，对夫妻共同财产的车辆分割方式主要有以下几种：

1. 夫妻双方能够协商一致的，在不涉及第三人利益的前提下，法院会尊重双方的意思表示按照双方的协商方案进行分割。

2. 夫妻双方都不主张车辆所有权的，可以对车辆进行拍卖、变卖，将获得的价款予以分割。

3. 双方都主张车辆所有权的，法院一般会根据车辆的登记、使用情况等判决车辆归一方所有，并由取得所有权的一方按照协商价值或评估价值向另一方进行折价补偿。

4. 车辆尚有未清偿的按揭贷款的，法院一般会在扣除未归还贷款的基础上对车辆的价值进行分割，尚未偿还的银行贷款视为取得车辆一方的个人债务。

本案中，田某天与佟某雅离婚时，别克汽车尚有按揭贷款未还清，故法院在裁判时将该车辆的所有权判归佟某雅所有后，将车辆的剩余按揭贷款判决由佟某雅个人负担，并在计算田某天应得折价款时在车辆的评估价值扣除了尚未归还的按揭贷款。

（三）一方婚前购买的机动车登记在对方名下，如何判断机动车的所有权人？

一方婚前购买的机动车登记在对方名下，一般是赠与或借名买车。当一方婚前购买的机动车登记在对方名下的行为被认定为赠与时，则机动车登记在对方名下并交付对方使用后，车辆的所有权已经发生变更，车辆的所有权归登记一方所有；当一方婚前购买的机动车登记在对方名下的行为被认定为借名买车时，则车辆属于实际出资一方所有。

（四）离婚时，登记在第三人名下的车辆能否分割？

现实生活中由于汽车限购或其他原因，车辆登记在第三人名下的情形也常有发生，在此种情况下，因车辆涉及第三人的利益，即使离婚时夫妻双方已经对车辆的分割达成了协议，但法院一般不会在离婚诉讼中对该车辆进行处理，而是告知当事人可以另行起诉解决。

（五）离婚时，车牌号能否作为夫妻共同财产予以分割？

一般情况下车辆和车牌号是一同转移的，离婚时并不会产生纠纷。但北上广等地区限制车辆上牌，车牌号的价值甚至会高于车辆本身的价值，经常出现一号难求的情况，所以此时分割车牌号很可能会产生纠纷。一种观点认为，车牌号与车辆是一个整体，车牌号并不能单独流通且其并不属于财产范畴，所以离婚时无法进行分割。另一种观点认为，车牌号的价值可能高于车辆本身的价值，已成为具有独立财产价值的稀缺资源，不再单纯是车辆的附属品。在分割车辆财产时，除需考虑车牌号的归属问题，还需考虑车牌号相应的价值。

司法实践中，离婚时将车牌号作为独立的财产进行分割的可能性非常小。目前上海等地实行车牌公开拍卖政策，在离婚时可以确定车辆牌照的价值后确定车牌号归一方所有并给予对方相应的折价款。

在北京地区已经出现对于同一辆车，将车辆的所有权（不含牌）判决归属一方、车牌号归属另一方的司法判例。

（六）夫妻离婚后，私车过户是否需要重新摇号？

北京市交通委员会小客车指标调控管理办公室复函法院，首度明确：当法院出具判决、裁定等生效文书规范的法律关系为婚姻、继承时，市公安交管部门在办理车辆转移登记手续时，依据法院生效法律文书取得小客车所有权的一方，可凭生效文书原件等证明材料办理车辆转移登记手续，不需要提交已取得的北京市小客车指标文件，车辆原所有人不可因此取得小客车更新指标。

此外，《广州市中小客车总量调控管理办法》（穗府办规〔2018〕11号，2018年7月1日起施行）第58条规定，个人因离婚办理本市中小客车转移登记的，凭人民法院或者民政部门、公证机构出具的有效文书和其他材料，可以直接申领其他指标。车辆转移登记后，原车辆登记所有人不能取得更新指标。

三、存款

典型案例

对方把存款隐匿，法院调查水落石出

王某和刘某通过交友网站相识，于2003年5月19日登记结婚。

因王某在2014年1月有外遇导致两人感情破裂，2015年刘某诉至法院要求离婚并分割夫妻共同财产。

庭审过程中，刘某称王某名下有共同存款25万元，王某对此不予认可，并提交工商银行×××账户交易明细，显示余额为262.37元。应刘某的申请，法院调取了王某上述工商银行账号自2012年11月26日开户至今的银行流水明细，显示王某于2013年4月30日通过ATM转账及卡取的方式将该账户内的195000元转至案外人雷某名下。当法院询问195000元款项去向时，王某开始称该款项用于家庭开销，后又改口称该款项用于偿还外债。

法院经审理认为，王某前后陈述明显矛盾，对其主张亦未提供任何证据予以证明，王某对钱款的去向不能作出合理的解释和说明，根据以上情况法院认定王某存在转移、隐藏夫妻共同财产的情节，最终判决：王某名下工商银行×××账户内的存款归王某所有，王某支付刘某12万元。

律师分析

（一）夫妻共同存款的分割原则

分割夫妻共同存款时，首先以协议优先，夫妻双方自愿达成的财产分割协议，只要不损害国家、集体、社会和他人合法权益都是合法有效的；如果双方不能达成一致意见，诉讼离婚时法院在分割共同存款一般根据共同存款的实际情况，以均等分割为原则，同时也会考虑照顾子女、女方及无过错方权益；如果夫妻一方有转移、隐藏夫妻共同存款的行为，那么在分割共同存款时法院可以对该方少分或不分。

（二）如何理解《民法典》第1092条规定的一方隐藏、转移、变卖、毁损、挥霍夫妻共同财产或伪造债务企图侵占另一方财产的行为？

（1）隐藏是指将财产藏匿起来，不让他人发现，使另一方无法获知财产的所在从而无法控制。（2）转移是指私自将财产移往他处，或将资金取出移往其

他账户，脱离另一方的掌握。（3）变卖是指将财产折价卖给他人。（4）毁损是指采用打碎、拆卸、涂抹等破坏性手段使物品失去原貌，失去或者部分失去原来具有的使用价值和价值。（5）挥霍是指肆意浪费或消耗财产，使夫妻共同财产的数量、价值减少。（6）伪造债务是指制造内容虚假的债务凭证，包括合同、欠条等，并将所涉共同财产据为己有。关于离婚时夫妻共同财产的分割，由于共同财产属于共同共有的性质，依照民法理论，原则上应均等分割。该条中所指可以少分或者不分的夫妻共同财产主要是指被隐藏、转移、变卖、毁损、挥霍的或者伪造的债务侵占的那一部分财产，而不是夫妻共同财产的全部。对少分的具体份额或比例以及在何种情况下可以不分，法律并没有明确规定，只是规定了“可以”少分或者不分。法院在审判实践中，应当根据违法行为的情节和案件的具体情况作出处理。

案例中，王某于2013年4月30日通过ATM转账及卡取的方式将该账户内的195000元转至案外人雷某名下，其在庭审过程中对该笔款项前后陈述互相矛盾且未提供任何证据予以证明，最终法院因王某不能对该笔款项的去向作出合理的解释而认定其存在转移、隐藏夫妻共同财产的情节。需要注意的是，在本案中，法院虽认定王某存在转移、隐藏夫妻共同财产的情节，但法院也只是裁判王某对其恶意转移部分的财产195000元少分（195000元中，王某分得75000元，刘某分得120000元），而并非判决王某对整个夫妻共同财产少分。

（三）法院对一方有隐藏、转移、变卖、毁损夫妻共同财产或伪造债务的行为，如何判决少分或不分？

一方将夫妻共同财产非法隐藏、转移拒不交出的，或非法变卖、毁损的，分割财产时，对隐藏、转移、变卖、毁损财产的一方，可以少分或不分。具体处理时，应把隐藏、转移、变卖、毁损的财产作为隐藏、转移、变卖、毁损财产的一方分得的财产份额，对另一方应得的份额应以其他夫妻共同财产折抵，不足折抵的，差额部分由隐藏、转移、变卖、毁损财产的一方折价补偿对方。

（四）发现一方存在隐藏、转移、变卖、毁损、挥霍夫妻共同财产或伪造债务的行为时，如何保护自身的合法权益？

1. 申请财产保全

在起诉离婚前或离婚诉讼过程中，如发现一方当事人存在隐藏、转移、变卖、毁损、挥霍夫妻共同财产的行为或意图时，另一方当事人可以向法院申请财产保全。但需要提醒当事人注意的是，当事人申请诉前保全的应当尽快提起离婚诉讼，申请人在法院采取保全措施后30日内不依法提起诉讼的，法院将解除保全。

2. 离婚后发现另一方有《民法典》第1092条规定的情形的，可以请求人民法院再次分割夫妻共同财产

依据《民法典》第1092条的规定，夫妻一方隐藏、转移、变卖、毁损、挥霍夫妻共同财产，或者伪造夫妻共同债务企图侵占另一方财产的，在离婚分割夫妻共同财产时，对该方可以少分或者不分。离婚后，另一方发现有上述行为的，可以向人民法院提起诉讼，请求再次分割夫妻共同财产。

四、人寿保单

典型案例

婚姻关系存续期间缴费的人寿保单如何分割？

林某凡与尹某芸原系夫妻，2016年双方协议离婚。2011年5月2日双方签订《夫妻财产协议》约定各自收入归各自所有，2018年1月尹某芸向法院起诉，请求依法分割双方名下的人寿保单。

经查询，林某凡的保险有：1. 保单号为13××1的鸿鑫人生两全保险；2. 保单号为13××2的鸿鑫人生两全保险；3. 保单号为13××3的终身寿险。尹某芸的保险有：1. 保单号为13××4的鸿福终身保险；2. 保单号为13××5的康宁终身保险。

法院认为，综合考虑本案的实际情况，因原、被告保单仍在投保中，不宜进行实物分割，应当由原、被告分别继续享有。基于双方签订的《夫妻财产协议》约定了夫妻共同财产与个人财产的时间分界线为2011年5月2日，因此2011年5月2日前的投入累加的金额对应的现金价值作为夫妻共同财产的金额认定。2011年5月2日前，尹某芸购买保险产品使用夫妻共同财产支付保费对应的保单现金价值为56654元，林某凡使用夫妻共同财产支付保费对应的保单现金价值为1285117元，双方之间按5：5的比例进行分配后，林某凡应当支付尹某芸614231.5元。

律师分析

（一）以夫妻共同财产投保的保单如何分割？

依据《保险法》第2条的规定，所谓保险是指投保人根据合同约定，向保

险人支付保险费，保险人对于合同约定的可能发生的事故因其发生所造成的财产损失承担赔偿保险金责任，或者当被保险人死亡、伤残、疾病或者达到合同约定的年龄、期限等条件时承担给付保险金责任的商业保险行为。

现阶段保险产品多种多样，“理财型保险”在缴费期限届满之后，被保险人或者受益人可以根据保险合同的约定获得一定利益。正因为在期满后存在一定的利益，所以投保人投入的资金或者期满后可获得的收益，具有共同财产的属性，依法可以分割。但理财型保险财产不同于其他财产，其分割存在难度，因为理财型保险财产的价值是动态的、可变的。从投入的角度看，在合同约定的缴费期限内其投入每年都需增加；从收益的角度看，合同约定的缴费期限届满后，被保险人或者受益人即可获得约定收益，即使不是期限届满后马上领取收益，但其收益金额每年都在增加。

依据《最高人民法院第八次全国法院民事商事审判工作会议（民事部分）纪要》之内容，婚姻关系存续期间以夫妻共同财产投保，投保人和被保险人为夫妻一方，离婚时处于保险期间内，投保人不愿意继续投保的，保险人退还保险单现金价值部分应按照夫妻共同财产处理；离婚时投保人选择继续投保的，投保人应当支付保险单现金价值的一半给另一方。

（二）人寿保单中，保费的支付既有个人财产又有夫妻共同财产的，该保单离婚时应如何分割？

人寿保单既有个人财产交纳保费，又有夫妻共同财产交纳保费的，该人寿保单仍归投保人所有，但保单的现金价值部分配偶也有份额。如投保人选择退保，保险人退还保险单现金价值后，个人财产交纳的保费所对应的现金价值不会被分割，以夫妻共同财产交纳的保费所对应的现金价值部分按照夫妻共同财产进行分割。如投保人选择继续投保的，投保人应当依据使用夫妻共同财产交纳保费对应保单现金价值的一半支付给另一方。

本案中，林某凡于2011年5月2日前为自己购买人寿保险产品使用夫妻共同财产支付的保费，该部分保费对应的保单现金价值应按照夫妻共同财产进行分割。2011年5月2日之后的保费使用个人财产支付，因此不作为夫妻共同财产进行分割。尹某芸于2011年5月2日前为自己购买保险产品使用夫妻共同财产支付保费，该部分保费对应的保单现金价值也应按照夫妻共同财产进行分割。

（三）已到期的保单如何分割？

保单已到期是指投保人已经按照保险合同的约定交纳完全部保费，如保单已到期，男女双方离婚后，其中一方不再享受收益，只考虑投入的金额而不考量收益的因素，双方利益不能平衡。收益的考量难以精确，婚姻关系存续期间的投入对以后收益金额的确定很难计算，另外还要受到人的寿命等不确定因素的影响。较为公平的处理方式是，当事人在取得年金、分红之后或者发生保险事故并取得保险金之后分割已获得的保险金。但是为了避免诉累等其他不确定因素，当事人往往以保险单的现金价值为基础进行分割。

（四）婚姻关系存续期间，夫妻一方为他人购买的保单，离婚时如何分割？

夫妻一方以未成年子女为被保险人与受益人购买的保险，离婚时，如果未成年子女购买的人身保险合同尚处于保险有效期，通常视为对子女的赠与，从保护未成年人角度出发，离婚时一般不予分割。

婚姻关系存续期间，夫妻一方擅自为第三人购买保险，事后又未得到配偶追认的情况下，该行为属于夫妻一方擅自处分夫妻共同共有财产的行为，在离婚时配偶一方有权要求对方补偿自己所支出保险费用的一半。

（五）保单现金价值的内涵及特定情形下的退还

保单现金价值是指带有储蓄性质的人身保险单所具有的价值，即投保人已缴纳的保费扣除保险公司的管理费用开支在该保单上分摊的金额、保险公司因为该保单向业务人员支付的佣金、保险公司已经承担该保单保险责任所需要的纯保费加上剩余保费所生利息。保单现金价值可以通俗地理解为，投保人中途退保或保险公司解除保险合同时，保险公司应退还给投保人的金额。

由于人身保险单的缴费期限较长，故保险公司根据被保险人年轻时与年老时死亡概率的不同，设定每年缴纳等额的保险费。因年轻时死亡概率低，但缴纳的保险费较多且存在保险公司；年老时死亡概率高，如发生死亡赔付，投保人缴纳的保险费不足以支付赔付的保险金，不足部分正好由被保险人年轻时多缴纳的保险费予以弥补。由此，投保人年轻时多缴纳的保险费及产生的利息，逐年累计生息，就是保单的现金价值。

保单的现金价值具有退保、保单贷款、分红、自动垫付保费、减额缴清、展期定期功能。

依据《保险法》的相关规定，在以下情况出现时，保险公司应当按照合同约定向投保人退还保险单的现金价值：

1. 投保人申报的被保险人年龄不真实，并且其真实年龄不符合合同约定的年龄限制的，保险人可以解除合同，并按照合同约定退还保险单的现金价值。

2. 合同约定分期支付保险费，投保人支付首期保险费后，除合同另有约定外，投保人自保险人催告之日起超过 30 日未支付当期保险费，或者超过约定的期限60日未支付当期保险费的，合同效力中止。但是，自合同效力中止之日起满两年双方未达成协议，保险人解除合同的，应当按照合同约定退还保险单的现金价值。

3. 以被保险人死亡为给付保险金条件的合同，自合同成立或者合同效力恢复之日起二年内，被保险人自杀，保险人不承担给付保险金的责任的，保险人应当按照合同约定退还保险单的现金价值，但被保险人自杀时为无民事行为能力人的除外。

4. 因被保险人故意犯罪或者抗拒依法采取的刑事强制措施导致其伤残或者死亡的，保险人不承担给付保险金的责任。投保人已交足二年以上保险费的，保险人应当按照合同约定退还保险单的现金价值。

5. 投保人解除合同的，保险人应当自收到解除合同通知之日起30日内，按照合同约定退还保险单的现金价值。

6. 投保人故意造成被保险人死亡、伤残或疾病的，保险人不承担给付保险金的责任。投保人已交足二年以上保险费的，保险人应当按照合同约定向其他权利人退还保险单的现金价值。

（六）婚姻关系存续期间，获得的保险金是否为夫妻共同财产？

《最高人民法院第八次全国法院民事商事审判工作会议（民事部分）纪要》指出，婚姻关系存续期间，夫妻一方作为被保险人依据意外伤害保险合同、健康保险合同获得的具有人身性质的保险金，或者夫妻一方作为受益人依据以死亡为给付条件的人寿保险合同获得的保险金，宜认定为个人财产，但双方另有约定的除外。婚姻关系存续期间，夫妻一方依据以生存到一定年龄为给付条件的具有现金价值的保险合同获得的保险金，宜认定为夫妻共同财产，但双方另有约定的除外。

五、有限责任公司股权和上市公司股票

典型案例一

有限公司股权的分割方式有哪些？

王某军与孙某琳于2013年3月5日经法院判决离婚。

2012年6月5日，孙某琳通过受让股权的方式取得上海某通信科技有限公

司（以下简称某公司）50% 股权，出资额为 750 万元，该股权在离婚诉讼中并未分割。

双方离婚后，王某军起诉至法院要求分割某公司 50% 股权。经法院审理查明，某公司的股东为孙某琳及李某某，双方各占 50% 的份额。庭审过程中，王某军和孙某琳曾达成一致意见，约定孙某琳将自己持有的 25% 的股权无偿转让给王某军。但法院通知李某某到庭谈话时，李某某表示不同意王某军成为某公司股东，且不放弃优先购买权。

嗣后，王某军及孙某琳均同意委托上海某会计师事务所有限公司对某公司自 2012 年 6 月 1 日起至 2013 年 11 月 30 日止的资产和负债情况进行审计。根据鉴定意见，某公司截至 2013 年 11 月 30 日的所有者权益合计 6413177.47 元。最终法院判决：一、孙某琳在上海某通信科技有限公司持有的 50% 股权归孙某琳所有；二、孙某琳于本判决生效之日起十五日内支付王某军股权折价款 1603294.37 元。

律师分析

（一）夫妻一方婚后出资取得的有限公司股权，是否属于夫妻共同财产？

股权是指股东基于股东资格从公司获得经济利益并参与公司经营管理的权利，婚姻关系存续期间，一方以夫妻共同财产进行出资，夫妻共同财产由货币或其他财产状态转化为公司股权，股权的取得以股东向公司出资为对价。股权兼具人身权与财产权的性质，所以从严格的法律角度讲，有限公司股权并非夫妻共同财产，我们日常所说的分割有限公司的股权其实指的是分割该股权所对应的股权价值，有限公司的股权价值属于夫妻共同财产，而有限公司股权所对应的表决权等人身权益不属于夫妻共同财产。

案例中，孙某琳在与王某军的婚姻关系存续期间，以受让的方式取得了某公司 50% 的股权，该股权虽然登记在孙某琳一人名下，但该部分股权所对应的股权价值属于夫妻共同财产，王某军在离婚后再次起诉分割该股权时，法院应当依法受理并将该股权作为夫妻共同财产进行分割。

（二）夫妻一方婚后出资取得的有限公司股权，登记在己方名下，公司有其他股东存在的情形下，离婚时股权如何分割？

有限公司具有“人合性”和“封闭性”的特点，在夫妻离婚分割有限公司股权时，既要保护有限公司的人合性，又要保护夫妻未显名一方的利益，所以分割有限公司的股权往往交叉着《民法典》《公司法》等相关法律法规，需要根据不同情形进行具体分析，司法实践中存在两种分割方式：未显名一方成为公司股东；分割折价款。

1. 离婚时，未显名一方如何成为有限公司股东？

依据《民法典婚姻家庭编解释（一）》第73条的规定，未显名一方在以下几种情形下可获得有限公司的股东资格：

（1）夫妻双方就股权转让份额及股权转让价格等具体问题协商一致，其他股东过半数以上同意并放弃优先购买权。

（2）夫妻双方就股权转让份额及股权转让价格等具体问题协商一致，其他股东过半数不同意转让，但不同意转让的股东不愿意以同等条件购买该出资额，视为其同意转让。

2. 离婚时，未显名一方无法取得有限公司股权，如何处理？

离婚时未显名一方成为公司股东，前提是夫妻之间已经就股权的分割达成共识。现实中夫妻离婚时双方的关系往往处于水深火热之中，基本上很难就股权转让事宜达成共识，这时法院会根据股权的实际价值由股东一方对未显名一方进行折价补偿。

依据《民法典婚姻家庭编解释（一）》《公司法》《北京市高级人民法院民一庭关于审理婚姻纠纷案件若干疑难问题的参考意见》等相关规定，北京地区法院往往在以下几种情况下分割股权折价款：

（1）有限公司的公司章程中对于股东对外转让股权有限制性规定的，例如公司章程中规定股东不得将股权转让给股东以外的第三人。

（2）夫妻双方之间虽然已就股权转让份额及股权转让价格等具体问题协商一致，但其他股东过半数不同意转让，且不同意转让的股东愿意行使优先购买权的。

（3）夫妻双方之间均主张股权，为了保障有限公司的人合性，法院一般判决股权归股东方所有，由股东方给予另一方相应的补偿。

（4）夫妻双方均不愿意取得公司股权的，可以将股权变现，并对股权折价款依法分割。

案例中，案外人李某某与孙某琳均为某公司股东，各占50%股权。虽王某军与孙某琳二人曾在庭审中对系争股权的分割方式达成一致，由王某军取得某公司25%的股权，但因该公司的股权涉及案外人李某某的利益，李某某表示不同意王某军成为公司股东且不放弃优先购买权，为了保障有限公司的人合性，法院判决孙某琳继续持有某公司股权，王某军获得股权折价款。

（三）如何确定有限公司的股权价值？

当夫妻双方无法同时成为有限公司股东时，此种情形下就需要对股权的对应价值予以分割，股权价值的确定成为双方的争议焦点。目前司法实践中确定股权价值的方式主要有：

1. 如夫妻双方已经协商一致确定了股权价值的，法院会尊重当事人的意思自治，按照双方协商的股权价值进行分割。

2. 如夫妻双方都主张股权的，可以通过竞价确定股权的归属人，价高者得到股权并对另一方补偿。

3. 由法院委托第三方司法评估机构进行司法审计确定股权价值。

4. 双方协商不成时，双方对公司的资产负债表的真实性都认可时，法院可以根据资产负债表来确定股权价值。

5. 双方协商不成且无法进行司法审计时，法院可以根据公司在行政主管机关备案的财务资料及法院查明的事实认定股权价值。

6. 双方协商不成且无法进行司法审计时，法院可以参照当地同行业中经营规模和收入水平相近的企业的营业收入或者利润及其他方式来确定股权价值。

案例中，在确定某公司股权价值时，工某军与孙某琳均同意由法院委托第三方司法评估机构进行司法审计，最终法院根据该审计单位出具的司法会计鉴定意见书确定了孙某琳持有的该公司的股权价值，判决由孙某琳向王某军支付股权折价款。

（四）夫妻婚后出资取得有限公司股权，登记在双方名下，离婚时股权如何分割？

夫妻双方都是有限公司股东的情况下，直接分割股权并不会对有限公司的人合性造成影响，股东之间可以随意转让公司的全部或部分股权，并不需要征得其他股东过半数以上同意，其他股东也没有优先购买权。所以双方均主张股权的，可按比例分割；双方均要求补偿款的，可以分割折价款；夫妻一方主张股权，另一方主张折价款的，可在确定股权价值基础上由获得股权一方给付另一方补偿。

典型案例二

上市公司股票如何分割？

宋某与孙某于2012年3月20日登记结婚，婚后二人因感情不和已经就离婚意愿达成一致，但在分割宋某名下股票时产生了争议，遂诉至法院。

宋某名下资金账号为××的账户，截至2012年3月20日有海螺水泥证券1000股，资金余额699.66元。婚姻关系存续期间，宋某将海螺水泥证券卖出后购买其他类型证券，并从银行卡向证券账户转入158779元，转出130700元，该账户中现有华谊兄弟证券1100股，资金余额为314.49元。

法院审理后认为，2012年3月20日宋某名下海螺水泥证券1000股，资金余额699.66元，该部分股票、股票的增值部分和余额系宋某的婚前个人财产。2012年3月21日起，宋某投资交易的金额及股票收益为夫妻共同财产。但因股票账户的特殊性，资金反复进出，现无法确认宋某上述婚前个人财产现在的实际金额，故分割时以宋某现账户内总资产为基数进行分割，参考宋某婚前个人资金数额、投入金额、提取金额等因素酌定双方的具体份额，对宋某适当多分。法庭辩论终结时华谊兄弟证券的收盘价为每股46.9元，故宋某名下股票账户内总资产为51904.49元，最终法院判决宋某给付孙某股票折价款1.5万元。

律师分析

（一）一方以个人婚前财产购买的股票，在婚后的增值是否属于夫妻共同财产？

依据《民法典婚姻家庭编解释（一）》第26条规定，夫妻一方个人财产在婚后产生的收益，除孳息和自然增值外，应认定为夫妻共同财产。《民法典》第1062条规定，夫妻在婚姻关系存续期间所得的投资的收益属于夫妻共同财产。所以对于一方以个人婚前财产购买的股票，在婚后的增值部分，需要区分增值的原因是孳息、自然增值还是投资经营，才能确定该部分增值的最终归属。

若在婚姻关系存续期间夫妻一方对股票账户进行了人为的管理，例如实施了买入卖出、投入新的资金等行为，那么这种行为一般认定为投资经营行为，由此产生的增值将认定为投资经营收益，属于夫妻共同财产；如果婚姻关系存续期间夫妻未对股票账户进行过任何操作，增值是因市场行情的变化而产生，则由此产生的增值属于自然增值，不属于夫妻共同财产，而是一方的个人财产。

（二）股票账户既有婚前投资又有婚后投资的，离婚时如何分割？

实践中，因股票账户的特殊性，婚姻关系存续期间往往会存在银行卡与证券账户的资金反复进出、不同类型证券的买入卖出，离婚时已经无法确认婚前个人财产的实际价值。因此，在实际分割时法院通常以证券账户内的总资产为基数，并结合婚前个人资金数额、投入金额、提取金额、合理盈亏等因素酌定双方的具体份额。案例中，宋某的证券账户既有婚前的投资又包括婚后的投资，多次买入卖出后已经不能确定婚前个人财产的具体数额，所以法院以法庭辩论终结时证券账户总资产为基数，结合财产的实际来源等情况对宋某适当进行了多分。

（三）上市公司股票分割的方式

依据《民法典婚姻家庭编解释（一）》第 72 条的规定，夫妻双方分割共同财产中的股票、债券、投资基金份额等有价证券以及未上市股份有限公司股份时，协商不成或者按市价分配有困难的，人民法院可以根据数量按比例分配。司法实践中，分割上市公司股票主要有两种方式：按照市价进行分割；按照数量进行分割，但相关法律及司法解释并未规定市价如何确定。参照《北京市高级人民法院民一庭关于审理婚姻纠纷案件若干疑难问题的参考意见》第 26 条之规定，离婚诉讼中分割上市公司股票，需要确定股票价值的，当事人对确定股票价值的时间点无法达成一致的，可以法庭辩论终结日的股票价值为准。

对于此类纠纷的处理，由人民法院根据该类财产的数量按比例进行分配的方式，在具体分割方式的选择适用上并不具有优先性。司法实践中，应当首先由夫妻双方根据具体情况进行协商，双方当事人也完全可以通过按照市价进行分配等方式协商一致。

（四）离婚时，限售期内的股票能否分割？

限售期是指对某一类股东持有的股票约定在持有一定期限后方可在二级市场交易流通。依据《公司法》第 141 条之规定，发起人持有的本公司股份，自公司成立之日起一年内不得转让。公司公开发行股份前已发行的股份，自公司股票在证券交易所上市交易之日起一年内不得转让。实践中，对于限制性流通股票而言，离婚时如果符合转让条件的，则可以在离婚诉讼中予以分割。若离婚时转让条件未成就的，则须待转让条件成就后另行起诉解决。

第五节 债权债务

一、共同债权

典型案例

离婚时夫妻共同债权如何判决？

陈某严与秦某系再婚夫妻，婚后秦某将户口迁至陈某严名下，在秦某将户口迁入后，村小组未对土地进行再次分配。

2014 年陈某严与他女儿承包经营的土地被征用并取得土地补偿款 38 万元。2015 年 6 月 17 日陈某严向王某芬出借 12 万元款项。2017 年 6 月 1 日，秦某与陈某严离婚。

2018 年 1 月 19 日，王某芬未按约定还款，陈某严起诉王某芬要求其归还欠款，法院支持了陈某严的诉讼请求，该判决目前已经生效。

2018 年 8 月 4 日，秦某起诉到法院，请求依法确认陈某严对王某芬享有的 12 万元债权系夫妻关系存续期间的共同债权，且其中 6 万元应归原告享有。

法院经审理认为：涉案的债权系在陈某严与秦某夫妻关系存续期间产生，故陈某严、秦某系共同债权人，王某芬系债务人。陈某严无任何证据证实该出借的款项明确属于其个人财产，也无任何直接证据证实其个人土地补偿款与出借的款项具备完全对应的关系，故确认陈某严对王某芬享有的 12 万元债权系夫妻共同债权，秦某对此享有 6 万元的份额。

律师分析

（一）夫妻共同债权如何认定？

《北京市高级人民法院民一庭关于审理婚姻纠纷案件若干疑难问题的参考意见》第 42 条规定，婚前一方享有的确定可以实现的债权，婚后实际取得的，应认定为婚前财产；婚姻关系存续期间发生并确定可以实现的债权，离婚后实际取得的，应认定为婚内财产。

结合以上规定，可以得知夫妻共同债权具有以下几点特征：（1）该债权必须在双方婚姻关系存续期间产生，婚前或离婚后形成的债权不属于夫妻共同债权；（2）该债权的实际取得时间并不影响夫妻共同债权的认定；（3）该债权的形成以夫妻共同财产为基础，以个人财产为基础形成的债权不属于夫妻共同债权；（4）该债权必须合法。

本案中，涉案的债权在陈某严与秦某婚姻关系存续期间产生，且陈某严没有证据证明出借的款项系其个人财产支付，故法院将涉案债权认定为夫妻共同债权。

（二）离婚时，夫妻共同债权如何分割？

离婚时，夫妻的共同财产由双方协议处理；协议不成时，由人民法院根据财产的具体情况，按照照顾子女、女方和无过错方权益的原则判决。所以在当事人之间能够就夫妻共同债权协商一致且不损害第三人利益的情形下，法院会尊重当事人的意思自治；在双方无法就夫妻共同债权分割达成一致意见时，目前司法实践中主要有以下几种裁判方式：

1. 部分法院认为，当事人对其提出的分割夫妻共同债权的诉讼请求应提供相应的证据加以佐证，在离婚诉讼中如当事人未提供相应的证据且对方否认的，法院对当事人的主张不予支持。

2. 部分法院认为，因债权关系的认定涉及案外人的利益，在未有案外人确认该债权关系真实性及其他证据佐证的情况下，法院无法确认该事实的存在，故对于夫妻一方所主张的该债权属于夫妻共同债权并分割的诉讼请求，在离婚诉讼中不予处理，当事人可另行起诉。目前此种裁判方式比较常见。

3. 部分法院认为，起诉时夫妻共同债权尚未实现的，在离婚诉讼中将不予处理并告知当事人可待实现债权后另行解决。

4. 部分法院会结合债权的形成原因、债权追索等因素判决债权归属一方所有，不作为夫妻共同财产予以分割。

5. 如法院经审理后认定夫妻共同债权存在，则法院会判决夫妻双方共同享有该债权或判决双方各享有一半的份额，但对于未有证据证明债权已经实现的情况下，对于当事人主张配偶一方一次性向其支付该债权一半份额款项的主张不予支持。目前此种裁判方式也比较常见。

6. 在婚姻关系存续期间形成的夫妻共同债权，离婚后如配偶一方获得了相应款项的，当事人可以请求配偶一方向其给付该债权对应份额的款项。

本案中，法院通过生效的裁判文书认定陈某严对王某芬享有12万元的债权，在秦某请求法院分割夫妻共同债权时，法院将该债权认定为夫妻共同债权并判决秦某对此享6万元的份额。

二、共同债务

典型案例

对赌失败，遗孀被判负有巨额债务

2011年3月22日，建银文化产业股权投资基金（天津）有限公司（以下简称建银投资公司）投资4.5亿元成为北京新雷明顿广告有限公司（以下简称新雷明顿公司）的第二大股东，同时新雷明顿公司及其实际控制人李某与建银投资公司签订对赌协议，约定若新雷明顿公司未能在2013年12月31日之前实现合格上市，则建银投资公司有权在2013年12月31日后的任何时间，在符合当时法律法规要求的情况下，要求新雷明顿公司、李某任何一方以4.5亿元一次性收购建银投资公司持有的新雷明顿公司的股权，并支付10%的利息。

2011年12月，新雷明顿公司改制并更名为北京小马奔腾文化传媒股份有限公司（以下简称小马奔腾公司）。2013年，小马奔腾公司上市失败，2014年1月2日，李某突发心肌梗塞去世，李某之妻金某通过股权资格确认纠纷、继承纠纷等司法程序，立即接手小马奔腾公司经营管理，成为公司股东并依法享有李某名下一半股权。

2016年12月，建银投资公司起诉至法院，要求李某遗孀金某在2亿元的范围内承担李某生前的个人经营债务，即股权回购款。法院经审理后支持了建银投资公司的诉讼请求，判决金某对2亿元股权回购款承担连带清偿责任。

律师分析

《民法典》第1064条对夫妻债务作了细致规定，具体内容详见第四章“诉讼程序基础知识”图4–5。下文结合上述案例，主要讲述夫妻共同债务问题。

夫妻一方为了共同生产经营、夫妻共同生活所负债务，为夫妻共同债务。

本案中，李某持有的小马奔腾公司股权为夫妻共同财产，金某依法分得一半份额，同时金某也享有建银投资公司投资带来的股权溢价收益，那么，李某因经营公司所承诺的回购责任所产生的责任亦是夫妻共同债务，金某依法应承担一半责任。本案审理历时三年，二审期间正值《最高人民法院关于审理涉及夫妻债务纠纷案件适用法律有关问题的解释》（以下简称法释〔2018〕2号，已失效）生效期内，本节将重点讲述该司法解释及《民法典》关于夫妻共同债务的规定。

（一）夫妻共同债务的司法认定原则

依据《民法典》第1064条之规定，夫妻双方共同签名或者夫妻一方事后追认等共同意思表示所负的债务，以及夫妻一方在婚姻关系存续期间以个人名义为家庭日常生活需要所负的债务，属于夫妻共同债务。夫妻一方在婚姻关系存续期间以个人名义超出家庭日常生活需要所负的债务，不属于夫妻共同债务；但是，债权人能够证明该债务用于夫妻共同生活、共同生产经营或者基于夫妻双方共同意思表示的除外。

对于夫妻共同债务的司法认定原则，在不同的社会背景下，历经了数次调整和变化。《最高人民法院关于适用〈中华人民共和国婚姻法〉若干问题的解释（二）》（以下简称《婚姻法司法解释二》）第24条第1款规定，债权人就婚姻关系存续期间夫妻一方以个人名义所负债务主张权利的，应当按夫妻共同债务处理。但夫妻一方能够证明债权人与债务人明确约定为个人债务，或者能够证明属于《婚姻法》第19条第3款规定情形的除外。2018年1月18日生效的法释〔2018〕2号修改了《婚姻法司法解释二》第24条夫妻共同债务的认定原则，《民法典》第1064条吸纳了法释〔2018〕2号的规定，对夫妻共同债务的认定作出了明确的规定，有效地平衡了各方当事人的权益。

1.《婚姻法司法解释二》第24条及之前的司法解释确定的夫妻共同债务司法认定原则

根据《婚姻法司法解释二》第24条及之前的司法解释的规定，债权人就婚姻关系存续期间夫妻一方以个人名义所负债务主张权利的，应当按夫妻共同债务处理。同时规定了几种例外情形：（1）夫妻一方能够证明债权人与债务人明确约定为个人债务的，为个人债务。（2）夫妻一方能够证明债权人知道夫妻财产约定归各自所有的，为个人债务。（3）夫妻一方能够举证证明所借债务并非用于夫妻共同生活的，为个人债务。（4）夫妻一方在从事赌博、吸毒等违法犯罪活动中所负债务，为个人债务。

《婚姻法司法解释二》第24条的立法本意是针对“假离婚、真逃债”的问题，防止夫妻合谋以离婚方式转移财产来规避债务，侵害债权人的利益，以弥补民间借贷中的漏洞。但是因为该条及之前的司法解释将举证责任归于主张债务为个人债务的夫妻一方，往往是未以自己名义举债的夫妻一方，而未举债一方又很难取得相关证据，因而往往被动负债。《婚姻法司法解释二》第24条忽视了对不知情的配偶一方权益的保护，导致生活中出现大量不公平现象，增加了婚姻风险，在一定程度上，结婚证真的变成了卖身契，即便夫妻离婚，仍然要偿还另一方对外所负债务，即离婚不离债。俗话说“不怕负心汉，就怕负心债”。在司法实践中，也产生了大量因《婚姻法司法解释二》第24条而被负债的案件。在互联网上，部分人士还成立了“反24条联盟”，并一直努力向立法机关反映情况。

《婚姻法司法解释二》第24条也是金某夫妻共债案的一审判决依据。金某夫妻共债案一审判决，让金某成了《婚姻法司法解释二》第24条有史以来金额最大的“被负债”人。金某被负债案一审判决中，北京市第一中级人民法院认定：案涉债务即属于李某在经营公司时产生的债务……其（指李某）负担股权收购义务的前提，显然是为了期望小马奔腾公司上市带来的经济等多方面的利益，毫无疑问，该利益亦将属于金某，故案涉债务的产生指向家庭经营活动，属于夫妻共同生活的一部分。一审法院据此判决金某对该回购债务承担连带责任。显然，一审法院除了认定所借债务“用于夫妻共同生活”，亦认定所借债务“为了家庭共同利益”。而金某则明确质疑：“当年的‘对赌协议’，我没有签字，巨额的投资款项，也没有用于夫妻共同生活，我甚至都没有持有过小马奔腾公司的股权，这一切为什么要我来承担？”在我国婚姻关系存续期间内夫妻财产共同所有是大部分家庭的状态，约定财产分别所有制是例外。《婚姻法司法解释二》第24条所体现出来的侧重保护债权人利益的理念，导致婚姻生活的不稳定和不安全，并且严重损害了未举债一方的合法权益，经常会出现未举债一方成为无辜的受害人，已经不符合现实社会生活的需要。

2.《民法典》第1064条确定的夫妻共同债务司法认定原则

根据《民法典》第1064条确定的夫妻共同债务司法认定原则，以下情形的债务可以认定为夫妻共同债务：（1）夫妻共同签字的债务（共债共签）；（2）一方名义举债、另一方事后追认（事后签字、电话、邮件、微信等方式追认）；（3）一方名义举债、数额符合家庭日常生活所需；（4）一方名义举债、数额超出家庭日常生活所需，用于夫妻共同生活；（5）一方名义举债、数额超出家庭日常生活所需，用于夫妻共同经营；（6）一方名义举债、数额超出家庭日常生活所需，基于夫妻双方共同意思表示。

何谓“家庭日常生活所需”？据有关统计资料显示，我国城镇居民家庭消费种类，主要分为八大类，分别是食品、衣着、家庭设备用品及维修服务、医疗保健、交通通信、文娱教育及服务、居住、其他商品和服务。在审判实践中，法官一般会综合考虑负债金额大小、家庭富裕程度、夫妻收入情况、夫妻感情关系、当地经济水平及交易习惯、借款名义、资金流向等因素，认定债务是否为家庭日常生活需要所负。《江苏省高级人民法院家事纠纷案件审理指南（婚姻家庭部分）》第47条对“家庭日常生活需要”作出了相关的规定，可供读者参考，关于如何界定夫妻一方在婚姻关系存续期间以个人名义为“家庭日常生活需要”所负的债务，该条指出，“家庭日常生活需要”是指家庭日常生活中的必要支出，包括衣食住行、医疗保健、交通通信、文娱教育及服务等。认定是否为“家庭日常生活需要”所负的债务，应当结合债务金额、举债次数、债务用途、家庭收入状况、消费水平、当地经济水平和一般社会生活习惯等予以综合判断。以下情形可以作为认定超出“家庭日常生活需要”所负债务的考量因素：（1）债务金额明显超出债务人或者当地普通居民家庭日常消费水平的；（2）债权人明知或者应知债务人从事赌博、吸毒等违法犯罪活动仍出借款项的；（3）债权人明知或者应知债务人已大额负债无法偿还，仍继续出借款项的。

何谓“夫妻共同经营”？主要是指由夫妻双方共同决定生产、经营事项，或者虽由一方决定但得到另一方授权的情形。判断生产经营活动是否属于夫妻共同生产经营，要根据经营活动的性质以及夫妻双方在其中的地位作用等综合认定。夫妻从事商业活动，视情况适用《公司法》《民法典》《合伙企业法》等法律及其司法解释的规定。夫妻共同生产经营所负的债务一般包括双方共同从事工商业所负的债务，购买生产资料所负的债务，以及共同从事投资或者其他金融活动所负的债务等。

何谓“夫妻双方共同意思表示”？即夫妻双方对于借款事宜达成合意。

需要注意的是，《民法典》第1064条规定的6种情形中，第3种情形原则上推定为夫妻共同债务，债权人一般无需举证，夫妻一方如果主张不属于夫妻共同债务，则需要举证证明举债人并非用于家庭日常生活。而对于以上第4种至第6种情形，原则上不作为共同债务，债权人主张为夫妻共同债务的，需要举证证明所负的债务用于夫妻共同生活、夫妻共同经营或者夫妻共同意思表示，否则，就不能认定为夫妻共同债务，而只能认定为举债人一方的个人债务。

通俗地讲，如果有一天你发现你老公背着你借了一大笔钱，如果债权人要求你一起还，他必须举证这笔钱用在你们夫妻家庭生活或者共同的生产经营或者证明借款是夫妻共同的意思表示，如果债权人拿不出证据，你就不用共同偿还。通过以上分析可以看出，《民法典》第1064条在既有法律框架内和现行司法解释的基础上，通过合理分配举证责任，对夫妻共同债务的认定、排除以及举证证明责任分配等问题进行了细化和完善。既保障了未举债配偶一方的知情权、同意权，避免了未举债一方“被负债”情况的出现，同时也强调了夫妻共同债务形成时的共债共签原则，可以有效地让债权人在出借大额款项时，加强事前风险防范意识，要求夫妻双方共同签字确认，以免事后引发不必要的纠纷。

客观地说，《民法典》第1064条为提高债权人借款风险意识与保护夫妻一方合法权益提供了保障，有效地解决了债权人权益保护和未举债夫妻一方权益保护的两难问题，实现了对债权人和未举债一方的双向保护。

（二）小马奔腾案中有关夫妻共同债务的思考

一审法院认为：“夫妻共同生活并不限定于夫妻日常家庭生活，还包括家庭的生产经营活动，案涉债务即属于李某在经营公司时产生的债务……李某负担股权收购义务的前提，显然是为了期望小马奔腾公司上市带来的经济等多方面的利益，毫无疑问，该利益亦将属于金某，故案涉债务的产生指向家庭经营活动，属于夫妻共同生活的一部分。”在一审法院的判决观点中，主要从案涉债务用于夫妻共同生活的角度（从利益共享角度）论述共同债务，夫妻共同生活包括夫妻日常家庭生活和家庭的生产经营活动，案涉债务即属于李某在经营公司时产生的债务。李某系小马奔腾公司的实际控制人，建银投资公司购买股权和增资，李某承诺股权回购义务可看作对增资的对价和条件。其负担该义务是为了获得更多的经济等利益，该利益将及于金某，故案涉债务的产生指向家庭经营活动，属于夫妻共同生活的一部分，应属于夫妻共同债务。

而在二审中，被上诉人建银投资公司一方用各项工商登记及项目交割相关法律文件中的信息来证明上诉人金某一方参与共同经营的事实。二审判决综合适用“共同行为标准”和“利益共享标准”进行认定。共同行为标准主要考量的是夫妻双方是否存在经营合意。包括夫妻双方共同决定生产经营事项、一方授权另一方决定生产经营事项两种情形。在本案二审庭审过程中，建银投资公司提交了大量的证据证明小马奔腾公司搭设了 VIE 架构。而在 VIE 架构下，李某通过 BVI 公司—小马奔腾集团公司—美富文化传媒有限公司—湖南优化公司的架构实际控制小马奔腾公司。虽然金某并非小马奔腾公司的股东，也未担任职务，但有证据证明其在架构上游的两个公司中担任董事并签署相关协议。二审法院将其作为关键证据认定金某对对赌协议是知情且默认的，认定建银投资公司举证责任已经完成。另外，二审判决还适用了“利益共同标准”，其以金某在李某去世后提起股权资格确认纠纷、继承纠纷，且法院最终支持其主张为依据，认定金某实际享有投资收益，按照权利义务相一致原则，认定其应当承担债务。小马奔腾公司对赌失败，金某夫妻共债案的一审、二审备受社会关注。

该案二审正值法释〔2018〕2 号生效期间，金某本以为法释〔2018〕2 号生效对自己来说是个转机，毕竟正如其在一审所言“当年的‘对赌协议’，我没有签字，巨额的投资款项，也没有用于夫妻共同生活”。但二审法院综合适用“共同行为标准”和“利益共享标准”进行了认定，最终维持一审判决。

（三）夫妻共同债务认定的举证责任

夫妻共同债务的认定需要区分内部关系与外部关系。内部关系主要是指在离婚诉讼中，如何认定某一债务是否属于夫妻共同债务。外部关系主要是指在债权人与夫妻之间的诉讼中，如何认定某一债务是否属于夫妻共同债务。

在内部关系中，根据“谁主张，谁举证”的原则，由主张债务存在的一方承担所负债务属于夫妻共同债务的举证责任，但一方以个人名义为家庭日常生活需要所负的债务，原则上主张债务存在的一方无需举证证明，如果未举债的配偶一方否认该债务属于夫妻共同债务的，则由未举债的配偶一方举证证明所负债务并非用于家庭日常生活。

在外部关系中，根据“谁主张，谁举证”的原则，债权人一方应当举证证明该债务属于夫妻共同债务，例如提供双方共同签字的欠条、未举债的配偶一方已经通过电话、微信等方式进行了事后追认的证据、提供债务人出借的款项虽然超出日常家庭需要但已经被用于夫妻双方的共同生活、共同生产经营或基于夫妻双方的共同意思表示的证据。

三、个人债务

典型案例

婚内借债，妻子是否需要承担?

王某和李某系夫妻。2017 年 3 月 20 日，王某向张某借款 40 万元，并为张某出具本人签字的借条一张，承诺 1 个月还清。2017 年 3 月 21 日，王某收到张某的银行转账 40 万元后，王某立即向李某转账 2.5 万元，用于偿还外债。后王某未能如期偿还该笔借款，经多次催讨未果，2017 年 12 月，张某诉至法院，要求王某、李某共同偿还借款及逾期还款利息。

法院经审理认为，借款虽然发生在王某、李某婚姻关系存续期间，但显然已超出家庭日常生活所需，且张某也未能举证证明该笔借款用于夫妻共同生活、共同生产经营或是夫妻双方共同意思表示。因此原则上该债务不属于夫妻共同债务。但同时，王某在借款当日即向李某转账 2.5 万元，李某对这一事实并无异议。故该笔款项应当视为李某以自己的行为追认该部分债务为夫妻共同债务，即便这部分借款事后用于偿债也不影响其共同债务的性质。法院最终判决王某、李某对 2.5 万元的借款及逾期利息共同承担偿还责任，剩余 37.5 万元的借款及逾期利息由王某一人偿还。

律师分析

在电视剧《三十而已》里，有一个场景是：顾佳和许幻山签订了书面离婚协议，约定财产分割条款为：茶厂归女方，豪宅出售后各得一半款项，烟花厂归男方。协议签订后烟花厂却爆炸了，就后续的赔偿和损失是否需要顾佳来承担？剧中未交代烟花厂的注册类型，如果是个体工商户或者个人独资企业，按照民事法律规定，则应由经营者的全部资产对外承担责任。在顾佳和许幻山正式离婚之前，如果是夫妻共同经营，且收入也用于家庭共同生活，则赔偿及损失应构成共同债务。如果是离婚后烟花厂所产生的债务，则为许幻山的个人债务。但如果烟花厂是有限责任公司，许幻山承担的则是有限责任。

现实生活中，夫妻共同债务和个人债务也并非泾渭分明，如案例中的借款既有用于家庭共同生活的部分，也有用于其他用途的，本书前文详细讲述了夫妻共同债务，本文重点探讨个人债务。

（一）个人债务的内涵

个人债务是指夫妻约定为个人负担的债务或者一方从事无关家庭共同生活时所产生的债务。与个人债务相对应的是夫妻共同债务。

在现实生活中，有时候个人债务与夫妻共同债务“你中有我，我中有你”，纠缠和争斗得难分难解。两者判断的主要依据在于所借款项：（1）是否用于家庭共同生活；（2）是否存在“共债共签”；（3）在未共签的情况下，未举债一方是否“事后追认”；（4）家庭是否享受了该债务带来的利益。

（二）婚姻关系存续期间，个人债务的认定

在司法实践中，以下债务一般会被认定为一方的个人债务：

1. 一方以个人名义所负且未用于家庭共同生活的债务。例如，婚姻关系存续期间男方以个人名义向第三人借款 20 万元，该 20 万元到账后，男方便将 20 万元转给了其父母用于购买房屋，由于该笔债务并未用于夫妻双方的家庭日常生活，在女方拒绝承认的情况下，该 20 万元的债务属于男方的个人债务。

2. 一方以个人名义超出日常家庭生活需要所负的债务，且债权人也未能提供证据证明用于夫妻共同生活、共同生产经营或基于夫妻双方共同意思表示的债务。案例中，张某向王某出借的 40 万元，由于张某未能提供证据证明其中的 37.5 万元用于王某、李某夫妻的共同生活、共同生产经营或基于双方的共同意思表示，最终法院将该部分债务认定为王某的个人债务。

3. 一方从事赌博、吸毒等违法犯罪活动所负的债务。如果夫或妻一方向第三人借款后将款项用于赌博、吸毒、嫖娼等违法犯罪活动的，那么该债务属于举债方的个人债务。如果第三人明知夫或妻一方是为了进行上述违法犯罪活动而借款的，则法律也不保护该借贷关系。如：北京某知名电器公司的男性经理，对外借款用于澳门赌博，铩羽而归后妻子起诉离婚，男方主张为共同债务，法院未支持男方的该项请求。

4. 遗嘱或赠与合同中确定只归夫或妻一方的财产，该遗嘱或赠与合同所附随的债务。依据《民法典》第 1063 条的规定可知，遗嘱或者赠与合同中确定只归一方的财产属于一方的个人财产。根据权利义务相统一的原则，因继承或赠与而附随发生的债务，也应当认定为夫或妻一方的个人债务。

5. 一方未经对方同意，擅自资助与其没有抚养义务的亲朋所负的债务。例如，在婚姻关系存续期间，丈夫为给自己的侄儿缴纳大学的费用而向第三人借款 10 万元，由于夫或妻一方与侄儿并无法律上的抚养、扶助义务，如果妻子一方不愿意承担该笔债务的话，那么该 10 万元属于丈夫的个人债务。

6. 一方未经对方同意，独自筹资从事经营活动，其收入确未用于共同生活所负的债务。“利益共享标准”是认定夫妻共同债务的标准之一，如果夫或妻一方未经对方同意擅自举债从事经营活动，且未举债的一方也未享受到该经营活动带来的利益的，该债务应当属于夫妻一方的个人债务。

7. 夫或妻一方明确与债权人约定为个人债务的属于一方的个人债务。

8. 夫妻之间实行财产分别所有制，且第三人知道该约定的，夫或妻一方对外所负的债务属于一方的个人债务。

9. 在分居期间，一方独自借款所产生的债务，且该借款未用于子女教育或家庭共同生活的属于一方的个人债务。现实中，很多夫妻因感情不和在法院判决离婚前都会分居，基本上都是你过你的、我过我的，互相之间并无交集。在分居期间，一方对外举债后如该债务并未用于家庭或夫妻的共同生活的，该债务原则上应由举债方个人承担。

10. 夫妻一方因侵权行为致人损害产生的债务，一般认定为侵权人的个人债务，但该侵权行为系因家庭劳动、经营等家事活动产生或其收益归家庭使用的除外。例如，张某因交通事故将行人甲撞伤，经法院判决后需要赔偿行人甲各项损失 10 万余元，如行人甲不能证明该侵权之债是因张某夫妻共同生产经营等家事活动而产生的话，那么本次交通事故产生的 10 万余元的债务就属于侵权人张某的个人债务，张某的妻子无须对此承担连带清偿责任。

（三）权利与义务对等原则的回归

从案例中的判决结果和判决理由看，法院既遵从了“共债共签”的精神，在债务金额超出家庭日常生活所需，且债权人张某不能举证证明该债务用于夫妻共同生活、共同生产经营或是夫妻双方共同意思表示的情况下，原则上认定该债务属于借款人王某的个人债务。但同时客观上李某存在接受王某转款 2.5 万元的事实，该行为构成对夫妻共同债务的部分追认，进而法院判决李某对该款项承担连带偿还责任。也就是法院区分钱款去向，判决 40 万元中的 37.5 万元属于个人债务，2.5 万元属于夫妻共同债务。

本案的判决没有教条地适用有关法律及司法解释的规定，而是灵活性地适用“共债共签”的原则，也充分体现了权利与义务对等的法律原则，是对夫妻利益与债权人利益的适当平衡，也可以有效引导债权人在出借大额款项时，加强事前防范，要求夫妻“共债共签”。

第六节 损害赔偿情形

一、重婚

典型案例

一方重婚，另一方一定能够获得赔偿吗？

周某与孙某经人介绍相识，并于2015年3月领证结婚。婚后二人经常因家庭琐事发生争吵，相处得非常不和睦。

2016年5月，孙某起诉要求离婚，法院判决不准离婚，后孙某搬出住宅与周某分居。2016年10月，孙某与李某举办婚礼，并在一年后育有一子。2018年3月，孙某因重婚罪被法院判决有期徒刑9个月。

2019年5月，周某以孙某存在重婚行为并给自己精神造成极大打击为由，起诉要求离婚并请求法院判令孙某赔偿自己精神抚慰金10万元，庭审过程中周某向法院提交了孙某重婚罪的刑事判决书。

法院经审理认为，孙某在婚姻关系解除前与案外人举行婚礼，构成重婚，给周某造成了精神损害，周某请求精神损害抚慰金，符合法律规定，应予支持，法院最终判决：准予二人离婚，孙某给付周某精神损害抚慰金2万元。

律师分析

本案中，孙某与他人重婚，不仅构成刑事犯罪，还应当对第一段婚姻关系中的无过错方周某承担精神损害赔偿责任。那么，一方重婚的，另一方一定能获得赔偿吗？答案是否定的。

（一）婚姻关系存续期间，一方重婚的，另一方能否主张损害赔偿？

《婚姻法》第46条规定了四种可以主张离婚损害赔偿的情形：（1）重婚的；（2）有配偶者与他人同居的；（3）实施家庭暴力的；（4）虐待、遗弃家庭成员的。需要注意的是，根据该条规定，有且仅有上述四种行为时，无过错方才可以主张损害赔偿，而《民法典》第 1091 条新增了无过错方在另一方实施了其他重大过错行为时也可以主张损害赔偿的规定。主张离婚损害赔偿的主体必须是“无过错方”，即受害方没有实施《民法典》第 1091 条规定的过错行为，其才可以向实施了过错行为的一方提出离婚损害赔偿的请求。

试举例，张三与李四系夫妻关系，在婚姻关系存续期间张三对李四实施了家庭暴力，李四不堪忍受，离家出走，在此期间李四结识了王五，并与王五不以夫妻名义、持续、稳定地共同生活。在张三和李四离婚时，如果李四因张三家暴而提出离婚损害赔偿的诉讼请求法院将不予支持，因为李四在婚姻关系存续期间与他人同居，并不是《民法典》第 1091 条规定的“无过错方”。

案例中，孙某在婚姻关系存续期间实施了重婚行为，并经法院判决构成重婚罪，周某作为无过错方可以主张离婚损害赔偿，最终其诉求也得到了法院的支持。

（二）离婚诉讼中认定“重婚”而主张损害赔偿是否要以过错方构成重婚罪为前提？

离婚诉讼中认定“重婚”而主张损害赔偿并不以过错方构成重婚罪为前提。刑事诉讼以排除合理怀疑为标准，民事诉讼以高度盖然性为标准。此外，依据《刑法》第 13 条的规定可知，如果行为人实施了重婚行为，但是情节显著轻微危害不大的，可以不认为是犯罪，即不构成重婚罪。所以可以简单理解为，只要构成重婚罪，就当然属于重婚行为，但重婚行为并不以行为人构成重婚罪为必要条件。

案例中，周某向法院提交刑事判决书，用于证明孙某犯重婚罪及与案外人李某结婚生子的重婚事实。依据《最高人民法院关于适用〈中华人民共和国民事诉讼法〉的解释》（以下简称《民事诉讼法司法解释》）第 93 条规定，已为人民法院发生法律效力的裁判所确认的事实，当事人无须举证。周某提交的刑事判决书中已经认定了孙某存在重婚的事实，最终法院认定孙某构成重婚并判令其给付周某精神损害抚慰金 2 万元。

（三）离婚损害赔偿的请求时间

无过错方作为原告提起离婚诉讼的，法院会将《民法典》第 1091 条规定的权利义务告知当事人。因法院已履行了告知义务，此时无过错方应当在离婚诉讼的同时提出损害赔偿，逾期不提出的，视为其对自己权利的放弃。

离婚诉讼中无过错方作为被告的需要分为两种情况：（1）无过错方不同意离婚也不提出损害赔偿的，为了保障当事人的合法权益，法律允许其在离婚后再次单独提起诉讼。（2）无过错方一审时不同意离婚也不提出损害赔偿的，在二审时提出损害赔偿的，为了保障当事人的合法权益，维护两审终审制度，二审人民法院会组织双方进行调解，调解不成的，无过错方可以在离婚后另行起诉。

二、与他人同居

典型案例

婚外同居引发的离婚过错赔偿

孙某名与张某红于2001年1月登记结婚，婚后两人因琐事争吵不断。在婚姻关系存续期间，孙某名背着妻子在某婚恋网征婚，与多名异性有不正当的两性关系，甚至与其中一名发展为同居关系。2015年1月，孙某名向法院起诉离婚未果，便直接搬出家中明目张胆与第三者共同居住并生育一子。张某红曾采取多种措施想挽回丈夫的心，但丈夫仍然对自己爱搭不理，张某红知道继续维持这段婚姻已经没有任何意义，在收集了丈夫与他人同居的证据后便起诉离婚，并提出家中的两套房产全部归自己所有，男方赔偿精神损害抚慰金100万元的离婚诉求。

法院经过审理，认定孙某名与第三者属于同居关系，孙某名是导致婚姻破裂的过错方，应当向张某红支付5万元精神损害赔偿金，并本着照顾子女和女方权益的原则依法分割了两套房产。

律师分析

（一）孙某名的行为是否属于“与他人同居”？

案例中，孙某名在婚姻关系存续期间内，与第三人不以夫妻名义、持续、稳定地共同居住并生育一子，孙某名的行为属于与他人同居。《民法典》第1042条明确规定禁止有配偶者与他人同居。如果有配偶一方与婚外异性以夫妻名义共同居住，则涉嫌重婚罪，有被追究刑事责任的可能性。

（二）哪些情况下，当事人可以在离婚时主张多分财产？

1. 一方存在隐藏、转移、变卖、毁损、挥霍夫妻共同财产，或者伪造夫妻共同债务企图侵占另一方财产的行为的，另一方当事人可以主张在离婚时多分财产。

2. 如果当事人为女方或者需要抚养子女的，可以要求法院以照顾女方和子女合法权益为原则，对自己多分。此外，《民法典》第 1087 条新增了以照顾无过错方权益原则分割夫妻共同财产的规定。

案例中，孙某名在婚姻关系存续期间与他人同居，具有法定的过错，但该过错行为并不会直接导致孙某名净身出户。面对孙某名的过错行为张某红可以主张离婚损害赔偿，但其要求家中的两套房产全部归自己所有的诉讼请求不会得到法院的支持。

三、实施家庭暴力

典型案例

离婚背后的家庭暴力

刘某林与张某红系大学同学，双方恋爱两年后办理结婚登记。在婚姻的前 6 年两人感情较好。2012 年 3 月，因为刘某林与公司的女销售有不正当两性关系被张某红知晓，两人的感情急剧恶化。当张某红劝刘某林断绝与第三者的联系时，因话不投机，遭到丈夫的殴打，直接导致张某红脸部受损、头部流血并有部分肿胀，张某红不得不住院治疗，并向公安机关报警，该案已在派出所备案，伤情鉴定结论为轻微伤。张某红在心灰意冷的情况下，向法院提起诉讼要求解除婚姻关系，并请求法院判决刘某林支付张某红精神损害抚慰金 5 万元。

法院经审理认为，刘某林实施家庭暴力导致夫妻感情破裂，故准予双方解除婚姻关系。鉴于刘某林对张某红实施的家庭暴力给张某红造成了严重的伤害，判决刘某林支付张某红精神损害赔偿金 8000 元。

律师分析

（一）什么是家庭暴力？

家庭暴力，是指发生在家庭成员之间的，以殴打、捆绑、禁闭、残害或者其他手段对家庭成员从身体、精神、性等方面进行伤害和摧残的行为。依据《民法典》第 1091 条的规定，无过错方可以向实施家庭暴力的另一方主张精神损害赔偿。案例中，刘某林对张某红实施了严重的家庭暴力，该行为给张某红造成了严重的伤害，法院最终判决刘某林支付张某红精神损害赔偿金8000元。

（二）面对家庭暴力，受害人可采取哪些保护措施？

1. 申请人身安全保护令。受害人可以向申请人或者被申请人居住地、家庭暴力发生地的基层人民法院申请人身安全保护令，情况紧急的，法院会在24小时内作出裁定。需要特别说明的是，人身安全保护令的申请并不以当事人提起诉讼为前提条件且不需要提供担保或缴纳诉讼费。

2. 提起离婚诉讼。家庭暴力行为属于《民法典》第1079条认定感情破裂的标准之一，也是《民法典》第1091条无过错方请求损害赔偿的法定事由，因此受害人可以直接以家庭暴力为由向人民法院起诉离婚，并主张离婚损害赔偿。

3. 向有关部门投诉、反映或求助。家庭暴力受害人及其法定代理人、近亲属可以向加害人或者受害人所在单位、居民委员会、村民委员会、妇女联合会等单位投诉、反映或者求助。

4. 向公安机关报案。根据《反家庭暴力法》的相关规定，公安机关接到家庭暴力报案后应当及时出警，制止家庭暴力，按照有关规定调查取证，协助受害人就医、鉴定伤情。

四、虐待、遗弃家庭成员

典型案例

受虐待起诉离婚的，可以主张精神损害抚慰金

袁某明与郑某系夫妻，袁某明性格偏激经常闲来无事就对郑某进行打骂。2016年6月袁某明两次掐住郑某脖子，致使郑某晕倒，幸好郑某妹妹及时发现才免遇难。2016年7月15日袁某明用西瓜刀威胁要杀死郑某，同时还向郑某索取1万元供其使用，并在家里准备了汽油，说若拿不到钱就泼汽油同归于尽。2016年10月2日袁某明回家就找郑某吵架，因郑某不予理睬，其拿起剪刀就直戳郑某脖子，造成郑某脖子流血不止，在郑某的苦苦哀求下袁某明才答应带郑某去医院，治疗期间郑某趁机到派出所报警，警察为其制作了笔录并委托鉴定所进行伤情鉴定。除此之外，袁某明还经常威胁要杀死郑某一家，导致郑某一家人心惶惶，在外租房居住不敢让袁某明知道居住地址。

2017 年 2 月 5 日，郑某以袁某明虐待家庭成员，夫妻感情确已破裂为由起诉至法院要求离婚，并请求法院判令袁某明支付精神损害抚慰金 10 万元。

律师分析

（一）案例中袁某明的行为是否构成虐待家庭成员

袁某明在婚姻关系存续期间，遇到家庭琐事不好好沟通而使用极端手段处理，多次采用殴打、威胁等手段残害郑某的身体和精神使郑某对其产生恐惧，具有持续性、经常性的暴力行为的特征，所以袁某明的行为构成虐待家庭成员。

（二）虐待、遗弃家庭成员的法律责任

1. 民事责任

婚姻关系存续期间，配偶一方有虐待、遗弃家庭成员行为的，受害人可以提起离婚诉讼，并主张离婚损害赔偿。同时遗弃行为的受害人可以向人民法院提出要求另一方支付扶养费、抚养费、赡养费的诉讼请求。

2. 行政责任

《治安管理处罚法》第 45 条规定："有下列行为之一的，处五日以下拘留或者警告：（一）虐待家庭成员，被虐待人要求处理的；（二）遗弃没有独立生活能力的被扶养人的。"所以当受害人遭受虐待或遗弃时可以第一时间向公安机关进行投诉、举报，以更好地维护自身的合法权益。

3. 刑事责任

《刑法》第 260 条、第 261 条规定了虐待罪及遗弃罪。虐待家庭成员，情节恶劣的，处二年以下有期徒刑、拘役或者管制；致使被害人重伤、死亡的，处二年以上七年以下有期徒刑。对于年老、年幼、患病或者其他没有独立生活能力的人，负有扶养义务而拒绝扶养，情节恶劣的，处五年以下有期徒刑、拘役或者管制。

虐待罪和遗弃罪都属于刑事自诉案件，但虐待罪实行"不告不理"原则，即被害人在遭受虐待后需要主动去人民法院起诉，法院才会受理并作出判决；如配偶一方涉嫌构成遗弃罪的，在被害人有证据证明加害人有遗弃行为时，被害人可以直接向人民法院起诉，也可以向公安机关报案，如经公安机关侦查认为加害人涉嫌遗弃犯罪，可以将案件移送人民检察院审查起诉，由人民检察院依法提起公诉。

第七节　诉讼离婚中的常见问题

一、《忠诚协议》是否有效？

典型案例

陈某磊与王某婕于2005年12月登记结婚，婚后生育一子陈某乙。婚后，陈某磊与婚外异性王某交往十分频繁，王某婕在家打扫卫生时偶然发现了王某写给丈夫的情书，王某不仅称呼陈某磊为“老公”还直接写明了王某怀孕的事实。王某婕决定找陈某磊问个明白，陈某磊知道自己与王某偷情的事情并不光彩，为了补偿妻子，2014年3月二人签订了婚内协议一份，约定“若陈某磊再出现婚外情的情况，离婚时则所有财产包括两套房产均归王某婕所有，儿子陈某乙由王某婕抚养”。签完协议后，陈某磊仍然与王某藕断丝连。

2016年1月，陈某磊起诉至法院要求离婚并分割两套房产，而王某婕则认为双方已经将房产等全部财产约定归自己所有，陈某磊无权请求分割。庭审过程中，双方均同意由陈某磊抚养儿子。

法院经过审理认为，儿子陈某乙由陈某磊抚养的情况下，王某婕仍要求陈某磊净身出户，该约定完全剥夺了陈某磊在财产上的权利，二人签订的婚内协议实质是忠诚协议，该协议中关于财产分割的约定不能作为夫妻财产分割的依据。最终法院判决一套房屋归陈某磊所有，一套房屋归王某婕所有。

律师分析

（一）忠诚协议的内涵

所谓“忠诚协议”是指男女双方在婚前或婚后，自愿签订的有关在婚姻关系存续期间双方恪守夫妻之间相互忠实之义务，并约定如果一方违反忠实义务成为过错方，在经济上对无过错方支付违约金、赔偿金、放弃部分或全部财产，或者在离婚时放弃孩子抚养权等内容的协议。现实中常见的名称有《忠诚协议》

《承诺书》《保证书》《悔罪书》《赔偿协议书》等。

（二）忠诚协议的效力认定

我国法律及相关司法解释对于忠诚协议的效力未有任何明确的规定，因此司法实践中，法院的裁判结果也并不一致。

部分法院认定忠诚协议无效，其主要观点为："夫妻应相互忠实"只是价值提倡且属于道德调整，在夫妻一方不存在离婚损害赔偿的法定情形的，约定的不忠赔偿应属于无效。法律不能过多地干涉人的私生活，属于道德领域的事情，法律不应强行介入调整。另外，夫妻忠诚协议属身份和财产相结合的协议，法律不允许通过合同或协议来设定人身关系，我国现行法律明确规定了婚姻自由原则和人身权法定原则，忠诚协议限制了当事人的人身权利，因而无效。案例中，法院认为，王某婕与陈某磊签订的婚内协议的本质属于忠诚协议，在婚生子陈某乙由陈某磊抚养的情况下，该约定完全剥夺了陈某磊在财产上的权利，该协议中关于离婚后财产分割的约定不应作为确定双方具体民事权利义务的约定，也不能作为夫妻财产分割的依据。

部分法院认定忠诚协议有效，其主要观点为："夫妻的忠诚义务虽不是法律强制必须履行的义务，但法律也未明文禁止当事人之间自行约定。作为夫妻之间应当恪守的行为标准，忠实义务可以与经济利益合法挂钩，以期得到较好的履行。法律中已明确规定夫妻有忠实的义务，违约赔偿的'忠诚协议'，实际上是对法律中抽象的夫妻忠实责任的具体化，完全符合法律的原则和精神。"

部分法院将忠诚协议认定为以离婚为条件的财产分割协议，一旦协议离婚未成，一方在离婚诉讼中反悔时，法院就依据《民法典婚姻家庭编解释（一）》第69条的规定认定该协议尚未生效并根据实际情况对夫妻共同财产进行分割。

在最高人民法院民法典贯彻实施工作领导小组主编的《民法典婚姻家庭编继承编理解与适用》一书中，作者倾向性地认为：夫妻之间签订忠诚协议，应由当事人本着诚信原则自觉自愿履行，法律不禁止夫妻之间签订此类协议，但也不赋予此类协议强制执行效力。如果法院受理此类忠诚协议纠纷，主张按忠诚协议赔偿的一方既要证明协议内容是真实的，没有欺诈、胁迫的情形，又要证明有违反忠诚协议的行为，可能导致为了举证而去捉奸，为获取证据窃听电话、私拆信件，甚至对个人隐私权更为恶劣的侵犯情形都可能发生，夫妻之间的感情纠葛可能演变为刑事犯罪案件，其负面效应不可低估。从整体社会效果考虑，法院对夫妻之间的忠诚协议以不受理为宜。另外，赋予忠诚协议法律强制力的后果之一，就是鼓励当事人在婚前签订可以"拴住"对方的忠诚协议，这不仅会加大婚姻成本，而且也会使建立在双方情感和信任基础上的婚姻关系变质。从法律不保护婚约的情况看，当事人双方如果约定，必须结婚，否则违约方要支付若干违约金等，对如此这般主张，法院不会予以支持。同样道理，忠诚协议实质上属于情感、道德范畴，当事人自觉自愿履行当然极好，如违反忠诚协议一方心甘情愿或赔偿若干金钱，为自己的出轨行为付出经济上的代价。但是如果一方不愿履行，不应强迫其履行忠诚协议，就如同超过诉讼时效的债权债务，是否履行全凭债务人的自愿。

由此可见，在法律及相关司法解释尚未对忠诚协议的效力作出规定前，各个地区及法院对忠诚协议的效力认定都是不同的。需要提醒读者注意的是，当事人应对双方签订的“忠诚协议”抱有清醒的认识，应当明确诉讼中忠诚协议效力有不被法院认可的风险。

忠诚协议被认定为无效也并不意味着忠诚协议就没有任何作用，依据《民法典》第 1087 条之规定，法院可以以照顾无过错方为原则分割夫妻共同财产，这也就是说即使忠诚协议被法院认定为无效，但其仍可以作为证明对方存在过错的依据，届时另一方可以据此要求法院在分割财产时照顾无过错方。

（三）签订忠诚协议的注意事项

当事人在签订忠诚协议约定内容时，应避免在协议中出现以离婚为条件的内容，否则就会存在被认定为《民法典婚姻家庭编解释（一）》第 69 条的以离婚为条件的财产分割协议，因双方未办理协议离婚手续最终被认定为该协议并未生效；避免出现限制某一方婚姻自由的内容，例如“不得离婚”“提出离婚者”，这类内容往往会因违反法律法规强制性规定而被认定为无效；避免约定未成年子女抚养权归属的内容；约定赔偿金或补偿金时应考虑过错方的收入及个人专有财产金额及其他经济状况，金额不宜过高，尽量避免净身出户等内容。

结合以上内容，提醒读者在签订忠诚协议时，应当遵循以下原则：（1）夫妻双方应当遵循平等自愿、诚实信用的原则，而不能采用威胁、强迫或欺骗的手段在违背另一方真实意思表示的情况下签订，并不得侵犯另一方的名誉、人身自由、身体健康、个人隐私等人格权和身份权，不得违反法律的强制性、禁止性规定；（2）忠诚协议约定的违反约定的惩罚，应当限定在另一方有能力支付的现实范围内，应能实际履行，这样才有可能最大限度地得到法律的保护。

二、离婚协议中自愿给付的补偿金是否属于精神损害赔偿？

典型案例

周某伟在赵某霞哺乳期内提出离婚，双方在离婚协议中约定“因男方提出离婚，男方自愿向女方支付60万元的精神损害赔偿”。离婚后，周某伟仅支付了10万元，赵某霞多次讨要未果，将周某伟告上了法院，要求周某伟支付剩余补偿款50万元。

案件审理过程中，周某伟认为自己无须再支付剩余50万元，其理由为：（1）双方因感情不和自愿离婚，只是因为自己先提出离婚，就需要支付赵某霞60万元精神损害赔偿金，明显不公平；（2）自己先提出离婚并非向赵某霞支付精神损害赔偿的法定情形；（3）10万元补偿款足以慰藉赵某霞，60万元赔偿数额巨大，不符合法律规定。

法院认为，双方签订的《离婚协议书》系双方当事人真实意思表示，且不违反法律、行政法规的强制性规定，该约定合法有效。其中补偿条款也是双方为离婚而自愿达成的协议内容之一，其实质是周某伟自愿给付赵某霞的补偿，而非精神损害赔偿款。该补偿条款作为《离婚协议书》的一部分亦合法有效，周某伟应按照补偿条款的约定履行给付义务。

律师分析

（一）离婚协议约定的补偿条款是否属于精神损害赔偿？

精神损害赔偿以自然人的人格权受到侵害为前提，赔偿数额根据侵权人的过错程度，侵害的手段、场合、行为方式等具体情节，侵权行为所造成的后果，侵权人的获利情况，侵权人承担责任的经济能力，受诉法院所在地平均生活水平六个因素确定。过错方因实施《民法典》第1091条规定的过错行为而产生的精神损害赔偿属于法定之债。

赵某霞、周某伟签订的离婚协议中的补偿条款因双方当事人之间的约定而产生，属于意定之债。对于离婚协议中补偿条款的理解不能因为该条款存在“精神损害赔偿”字眼就直接认定该条款为精神损害赔偿，认为只有当事人实施了《民法典》第1091条规定的过错行为才能给付补偿金，这明显违背了双方签订离婚协议的本意，亦不利于维护在婚姻中实际受到损害一方的利益。

（二）周某伟是否应当支付离婚协议约定的剩余补偿款？

周某伟、赵某霞签订的离婚协议系双方对离婚、子女抚养权、共同财产分割、债权债务处理、补偿等事宜达成的一致意见，是双方真实的意思表示，不存在欺诈、胁迫等情形，未违反法律、行政法规的强制性规定，合法有效。

离婚协议约定的60万元的补偿款，反映了双方的真实意思，是民法中意思自治原则的体现。该内容与子女抚养权、共同财产分割、债权债务处理从整体上紧密联系，互为前提，是夫妻双方对离婚整体利益权衡后的合意，对双方具有约束力，所以周某伟应当按照离婚协议的约定支付剩余补偿款50万元。

三、婚内财产约定

典型案例

吴某系某上市公司老总的独生女，2015年吴某留学归来认识了林某平，相恋不久二人就办理了结婚登记，吴某父母为了避免家业外散要求吴某与林某平签订《夫妻财产约定协议书》（以下简称《协议书》），《协议书》中明确约定吴某名下的公司股权为吴某个人所有，与林某平无关。婚后吴某父母为两人购买的房产价值高的归林某平所有，另一套归吴某所有。

面对这份《协议书》，林某平虽觉得内心非常憋屈，但还是签了字。婚后因两人三观不和，林某平决定离婚。离婚前林某平咨询了北京济和律师事务所合伙人王秀全律师，问能否以违背自己意愿为由，请求法院撤销该《协议书》，王律师认为：在没有证据证明《协议书》是在欺诈、胁迫或重大误解等情形下所签订，仅以违背自己意愿为由要求确认《协议书》无效或请求撤销《协议书》，法院不会支持该项请求，双方签订的《协议书》系对婚姻关系存续期间所得的财产的约定，符合法律规定，应按照协议内容履行。

最终，经律师调解，在尊重《协议书》约定的财产权利的前提条件下，考虑到林某平对家庭付出较多劳动，在房产的分割上对林某平进行了适当照顾。

律师分析

（一）明确约定财产制的内涵及主要法律依据

1. 约定财产制的内涵

夫妻约定财产制是指法律允许夫妻用协议的方式，对夫妻在婚前和婚姻关系存续期间所得财产的所有权的归属、管理、使用、收益、处分以及对第三人债务的清偿、婚姻解除时财产的分割等事项作出约定，从而排除或部分排除夫妻法定财产制适用的制度。

约定财产制是相对于法定财产制而言的，它是夫妻以契约的方式依法选择适用的财产制，而法定财产制是依照法律直接规定而适用的财产制，约定财产制具有优先于法定财产制适用的效力。只有在当事人未就夫妻财产作出约定，或所作约定不明确，或所作约定无效时，才适用夫妻法定财产制。案例中吴某与林某平的《协议书》约定吴某名下的公司股权为吴某个人所有，与林某平无关。《协议书》内容并未违反法律、法规的强制性规定，且是在双方真实意思表示下签订的，不存在欺诈、胁迫或重大误解等情形，属于合法有效的协议。正是这份《协议书》直接导致了林某平在离婚时并未分得公司的股权。

2. 约定财产制的法律依据

《民法典》施行之后，约定财产制的主要法律依据为《民法典》第 1065 条。该条明确规定，男女双方可以约定婚姻关系存续期间所得的财产以及婚前财产归各自所有、共同所有或者部分各自所有、部分共同所有。约定应当采用书面形式。没有约定或者约定不明确的，适用本法第 1062 条、第 1063 条的规定。夫妻对婚姻关系存续期间所得的财产以及婚前财产的约定，对双方具有法律约束力。夫妻对婚姻关系存续期间所得的财产约定归各自所有，夫或者妻一方对外所负的债务，相对人知道该约定的，以夫或者妻一方的个人财产清偿。

3. 夫妻财产约定与以离婚为目的签订的财产分割协议的区别

夫妻约定财产制应与以离婚为目的签订的财产分割协议相区别。当事人达成的以登记离婚或者到人民法院调解离婚为条件的财产分割协议，如果双方离婚未成，一方在离婚诉讼中反悔的，人民法院应当认定该财产分割协议没有生效，并根据实际情况依法对夫妻共同财产进行分割。

夫妻财产约定与以离婚为目的签订的财产分割协议都会涉及夫妻共同财产的处理问题。但不同的是，以离婚为目的签订的财产分割协议是夫妻双方因解除婚姻身份关系，就未成年子女抚养问题以及夫妻共同财产分割问题达成的一揽子协议，协议条款内容具有整体性、不可分割。以离婚为目的的财产分割协议涉及身份关系问题，只有夫妻双方的婚姻身份关系解除了，相应的财产分割条款才会生效，只签订离婚协议书但不办理协议离婚手续的，财产分割协议不会生效，任何一方均有权反悔。而夫妻财产约定除非设定了附加条件，一般情况下双方签字即对双方产生法律约束力。

4. 夫妻财产约定与夫妻之间赠与的区别

夫妻财产约定只要是双方的真实意思表示，且不违背法律的禁止性规定即对夫妻产生法律拘束力，双方均需要按照协议约定履行相应的义务，任何一方均不得随意撤销，否则将有悖于诚实信用原则。《民法典婚姻家庭编解释（一）》第 32 条明确规定，婚前或者婚姻关系存续期间，当事人约定将一方所有的房产赠与另一方，赠与方在赠与房产变更登记之前撤销赠与，另一方请求判令继续履行的，人民法院可以按照《民法典》第 658 条的规定处理。

夫妻财产约定协议书不同于普通的经济合同，由于夫妻之间具有特殊的身份关系，夫妻双方在达成财产约定时往往考虑了很多道德伦理因素，例如夫妻感情、一方是否存在过错等。为了尊重当事人的真实意思表示、平衡各方的利益，在双方无明确赠与意思表示的情况下，应当将此类约定认定为夫妻财产约定。例如，婚姻关系存续期间夫妻二人购买了一套位于北京市海淀区的房屋，但由于某种原因该房屋只登记在男方名下。后夫妻双方签订协议书约定，北京市海淀区房屋的所有权归女方所有，但协议书签订后双方并未办理过户登记手续。那么当夫妻二人因北京市海淀区房屋的所有权产生纠纷时，男方不能以未完成房屋过户登记手续为由撤销赠与，因为夫妻二人对北京市海淀区房屋所有权的约定并无明确的赠与意思表示，该协议书本质上应属于夫妻财产约定，男方不能行使任意撤销权，而是应当按照协议书的约定配合女方办理房屋过户登记手续。

（二）夫妻财产约定须符合的法律要件

1. 主体方面，要求缔约双方必须具有合法的夫妻身份，婚前同居的男女对财产关系的约定，不属于夫妻财产约定。

2. 缔约双方必须具有完全民事行为能力，无民事行为能力人或限制民事行为能力人签订的《夫妻财产约定协议书》会面临无效或被撤销的风险。

3. 约定必须双方自愿。夫妻对财产的约定必须出于真实的意思表示，以欺诈、胁迫或乘人之危等手段使对方在违背真实意思的情况下作出的约定，一方有权请求人民法院撤销。

4. 约定的内容必须合法，不得违反法律的强制性规定，不能违背公序良俗。约定的财产必须是双方有权处分的财产，如处分了其他家庭成员的共有财产，则相应的约定不具有法律效力。

5. 约定必须采用书面形式。《民法典》第 1065 条明确规定，夫妻财产约定必须采用书面形式。

现实案例中，有一对夫妻在结婚初期，男方口头承诺婚后所得的财产全部归女方所有，为了防止男方反悔，女方特意进行了录音。后双方感情破裂离婚时女方拿出上述录音证明双方存在夫妻财产约定的事实，但因男方在庭审时矢口否认，最终法院认为女方主张的上述婚姻财产约定因不具备书面形式而无效，并最终按照法定财产制分割了夫妻共同财产。

（三）夫妻财产约定的范围及内容

夫妻财产约定的范围非常广，既可以是婚姻关系存续期间的财产，也可以是婚前财产；夫妻之间既可以将上述财产约定归夫妻双方各自所有、共同共有，也可以约定部分归各自所有、部分共同共有。下例为夫妻双方将婚姻关系存续期间的房产约定归女方个人所有："男、女双方明确约定：本协议自双方签字生效之日起，北京市朝阳区建国路 7 号院 4 号楼 × 单元 ×× 室（建筑面积：70.54 平方米，房产证号：× 京房权证朝字第 ×× 号）归女方个人所有，与男方无关。本协议自双方签字生效之日起，男方不再享有该房产的占有、使用、收益、处分等所有权能。"

（四）理性地思考：为什么要签署夫妻财产约定协议？

对于大多数做了财产约定的夫妻而言，签订夫妻财产约定协议的目的是使婚姻关系存续期间所得的财产或婚前财产的"产权清晰"。对于高净值家庭人士而言，签订夫妻财产约定协议的主要目的是保有自身财富，以致在发生"婚变"时财产不至于大幅缩水，案例中，吴某与林某平所签订《协议书》的目的就在于此。

在中国人的传统观念中，男、女双方走进婚姻殿堂，就意味着要共组一个小家庭，感情上双方要互相信任，财产上应不分彼此，均应为小家庭无私奉献。但是，随着我国改革开放后国民经济的飞速发展及个人财富的快速增长，人们思想观念转变，加之现今社会离婚率不断攀升，对感情的高质量追求及在婚姻发生变故时对自身财富的保护与传承，受到越来越多人的关注。与婚姻相关联的财产问题已不再是人们难于启齿的事项。

现如今，大众普遍接受教育水平较高，且受西方文化影响，加之现在很多夫妻之间财富差距悬殊导致财富比例失衡。为了能够让夫妻双方在婚姻生活中保持平等的地位，并拥有相对纯洁的感情，很多人接受签订夫妻财产协议。

也有一些人思想观念比较传统，认为既然谁的财产谁来保管，谁挣的钱谁花，就错误地认为这就是事实上的夫妻财产约定。还有一些夫妻在结婚之初根本未想到夫妻财产协议这回事，等到出现严重家庭问题时才亡羊补牢，这种情况下反而不好处理。

总之，不管什么情况下，婚姻是以感情为基础的，而达成夫妻财产协议不仅不会淡化夫妻感情，反而会因为对婚姻双方财产的归属有了明确的约定，能够从某种程度上避免出现更多的纠纷，让婚姻中双方的感情更加亲密，夫妻各方权利义务更加明确。另外，现代社会的离婚率居高不下，未雨绸缪，事先作出约定，一旦离婚则可以避免双方对财产产生纷争，进而达到好聚好散的目的。

（五）婚内财产约定协议绝非必需，应因人而异

婚内财产约定并不适用于大多数中国家庭，若操作不当有可能会伤害到夫妻感情。案例中，吴某是某上市公司老总的独生女，又接受了现代化的教育和思想文化，在观念上能够接受对夫妻共同财产进行约定，但我们也应注意到，在财产上吴某占有优势，对签订夫妻婚内财产约定起了主导作用。而林某平虽然经过其反复考虑最终也同意签订婚内财产约定协议，但给其内心带来了巨大的阴影，这也是其选择离婚的重要原因之一。一份协议书成了“压垮骆驼的最后一根稻草”。

四、婚前财产与婚内个人专有财产

典型案例

父母专门赠与一方的财产，离婚时如何分割?

李某1在2007年以个人名义购买了北京市海淀区×小区×号房产（以下简称海淀房产）并办理了贷款，产权登记在自己名下。

2009年9月李某1与赵某登记结婚，婚后二人因家庭琐事导致感情破裂。偶然一次机会，李某1听到赵某与父母说打算离婚。李某1想到离婚后赵某可能会分走海淀房产的一部分份额，不知如何是好，于是李某1专门咨询了律师。

根据律师的建议，2012年6月15日，李某1与父亲李某2、母亲赵某兰签订了一份赠与合同。合同内容主要为：（1）李某2、赵某兰赠与李某1人民币1539906.68元用以解除海淀房产的抵押；（2）1539906.68元只赠与李某1个人，与其妻子和家庭无关；（3）赠与采用转账的形式，转至李某1名下卡号为×××××的借记卡中。2012年6月18日，李某1用此笔款项清偿了海淀房产的全部贷款。

2013年10月赵某起诉离婚并要求分割海淀房产。庭审过程中，赵某主张婚后还贷的款项全部为夫妻共同财产，要求获得这部分款项及其相对应增值部分的二分之一的补偿金。但李某1认为婚后还贷部分其中有1539906.68元来自李某2、赵某兰对李某1个人的赠与，不属于夫妻共同财产，这部分款项及其相对应增值部分不应算入补偿，最终法院支持了李某1的诉求。

律师分析

（一）在精准理解法律条款的基础上，灵活运用法律工具

1. 婚后共同还贷及对应增值

《民法典婚姻家庭编解释（一）》第78条规定，夫妻一方婚前签订不动产买卖合同，以个人财产支付首付款并在银行贷款，婚后用夫妻共同财产还贷，不动产登记于首付款支付方名下的，离婚时该不动产由双方协议处理。依前款规定不能达成协议的，人民法院可以判决该不动产归登记一方，尚未归还的贷款为不动产登记一方的个人债务。双方婚后共同还贷支付的款项及其相对应财产增值部分，离婚时应根据《民法典》第1087条第1款规定的原则，由不动产登记一方对另一方进行补偿。

需要注意的是，在前提条件不变的情况下，上述司法解释强调的是“婚后共同还贷支付的款项及其相对应的增值部分”，婚后一方的工资、奖金、住房公积金等，在夫妻之间没有特殊约定（如未约定各自所有、部分各自所有、部分共同所有等）的情况下，应属于夫妻共同财产。如果用这部分款项偿还银行贷款，即便是个人挣的钱也属于共同还贷，如涉及夫妻离婚，这部分款项及对应增值仍要分割。

2. 用个人财产解除房屋抵押贷款，不属于共同还贷

用个人财产偿还贷款，可以有效地减少“婚后共同还贷”。婚后共同还贷的款项少了，相对应的增值必然降低。《民法典》第1063条第3项明确规定了赠与合同中确定只归夫或妻一方的财产不作为夫妻共同财产。赠与人（一般为父母）如在书面的赠与合同中明确表示赠与的款项归子女个人所有，与子女的配偶无关，在排除赠与合同无效的情况下，应属于一方的个人财产。用一方的个人财产归还剩余的银行贷款，可以有效地减少婚后共同还贷款项，从而也相应地减少还贷款项对应的增值。本案中，李某1与父亲李某2、母亲赵某兰签订的赠与合同明确约定了李某2、赵某兰将人民币1539906.68元赠与李某1个人，与其妻子和家庭无关。此内容符合《民法典》第1063条第3项的规定，此部分款项应属于李某1的个人财产，用此个人财产解除海淀房产的抵押贷款，不属

于夫妻共同还贷。最终李某1与赵某离婚时，赵某并未分得此部分款项及对应的增值部分。

（二）赠与合同是否需要公证

律师建议当事人在签订赠与合同时尽量到公证处进行公证。经过公证的赠与合同，如作为证据使用，一般可以认定为双方当事人的真实意思表示，且可以有效地避免现实生活中当事人恶意串通倒签赠与合同的情形。

（三）赠与合同的签订及履行应注意的事项

细节决定成败，父母专门赠与自己子女一方的财产而签订的赠与合同，应注意以下细节：

1. 赠与合同采用书面形式

现实中，为了使赠与方与受赠方的权利义务得到保障，赠与合同应采用书面形式，对赠与内容进行明确约定，以防出现后续纠纷。

2. 受赠与对象应具体

如写明赠与财产是给予自己子女，不包括配偶或其家庭，或与其配偶及家庭无关。

3. 赠与款项的用途须明确

如写明赠与款项系用于解除李某1名下位于北京市海淀区 × 小区 × 号房产（房产证号：×××××）的房屋贷款抵押。

4. 赠与款项汇入专用账号

应写明赠与财产存入指定专用账户，如通过银行转账形式存入李某1还贷专用账户（卡号：×××××），留存证据以备后续使用。

5. 汇款时注意留言

在汇款备注栏标记类似“赠与某某个人专有，用于房屋解抵押”的字样，以证明是赠与自己子女个人，并防止挪作他用。

五、离婚时，彩礼如何处理？

典型案例

赖某经人介绍认识了邱某，两人一见如故，2021年4月举行了订婚仪式，赖某按当地习俗送给邱某一个价值约1.5万元的金手镯以及8.8万元彩礼钱。由于邱某未到结婚年龄，两人决定年底举办婚礼。5月20日，邱某因头痛住院治疗，在医院被诊断为精神性头痛、精神分裂症。赖某此时才知道，原来邱某和他订婚前就患有精神病，且并未痊愈。赖某感觉自己受到了欺骗便向邱某提出退婚，并要求其退还金手镯及彩礼钱。但邱某并不同意，她称自己已经与赖某发生了性关系，并且彩礼钱在看病时已经花完了。由于双方意见分歧较大，6月9日，赖某将邱某诉至法院，要求其返还彩礼。

律师分析

（一）虽举行订婚仪式但未办理结婚登记，彩礼应当返还

我国实行婚姻自由制度，男女结婚必须完全自愿，符合结婚条件的男女双方必须亲自到婚姻登记机关进行结婚登记，完成结婚登记的，才确立婚姻关系。男女双方按照习俗举行的订婚，不属于法定的结婚程序，因此不具有法律效力，且在订婚仪式上所作的承诺，也是没有法律约束力的，比如书面婚约，亦属于无效条款。如果有一方违反婚约不打算结婚，并不需要承担损害赔偿责任。案例中，因赖某与邱某只是订立婚约，举行了订婚仪式，双方并没有到民政部门办理结婚登记手续，所以双方之间的婚姻关系并未成立。

根据《民法典婚姻家庭编解释（一）》第 5 条的规定，婚前收受彩礼只是一种约定俗成的民间习惯，男女双方如未办理结婚登记手续，给付彩礼的一方请求返还彩礼的，收受彩礼的一方应当返还彩礼。所以，法院应依法判决邱某返还赖某彩礼钱 8.8 万元及金手镯。

（二）妻子隐瞒精神病史，丈夫有权撤销婚姻

假如女方在结婚前未如实告知男方自己患有重大疾病，男方是在婚后才发现女方有精神病且未痊愈，这种情况下男方是否有权撤销婚姻?

《民法典》第 1053 条规定，一方患有重大疾病的，应当在结婚登记前如实告知另一方；不如实告知的，另一方可以向人民法院请求撤销婚姻。请求撤销婚姻的，应当自知道或者应当知道撤销事由之日起一年内提出。《婚姻法》第 10 条规定，婚前患有医学上认为不应当结婚的疾病，婚后尚未治愈的属于无效婚姻。《民法典》第 1053 条修改了《婚姻法》第 10 条的规定，婚前患有重大疾病婚后尚未治愈的不再属于无效婚姻，而是要区分患病者是否在结婚登记前履行了如实告知义务，如患病者未如实告知的，另一方有权向法院请求撤销婚姻。如果赖某是在婚后发现邱某的精神疾病，邱某在双方办理结婚登记前又没有如实告知赖某自己患病事实的，即使双方办理了结婚登记，赖某仍有权请求法院撤销婚姻。

六、离婚案件中，会处理婚姻关系存续期间缴纳的住房公积金吗？

典型案例

陈某与李某系夫妻关系，婚后两人的家庭模式为“男主外，女主内”。陈某在某科技公司担任销售总监，月收入5万余元，李某在家照顾孩子及老人。时间一长，两人的关注点不在一个平台，三观开始产生分歧，共同语言也越来越少。

因感情不和，双方自2016年2月开始分居，分居后二人的感情更是急转直下，2018年7月，二人商量后均同意解除婚姻关系，但在分割陈某名下的住房公积金时产生了争议，李某主张住房公积金属于夫妻共同财产，李某享有婚姻关系存续期间陈某住房公积金账户一半的份额，而陈某则认为住房公积金是单位与自己共同缴存的，应当属于单位的职工即自己所有，李某并非某科技公司职工，其无权分割。

律师分析

（一）住房公积金是否属于夫妻共同财产？

《民法典》第1062条规定：“夫妻在婚姻关系存续期间所得的下列财产，为夫妻的共同财产，归夫妻共同所有：（一）工资、奖金、劳务报酬；（二）生产、经营、投资的收益；（三）知识产权的收益；（四）继承或者受赠的财产，但是本法第一千零六十三条第三项规定的除外；（五）其他应当归共同所有的财产。”《民法典婚姻家庭编解释（一）》第25条规定，婚姻关系存续期间，男女双方实际取得或者应当取得的住房补贴、住房公积金属于其他应当归共同所有的财产。因此，在陈某与李某的婚姻关系存续期间，陈某取得的住房公积金属于夫妻共同财产。

（二）住房公积金如何分割？

《住房公积金管理条例》第24条规定：“职工有下列情形之一的，可以提取职工住房公积金账户内的存储余额：（一）购买、建造、翻建、大修自住住房的；（二）离休、退休的；（三）完全丧失劳动能力，并与单位终止劳动关系的；（四）出境定居的；（五）偿还购房贷款本息的；（六）房租超出家庭工资收入的规定比例的……”根据上述规定可知，住房公积金的提取应符合相关法律规定的条件，而离婚并不是提取住房公积金的法定事由，所以在实践中，法院结合双方离婚时互相给付的实际情况，为便于执行，法院往往裁判：住房公积金归一方所有，由取得住房公积金的一方给付另一方相应的折价款。

七、离婚时，网店、游戏装备都能分割

典型案例一

2015年，张女士与王先生登记结婚，婚后未生育子女。2021年2月，王先生和张女士因感情不和协议离婚。分割财产时，王先生要求张女士将婚后开设的淘宝网店转到自己名下。张女士不同意，王先生就把张女士告到法院，要求分割淘宝网店。

典型案例二

小明和小惠都是网游爱好者。二人因玩网络游戏而相识，共同的爱好让二人坠入爱河，不久二人就办理了结婚登记手续。可现实生活毕竟不同于网络。婚后，两人摩擦不断。由于二人都爱玩游戏，家务活谁也不愿意做，家中凌乱不堪，两人谁也不收拾，还互相指责。最后小明到法院起诉离婚。离婚时，双方不仅要求分割实物财产，还要分割婚后共同玩游戏而获得的游戏装备。

律师分析

（一）虚拟财产是否属于夫妻共同财产？

虚拟财产在本质上是一组保存在服务器上的数字信息，其依附于特定的虚拟社区空间或网络游戏而存在，具有一定的使用价值与交换价值。《民法典》第127条规定，法律对数据、网络虚拟财产的保护有规定的，依照其规定。该规定明确了数据、网络虚拟财产的财产属性，填补了我国法律在虚拟财产保护问题上的空白。

游戏账号、游戏金币和虚拟装备，网店及域名，网聊软件号码，电子邮箱，名人微博等都属于虚拟财产。如果说夫妻离婚涉及虚拟财产，一方或双方提出分割请求的，可以进行分割。依照我国法律的相关规定，夫妻在婚姻关系存续期间开设淘宝网店，如果夫妻二人都为其经营付出了心血，网店本身以及其经营收益、现有存货、支付宝余额等都属于夫妻共同财产。因此，离婚时都可以进行财产分割。案例二中，小明和小惠的游戏装备也是双方投入了精力和时间

以及金钱才得到的虚拟财产，而且好的网游装备转让时可以卖出很高的价格。因此，淘宝网店和游戏装备，都具有明显的财产属性，均应视为法律意义上的夫妻共有财产，对其可以进行分割。

（二）淘宝网店虚拟财产如何分割？

随着互联网的发展，淘宝网店已经成为很多家庭的收入来源，淘宝网店的价值一般体现在四个方面：一是现有存货；二是支付宝账户中的资金余额；三是淘宝网店的债务；四是淘宝网店的客户资源和信用等级、好评率所带来的无形价值。淘宝网店中的存货、支付宝账户中资金余额和店铺债务属于典型的实体财产，在夫妻离婚时，直接适用民事法律的规定，按夫妻共同财产分割即可，一般不会存在争议，但淘宝网店的客户资源和信用等级、好评率所带来的无形价值的分割往往会存在争议。

我国法律对虚拟财产只作出了原则性的规定，对虚拟财产的占有、管理、使用、收益、处分、分割都没有明确的规定；淘宝网店的客户资源和信用等级、好评率等虚拟财产也没有具体的价值认定标准，即使进行价值评估也耗时耗力；淘宝网店有内部规定，网店需要实名注册登记，且不得转让、继承。司法实践中法院对淘宝网店的分割往往以调解为主，如调解不成的，分割淘宝网店与其他夫妻共同财产的分割原则基本一致。首先，根据淘宝网店的注册时间确定淘宝网店是一方的个人财产还是夫妻共同财产。其次，如果淘宝网店属于夫妻共同财产，法官综合淘宝网店登记人、淘宝网店的经营人、是否还有其他网店等因素来确定淘宝网店的经营主体，由最终的经营主体对另一方给予补偿，但补偿金额并没有统一的标准。需要提示的是，不论淘宝网店是属于一方的个人财产还是属于夫妻共同财产，婚姻关系存续期间获得的收益均属于夫妻共同财产。

八、离婚涉及第三人利益，应另案处理

典型案例

李某和孙某1在2010年7月登记结婚，婚后生活相对美满。结婚8年，孙某1发现丈夫竟然背着自己多次吸毒，孙某1提出离婚，李某开始时明确拒绝，后在孙某1的坚持下勉强同意。双方对各自名下的财产都已协商好具体的分割方案，但在分割双方共同出资与朋友小吴一起经营的“金钻会所”及与孙某1

堂哥孙某2一起投资购买的底商时，双方出现了严重分歧。财产的共有人小吴和孙某2都不希望两人离婚，怕影响财产价值，不同意配合分割。

孙某1一怒之下将李某告上了法庭。庭审中，孙某1坚决要求离婚，并要求分割所有的夫妻共同财产，包括“金钻会所”和底商。李某同意离婚并分割夫妻共同财产，但其认为“金钻会所”和底商不能分割，“金钻会所”和底商的产权结构较复杂，财产价值近5000万元，并不完全属于夫妻共同财产。李某还提交了其他共有人不同意实际分割的书面意见，建议孙某1按照共有财产纠纷另行主张权利。

律师分析

离婚财产分割，即夫妻共同财产分割，是指离婚时依法将夫妻共同财产划分为各自的个人财产。《民法典》第1062条明确了夫妻共同财产是在夫妻关系存续期间取得的财产并概括规定了夫妻共同财产的内容。夫妻共同财产的分割有协议分割和判决分割两种做法，但不论采取何种分割方式，在离婚案件中只能分割夫妻双方的共同财产，且要求产权是清晰的，不能存在权属上的争议。

李某、孙某1所要求分割的财产（如：金钻会所、底商）因涉及第三人的财产份额及财产利益，属于财产权属不明晰的财产。二人对金钻会所、底商尚未享有完全的所有权，如在离婚案件中一并处理，会损害第三人的合法权益。对于此类案件的处理，法院可先判决离婚，同时依法分割权属清晰的夫妻共同财产，涉及金钻会所、底商的分割事宜待另案处理。

第三章

涉外离婚

第一节　如何理解涉外离婚案件中的“涉外因素”

一、涉外因素中的“人”

典型案例

一方为中国公民，另一方为外国人，是否为涉外离婚案件？

黄某飞是一家外贸公司的老总，公司主要业务是向韩国出口玩具。2015年12月黄某飞经人介绍认识了韩国美女刘某，两人一见如故很快坠入了情网。

2016年2月14日，黄某飞、刘某在北京市通州区民政局办理了结婚登记手续。但由于二人婚前了解较少，再加上文化的隔阂，相处不久刘某就觉得双方的人生观、价值观不一致。刘某曾多次与黄某飞协商协议离婚事宜，但黄某飞每次都不同意。无奈之下，2017年3月刘某向法院提起离婚诉讼。问，本案是否属于涉外离婚案件？

律师分析

案例中，黄某飞与刘某虽然是在中国内地办理的结婚登记手续，但由于刘某属于韩国公民，根据相关的法律及司法解释的规定，当事人一方为外国公民的属于涉外民事案件，故本案属于涉外离婚案件。

二、涉外因素中的“涉外财产”

典型案例

双方均为中国人，在国外购买有房产，是否为涉外离婚案件？

2007 年 3 月季某、高某经人介绍相识恋爱，同年 7 月 18 日在北京市朝阳区民政局登记结婚。婚后，二人一直在美国生活，婚姻关系存续期间，季某购买了加利福尼亚州博蒙坦市 ×× 房屋（以下简称加利福尼亚房屋）一套，用夫妻共同财产支付了 20.5 万美元的购房款，婚后夫妻二人共同还贷。2015 年 2 月，双方因感情不和开始分居，高某遂离开美国，返回国内，回国后一直居住在北京市朝阳区，分居后两人从未有过任何联系。为了结束这段名存实亡的婚姻，2018 年 2 月，高某向法院起诉离婚并要求分割加利福尼亚房屋，案件审理过程中，双方当事人因本案是否属于涉外离婚案件产生了争议。

律师分析

案例中，虽然季某与高某均系中国公民，双方办理结婚登记也在中国，但双方的夫妻共同财产加利福尼亚房屋在中华人民共和国领域外，所以本案属于涉外离婚案件。

三、涉外因素中的其他因素

典型案例

配偶在国外，如何办理离婚手续？

高某与 Anna 于 2006 年 2 月在北京市大兴区办理了结婚登记。高某为中国公民，Anna 为澳大利亚公民。二人结婚后一直居住在北京市丰台区，2015 年 2 月，Anna 以回家探亲为由返回澳大利亚，自此以后未返回中国。高某曾多次前往澳大利亚接 Anna 回家，但 Anna 每次都对高某爱搭不理，并表明自己适应不了中国的饮食文化，如果高某打算和自己继续生活就来澳大利亚居住，否则就离婚。慎重考虑后，高某决定和 Anna 离婚，Anna 也同意离婚。那么，在 Anna 身在国外的情况下，双方应当如何办理离婚手续？

律师分析

解除夫妻之间的婚姻关系只能通过两种方式：第一种是协议离婚；第二种是诉讼离婚。依据《婚姻登记条例》的相关规定，办理协议离婚的夫妻双方应当亲自、共同到婚姻登记机关办理，本案中 Anna 身在澳大利亚，拒不返回中国，所以二人无法办理协议离婚手续，高某只能采取诉讼离婚的方式来解除双方之间的婚姻关系。

第二节 涉外离婚案件的管辖与法律适用

一、涉外离婚案件管辖的法律依据

典型案例

夫妻双方都为香港居民，诉讼离婚的，内地法院是否具有管辖权？

张某兆与梁某于 2002 年 2 月在我国香港地区登记结婚，双方均系香港居民。2010 年 12 月、2011 年 2 月 17 日张某兆、梁某分别向北京市朝阳区人民法院、香港特别行政区区域法院提起离婚诉讼，法院都以对本案无管辖权为由驳回了当事人的起诉。

2015 年 7 月 8 日，张某兆再次向北京市朝阳区人民法院起诉离婚，法院依法受理了本案并向被告梁某送达了法律文书。梁某提出管辖权异议并提交了《居住证明》，认为自己的经常居住地为广东省珠海市香洲区，北京市朝阳区人民法院对本案无管辖权。北京市朝阳区人民法院审查后将本案移送至广东省珠海市香洲区人民法院。

2016 年 7 月 19 日，广东省高级人民法院报请最高人民法院指定管辖，其认为：之前生效裁判文书中显示梁某的居住地址为北京市朝阳区酒仙桥路 × 号，故北京市朝阳区人民法院对本案享有管辖权。

最高人民法院认为，本案为离婚纠纷，双方当事人均为香港特别行政区居民，但在中华人民共和国内地均有住所，内地人民法院对本案具有管辖权。《居住证明》的证明力明显优于生效裁判文书载明的居住地址的证明力，所以梁某的经常居住地为广东省珠海市，根据相关法律规定，珠海市辖区内的一审涉外、涉港澳台民商事案件集中由珠海横琴新区人民法院管辖，故本案应由珠海横琴新区人民法院审理。

律师分析

（一）夫妻双方都为香港居民，诉讼离婚的，内地法院是否具有管辖权？

案例中，张某兆与梁某均为香港居民且在香港办理了登记结婚，二人的离婚纠纷案，双方曾先后向北京市朝阳区人民法院及香港特别行政区区域法院提起离婚诉讼，但都因管辖问题而被驳回。最高人民法院则认为，虽然双方当事人均为香港特别行政区居民，但二人在中华人民共和国内地均有住所，故内地人民法院对本案具有管辖权。

依据《民事诉讼法》第21条，对公民提起的民事诉讼，由被告住所地人民法院管辖；被告住所地与经常居住地不一致的，由经常居住地人民法院管辖。当《居住证明》中与生效裁判文书中被告的居住地址不一致时，如何认定二者之间的效力？本案中，最高人民法院认为《居住证明》的证明力明显优于生效裁判文书载明的被告居住地址的证明力，据此最高人民法院认定梁某的经常居住地为广东省珠海市香洲区。因珠海市辖区一审涉外、涉港澳台民商事案件由珠海横琴新区人民法院集中管辖，所以本案应当由珠海横琴新区人民法院审理。

（二）夫妻双方均为外国居民，诉讼离婚的，我国法院是否有管辖权？

目前我国并无明确的法律条文规定中国法院对外籍夫妇的诉讼离婚是否有管辖权，所以各地的裁判标准也并不统一。

北京地区法院以“外国人在我国是否具有经常居住地”为标准来确定我国法院是否有管辖权，如果外国人在我国有经常居住地的，则我国法院就享有管辖权。

上海地区法院则通常采用“婚姻双方国籍”及“婚姻缔结地”为标准来确定我国法院是否具有管辖权，只要双方的国籍或婚姻缔结地有一个因素不涉外，我国法院就有管辖权。司法实践中，针对夫妻双方均是外国公民，办理登记结婚也在国外，但在我国起诉离婚的，目前上海地区的一般做法为，如双方能够达成调解协议的，法院一般会受理，对于不能达成调解协议的，如被告在国内有住所，原告在中国起诉离婚的，人民法院予以受理，若被告在中国并没有住所的，人民法院不予受理。

二、涉外离婚案件管辖法院如何确定？

典型案例

双方均为中国公民但曾外出务工，离婚时管辖法院如何确定？

齐某存与石某于2006年4月办理结婚登记，双方分别于2007年、2011年前往意大利务工，齐某存于2015年5月29日回国。2015年9月5日石某向其居住地青田县人民法院提起离婚诉讼，齐某存提出管辖权异议，认为自己现已回国生活，住所地为江西省新余市渝水区，本案应当由新余市渝水区人民法院管辖。

法院经审理后认为，根据《民事诉讼法司法解释》第15条“中国公民一方居住在国外，一方居住在国内，不论哪一方向人民法院提起离婚诉讼，国内一方住所地人民法院都有权管辖”的规定，齐某存作为居住在国内的一方，其住所地的江西省新余市渝水区人民法院对本案依法享有管辖权，被告的管辖权异议成立，故本案应当移送至江西省新余市渝水区人民法院审理。

律师分析

依据《民事诉讼法》第21条的规定，对公民提起的民事诉讼，由被告住所地人民法院管辖；被告住所地与经常居住地不一致的，由经常居住地人民法院管辖。一般来讲，涉外离婚案件中还是要依照“原告就被告”的原则来确定管辖法院，但由于涉外案件的特殊性，其存在一些特殊规则。

（一）夫妻双方均为中国公民，一方在国内，一方在国外，离婚时管辖法院如何确定？

依据《民事诉讼法》第22条的规定可知，对不在中华人民共和国领域内居住的人提起的有关身份关系的诉讼，由原告住所地人民法院管辖；原告住所地与经常居住地不一致的，由原告经常居住地人民法院管辖。依据《民事诉讼法司法解释》第15条规定可知，中国公民一方居住在国外，一方居住在国内，不论哪一方向人民法院提起离婚诉讼，国内一方住所地人民法院都有权管辖。

夫妻双方均为中国公民，诉讼离婚时一方在国内，一方在国外的，管辖法院的确定首先要认定不在中国居住的人是否系本案的被告，如果是则直接适用《民事诉讼法》第22条的规定，由原告住所地或经常居住地法院管辖，如果不是则适用《民事诉讼法司法解释》第15条的规定，由国内一方住所地法院管辖。

本案中，石某、齐某存均系中国公民，作为被告的齐某存已于2015年5月29日回国居住，作为原告的石某一直居住在意大利，所以本案不能适用《民事诉讼法》第22条的规定来确定管辖法院，而应当适用《民事诉讼法司法解释》第15条的规定，由国内一方住所地即齐某存的住所地江西省新余市渝水区人民法院管辖。

（二）夫妻双方均为中国公民且都在国外的，离婚时管辖法院如何确定？

依据《民事诉讼法司法解释》第16条、第17条的规定可知，如果夫妻双方已经办理了离婚且均定居在国外，二人仅仅是因国内财产分割产生争议而起诉的，主要财产所在地人民法院具有管辖权；如夫妻双方虽一直在国外但未定居的，原告或被告原住所地人民法院都具有管辖权。

（三）华侨离婚时管辖法院的特别规定

华侨是指在国外定居的具有中华人民共和国国籍的自然人，华侨属于中国公民。依据《民事诉讼法司法解释》第13条、第14条的规定可知，如华侨是在我国办理的结婚登记，定居国法院以离婚诉讼须由婚姻缔结地法院管辖为由不予受理的，基于属地管辖原则，我国法院有管辖权，由婚姻缔结地或者一方在国内的最后居住地人民法院管辖；如华侨是在国外办理的结婚登记，定居国法院以离婚诉讼须由国籍所属国法院管辖为由不予受理，基于属人管辖原则，我国法院有管辖权，由一方原住所地或者在国内的最后居住地人民法院管辖。

三、涉外案件的法律适用

典型案例

涉外案件处理内地财产时，适用内地法律还是境外法律？

张某良与徐某凤系夫妻，婚后育有一女张某欣，三人均系香港特别行政区居民。婚姻关系存续期间，徐某凤购买了上海市长宁区××路××号××幢房屋（以下简称上海房屋）一套，登记在徐某凤与张某欣名下。

2016年3月张某良提起诉讼，请求法院确认张某良对上海房屋享有50%的产权份额。庭审过程中，原被告双方对于法律适用问题产生了争议，张某良主张本案应当适用内地法律，而徐某凤、张某欣则主张适用香港地区法律。

法院经审理认为，本案属于涉外民事案件，实质是因婚姻关系所产生的财产争议，应优先选择适用《涉外民事关系法律适用法》第24条之规定，而非第36条之规定。因张某良与徐某凤无协商一致选择适用的法律，且双方也不存在共同的经常居所地，故本案应当适用双方的共同国籍国法律，即香港地区法律，最终法院根据香港地区的法律判决驳回了张某良的诉讼请求。

律师分析

（一）涉外离婚案件中，分割内地房产时如何选择法律适用?

本案中，因张某良、徐某凤、张某欣均系香港特别行政区居民，本案属于涉外民事案件。涉外民事关系适用的法律，应当依照《涉外民事关系法律适用法》予以确定。《涉外民事关系法律适用法》第24条规定，夫妻财产关系，当事人可以协议选择适用一方当事人经常居所地法律、国籍国法律或者主要财产所在地法律。当事人没有选择的，适用共同经常居所地法律；没有共同经常居所地的，适用共同国籍国法律。《涉外民事关系法律适用法》第36条规定，不动产物权，适用不动产所在地法律。

《涉外民事关系法律适用法》第24条尊重当事人的意思自治，允许夫妻双方协议选择调整夫妻财产关系的法律，只有在双方没有选择法律适用的情况下，才会适用共同经常居所地或共同国籍国法律。涉外民事案件中，当夫妻财产关系中包含房屋这类不动产时，《涉外民事关系法律适用法》第24条与第36条就会发生重合。我们首先要做的就是确定该涉外案件应当适用第24条还是第36条，这其实是在选择本案应适用的冲突规范，只有正确选择了冲突规范，才能确定适用哪个国家或地区的法律。

笔者认为，涉外案件中，因不动产权属引起的夫妻财产纠纷，是基于夫妻之间特定的身份关系而产生，将该案件归于夫妻财产关系更具有针对性。如果该不动产纠纷并非基于夫妻的特定身份而产生，且在《涉外民事关系法律适用法》没有其他特殊规定的前提下，应当以第36条为冲突规范去确定适用的法律。

本案中，虽然上海房屋属于不动产，但张某良是基于与徐某凤存在婚姻关系而主张对房屋享有利益，其实质仍应属于夫妻之间因财产问题产生的纠纷，所以应当适用《涉外民事关系法律适用法》第24条作为冲突规范。在张某良与徐某凤无协商一致选择适用的法律及共同经常居所地的情况下，适用双方的共同国籍国即香港地区的法律。

（二）公民的经常居住地与涉外案件中自然人的经常居所地有何区别？

公民的经常居住地是指公民离开住所地至起诉时已连续居住一年以上的地方，但公民住院就医的地方除外。自然人的经常居所地是指自然人在涉外民事关系产生或者变更、终止时已经连续居住一年以上且作为其生活中心的地方，但就医、劳务派遣、公务等情形除外。

虽然“经常居住地”与“经常居所地”仅一字之差，但二者之间的差别较大：（1）公民的经常居住地属于《民事诉讼法》中的概念，而经常居所地属于《涉外民事关系法律适用法》中的概念。（2）公民经常居住地的确定，由一个要素构成，即“连续居住一年以上”，而经常居所地由两个要素构成：一是“连续居住一年以上”；二是“作为其生活中心”，生活中心的确定需要当事人有在此地居住的主观意图以及客观的居住情况。（3）经常居所地排除了就医、劳务派遣、公务等非当事人主观意图在此地居住的情形，而经常居住地只排除了住院就医的情形。

第三节　涉外离婚案件的公证、认证

典型案例

起诉时原告提供未经公证、认证的起诉状，离婚诉讼被驳回

丁某与赵某于2015年4月5日登记结婚，婚后因家庭琐事争吵不断，丁某于2017年2月24日向人民法院提起离婚诉讼。案件审理过程中，自称是丁某委托代理人的薛某军向法院称，丁某本人在国外，本诉讼为丁某真实意思表示，离婚起诉状是丁某亲笔书写后邮寄给自己，由自己送至法院立案的。

法院经审查认为，对于境外当事人提交的起诉书，为证明签名的真实性，原告应当提供经过公证、认证的法律文件。本案中，原告丁某身在国外，但目前无证据可证明其在起诉状中签名的真实性，最终法院裁定驳回丁某的起诉。

律师分析

一、公证、认证的内涵

公证是指公证机构根据当事人的申请，依照法定程序对民事法律行为、事实和文书的真实性、合法性予以证明的行为，公证属于非诉活动。认证是指一国的外交、领事机关对经过公证的文件或法律文书中最后一个签名或印章是否真实进行鉴定的行为。

在国外形成的公证文书，如果该文书未经我国驻该国的使领馆认证，我国法院对该文书是否为公证机关所出具，公证文书中签名和印章真伪等情况都不得而知。如果公证文书经过了我国驻该国的使领馆认证，我国法院就能够确定公证文书的签名及印章的真实性，有利于我国法院更加准确地作出裁判。公证和认证往往是结合在一起进行的。

二、如何办理涉外与涉港澳台地区法律文书的公证、认证?

1. 外国法律文书的公证、认证

外国的法律文书或当事人在外国形成的书面材料（如授权委托书等）首先要在公证机关公证，然后到该国外交部进行认证，最后转交我国驻该国的使领馆进行认证。需要提示的是，如果我国与该国不存在外交关系，可以经与我国有外交关系的第三国驻该国使领馆认证，再转由我国驻该第三国使领馆进行认证。

2. 涉港澳台法律文书的公证、认证

我国香港地区法律文书的公证、认证：香港地区并没有专门的公证机关，当事人需要委托香港公证律师（由司法部指定）进行公证，并到中国法律服务（香港）有限公司加盖转递章后才能邮寄回内地使用。

我国澳门地区法律文书的公证、认证：需要在中国法律服务（澳门）有限公司办理相应的证明手续。

我国台湾地区法律文书的公证、认证：当事人需要先到台湾地区的公证机关公证，公证文件的副本寄交内地公证员协会进行核证，核证后的公证文书可以在内地使用。

三、公证、认证的注意事项

1. 时间限制

建议当事人在办理完公证手续后及时办理认证手续，公证文书有效期届满后，使领馆将不会再对该公证文书进行认证。婚姻状况公证、存款证明等都有一定的有效期，一般为 6 个月。

2. 需要公证的文件

依据《民事诉讼法》第264条的规定，在我国领域外递交的授权委托书应当进行公证、认证。一般来讲，起诉状或答辩状也应当进行公证、认证。至于其他材料，如离婚意见书、离婚声明书等文件是否需要进行公证、认证，因每个法院的要求不一致，建议当事人咨询当地法院后再决定是否需要进行公证、认证，避免立案或庭审时出现不必要的麻烦。

3. 翻译

对于域外形成的法律文书，如涉及外文的，向法院递交前一定要委托我国司法机关认可的翻译机构进行翻译，否则即使办理了公证、认证手续，也很有可能不被法院认可。

四、离婚诉讼中涉外证据的公证与认证

《最高人民法院关于民事诉讼证据的若干规定》（法释〔2019〕19号，以下简称《证据规定》），《证据规定》已于2020年5月1日生效，《证据规定》对涉外案件当事人提供的证据形式作出了修改，将域外证据区分为两大类：无须进行公证、认证的证据和需要进行公证、认证的证据。而需要进行公证、认证的证据又划分为两种：公文书证、涉及身份关系的证据，其中涉及身份关系的证据应当进行公证、认证，公文书证应当经过当地的公证机关证明或履行条约手续。除公文书证及涉及身份关系的证据外，其他普通民商事法律关系的证据无须进行公证认证。

在《证据规定》生效之前，我国法院对于当事人在中华人民共和国领域外形成的证据都要求进行公证、认证。虽然经过公证与认证的证据并不能直接作为认定案件事实的依据，但域外形成的证据未经公证、认证的，法院无法核实该证据的真实性，会对承担举证责任的一方当事人产生不利的影响，有的法院甚至以域外形成的证据未经公证、认证手续为由直接对该证据不予认可。

五、中国籍当事人诉讼时身在国外的，如何向法院提供材料？

中国籍当事人立案时身在国外的，可以从国外寄交或者托交经过公证、认证的起诉状、授权委托书；如当事人立案时在国内，开庭时不在国内的，可以在出国之前在国内的公证机关对授权委托书、离婚意见书等文件进行公证，或者在法院的庭审笔录中对律师进行特别授权，由律师代理其参加诉讼。

案例中，作为原告的丁某在立案时身在国外，且未按照法律规定办理相应的公证、认证手续，而是直接将离婚起诉状邮寄给委托代理人薛某军，由其送至法院立案。法院因无法核实离婚起诉状中丁某签名的真实性，最终驳回了丁某的起诉。

第四节 涉外离婚案件中的常见问题

一、离婚时，涉外房产我国法院会处理吗?

典型案例一

对涉外房产不予处理

2007年7月18日，刘某辉与贾某英在上海市徐汇区办理了结婚登记，婚后一直在美国生活。婚后不久，双方即因价值观、兴趣爱好、思维方式不同而经常争吵、冷战。2015年6月贾某英起诉要求与刘某辉离婚并分割婚后购买的坐落于美国马萨诸塞州 × 单元房屋（以下简称美国房屋）。

法院经审理认为，双方感情确已破裂故准予二人离婚，但由于美国房屋在美国，本院无法查明上述房屋的产权归属，更无法查明房屋出资情况，故在本案中对美国房屋不作处理，贾某英可另行主张权利。

典型案例二

对境外房产予以处理

刘某军与张某英原系夫妻关系，于2007年5月16日在内地登记结婚，2015年4月离婚。离婚后张某英向法院起诉要求分割澳门特别行政区俾利喇街××号××座房产（以下简称澳门房产）。经法院查明，2007年2月12日，刘某军作为购买人与出售人签订《承诺买卖合约》购买澳门房产并支付全部购房款。《承诺买卖合约》记载：刘某军，已婚，与妻子张某英，以取得共同财产制结婚。澳门物业登记局对澳门房产2007年3月12日的登录及附注记载产权人“刘某军，男性，已婚”，配偶姓名“张某英”，财产制度“取得共同财产制”。2010年5月20日登录及附注更正产权人之婚姻状况为“刘某军，男性，未婚，成年”，“而非妻子张某英以取得共同财产制结婚”。

法院经审理后认为，澳门房产购买时间早于双方登记结婚时间，即使刘某军购买澳门房产时在《承诺买卖合约》中记载其婚姻状况为已婚，且与张某英以取得共同财产制结婚，但因当时双方并未登记结婚，故不能以此作为双方对婚前财产达成一致约定的依据，澳门房产为刘某军婚前个人财产，张某英无权进行分割。

律师分析

（一）离婚时，房产在境外的我国法院会处理吗？

案例一中，面对贾某英分割美国房屋的请求，法院经过审理以“由于上述房屋在美国，本院无法查明上述房屋的产权归属，更无法查明房屋出资情况”为由对美国房屋不予处理。案例二中，面对张某英提出的分割澳门房产的诉讼请求，法院适用我国法律对该房产进行了处理。

离婚纠纷中境外房产的处理，案例一和案例二裁判结果截然不同。通过查询已经生效的裁判文书，有的法院会对境外房产作出处理，而有的法院则不予处理，所以目前司法实践中的标准也并不统一。

在分割夫妻共同财产的问题上，我国法律并未将夫妻共同财产作出境内、境外的区分，且并未禁止法院分割境外的夫妻共同财产，所以理论上法院是可以分割境外房产的。但现实是，由于房产并不在境内，法院查明涉案房产的难度大，如果当事人提供的证据存在瑕疵，法院很有可能会以此为由不予处理。此外，法院的裁判文书是否能够得到其他国家或地区的承认和执行具有不确定性，这些原因综合导致了我国法院对于境外房产分割的两难局面。

（二）涉外离婚案件中，法院不予分割境外房产的理由有哪些？

司法实践中，我国法院往往会以下列理由不予分割境外房产：（1）因无法查明境外房产产权属性以及夫妻双方出资情况，法院不予处理；（2）因无法核实财产的具体情况及价值，法院不予处理；（3）因证据存在瑕疵，例如未提供翻译件，无法确定外文材料的真实性，法院不予处理。

当事人可以从以下几个方面规避离婚时分割境外财产可能出现的风险：（1）为避免境外财产的所有权不明，建议夫妻之间对于境外财产签订协议明确所有权人并依照法律规定办理相应的手续。（2）针对境外财产，建议当事人妥善保管相应的凭证，例如购销合同、所有权证书、支付凭证等。（3）为避免出现纠纷时双方对法律适用产生分歧，建议双方之间约定夫妻双方因境外财产产生争议时适用的法律。（4）委托专业的律师，对资产配置进行筹划，降低婚变的风险。

二、配偶一方在香港地区提起离婚诉讼，另一方能否在内地法院继续起诉离婚？

典型案例

刘某华与邢某莹系夫妻，婚后二人因家庭琐事争吵不断，2015年5月30日邢某莹加入加拿大国籍，并于2015年9月注销原户籍，注销前户籍位于北京市西城区。2015年6月19日刘某华依法向户籍所在地北京市朝阳区人民法院起诉离婚，邢某莹提出管辖权异议称，自己已于2015年3月10日在香港区域法院家事法庭提出离婚呈请，香港区域法院家事法庭于当日受理并已进入审理程序，根据一事不再理原则，北京市朝阳区人民法院不应再行受理本案。

法院审理后认为，本案属于涉外民事诉讼，根据相关法律规定，被告被注销户籍的，由原告住所地人民法院管辖，原告住所地与经常居住地不一致的，由原告经常居住地人民法院管辖。鉴于本案当事人中的中国公民刘某华的住所地位于北京市朝阳区，且无证据证明刘某华有经常居住地，故北京市朝阳区人民法院对本案有管辖权。

律师分析

（一）配偶一方在香港地区法院提起离婚诉讼，另一方能否在内地法院继续起诉离婚？

依据《民事诉讼法司法解释》第533条的规定，我国和外国法院都有管辖权的案件，一方当事人向外国法院起诉，另一方当事人向我国法院起诉的，我国法院可予受理。本案中，因邢某莹已经加入加拿大国籍，所以本案具有涉外因素，属于涉外民事案件。邢某莹虽然已经在香港地区法院提起离婚诉讼，但基于《民事诉讼法司法解释》第533条的规定，内地法院对于该离婚纠纷案件仍具有管辖权，且一旦内地法院作出生效判决、裁定，内地法院将不再认可和执行香港地区法院对本案作出的判决、裁定。

（二）内地法院和香港地区法院同时受理离婚诉讼，是否违背“一事不再理”原则？

“一事不再理”是民事诉讼的基本原则，其主要内涵为：判决、裁定发生法律效力之后，当事人不得对争议事实再次提起诉讼。“一事不再理”原则在涉外民事诉讼程序中主要体现为两点：（1）中国法院和外国法院都有权管辖的案件，中国法院受理作出判决的，将不再承认和执行外国法院判决、裁定；（2）中国法院已承认外国法院判决、裁定，当事人就同一争议再向中国法院起诉的，中国法院将不予受理。

本案中，邢某莹虽然已向香港区域法院家事法庭提起离婚呈请，香港区域法院家事法庭也已经进入审理程序，但是该离婚案件尚未判决生效，更未得到内地法院的承认，所以一审法院受理刘某华的离婚诉请并未违背“一事不再理”原则。

三、涉外离婚案件在国内审理，当事人必须出庭吗？

典型案例

孟某锋与顾某丽于2009年5月5日登记结婚，2009年7月5日起双方在英国居住生活，后二人因家庭琐事争吵不断而分居，2013年5月顾某丽依法委托律师向法院起诉离婚，孟某锋委托其姐姐孟某琴作为其诉讼代理人参加了庭审，但顾某丽与孟某锋均身在国外未参加庭审。

一审法院经审理后判决准予双方离婚并分割了夫妻共同财产。孟某锋依法提起上诉，并认为本案属于涉外离婚案件，一审法院没有管辖权；一审时，双方当事人本人均未出庭，上诉人亦未提交书面意见，一审法院径行判决不当。二审法院经审理后认为，孟某锋在一审时并未提出管辖异议并应诉答辩，故一审法院对本案有管辖权。离婚案件本应由当事人本人出庭，本案双方当事人均在英国，不便出庭，但二人均委托了诉讼代理人，且均向一审法院提交了书面意见（一审卷宗中有记载），一审法院审理本案程序合法，最终二审法院驳回了孟某锋的上诉请求。

律师分析

（一）涉外离婚案件当事人本人身在国外无法参加诉讼的，如何处理？

依据《民事诉讼法》第62条的规定，离婚案件有诉讼代理人的，本人除不能表达意思的以外，仍应出庭；确因特殊情况无法出庭的，必须向人民法院提交书面意见。理论上，离婚案件的当事人应当出庭，这样有助于法院判断夫妻之间的感情是否破裂。

但涉外离婚案件中当事人往往身在国外或因各种主客观原因不能返回国内，涉外离婚诉讼中的当事人是否必须要出庭呢？答案是，一般情况下应予出庭，特殊情况也必须符合法律规定才能不出庭。虽然当事人因特殊情况可以不出庭，但一定要按照法律规定办理相应的手续。建议律师在代理涉外离婚纠纷时，一定要与承办法官就当事人是否出庭进行沟通，如法院要求当事人必须到庭但当事人未出庭的，针对原告提起的诉讼请求，人民法院可以按照原告撤诉处理，在被告提出反诉时，法院还可以缺席判决；作为被告经法院传唤拒不到庭的，人民法院可以缺席审判。

涉外离婚案件的当事人无法出庭的，需要办理什么手续？首先，当事人需要委托1—2人作为自己的诉讼代理人代为出庭，且外国人、无国籍人需要委托律师代理诉讼的，必须委托我国的律师。其次，《民事诉讼法》规定，从我国领域外寄交的授权委托书应当办理公证、认证手续或履行中国与该国订立的有关条约中规定的证明手续。最后，当事人还需要向人民法院提交书面意见。

2019年7月18日，江苏省高级人民法院发布《家事纠纷案件审理指南（婚姻家庭部分）》，其中第3条规定，离婚案件原告或者上诉人本人如果因生理疾病、年迈体弱、交通不便、自然灾害等特殊情况无法出庭的，必须向人民法院提交书面意见，并委托诉讼代理人参加诉讼。在已向人民法院提交书面意见，并委托诉讼代理人参加诉讼的情形下，人民法院不能仅因为原告或者上诉人本人未出庭参加诉讼即按撤诉或者按撤回上诉处理。但原告或者上诉人本人未出庭参加诉讼导致案件事实无法查清的，应当承担由此产生的不利法律后果。

案例中，孟某锋以“本案属于涉外离婚案件，双方当事人本人均未出庭，上诉人亦未提交书面意见”为由认为一审法院径行判决不当。但二审法院经审理后认为，顾某丽、孟某锋均委托了诉讼代理人，且向一审法院提交了书面意见，所以一审法院审理本案程序是合法的，孟某锋的该项上诉理由并不成立。

（二）涉外离婚诉讼中，当事人立案需要提交的材料有哪些？

涉外离婚案件的立案，主要有两个方面比较特殊：（1）如果原告方在境外，其往往不能亲自办理立案手续，有些诉讼材料需要在境外准备；（2）如果相关的法律文件或证据材料在境外形成，则需要按照我国法律规定办理相应的证明手续。一般来讲，立案时当事人至少应准备以下几项材料：

1.身份证明，当事人是外国人的，应提交用以证明自己身份的护照等身份及入境证明文件；本人在境外不能到人民法院起诉的，应提交经过公证、认证的身份证明复印件。

2. 当事人的婚姻缔结证明文件，例如结婚证，如果是在境外形成的，需要办理公证、认证手续。

3. 授权委托书，如果是在我国领域外寄交或转交的授权委托书，需要办理公证、认证手续。

4. 民事起诉状，民事起诉状中需要原告签字、按手印，在境外形成时，需要办理公证、认证手续。

5. 如当事人不能到庭参加诉讼时，还需要提交书面意见。

6. 相关的证据材料。涉及身份关系的证据需要办理公证、认证手续，公文书证需要办理公证手续；证据材料涉及外文的，须提供相应的翻译件。

第五节　国外离婚判决的承认与执行

典型案例

外国法院离婚判决生效后，如何在我国办理承认与执行？

孟某浩与王某伊原系中国公民，后均加入美国国籍。2012 年 8 月，二人在美国法院签订了离婚和解协议并由美国法院进行了确认。离婚后双方因履行财产分割协议产生纠纷，孟某浩遂向我国法院提起离婚后财产纠纷诉讼。

一审法院审理后认为，孟某浩未能提供证据证明其就双方在美国法院的判决书已向我国法院申请承认和执行，且孟某浩起诉时提供的和解协议并非离婚判决书，其亦未能提供离婚判决书正本、生效证明文件及中文译文，一审法院最终裁定驳回孟某浩的起诉。

孟某浩提起上诉，二审法院经审理认为，孟某浩曾向合肥市中级人民法院申请承认和执行二人签订的离婚和解协议，但两个外国公民在外国的前段婚姻状态无需经过中国法院承认，可直接申请再婚登记，故合肥市中级人民法院裁定驳回其申请。且孟某浩已经在安徽省民政厅与他人办理结婚登记，以上事实表明孟某浩与王某伊前段婚姻关系确已结束。孟某浩与王某伊协议离婚时达成了财产分割协议，离婚后因履行上述财产分割协议而发生纠纷，现孟某浩提起离婚后财产纠纷诉讼，符合法律规定的起诉条件，人民法院应当受理。

律师分析

一、外国法院的离婚判决为什么要在我国法院申请承认与执行？

外国法院的离婚判决虽然在国外已经生效，但在我国并不直接产生法律效力。依据《最高人民法院关于中国公民申请承认外国法院离婚判决程序问题的规定》（以下简称《规定》）第20条，当事人之间的婚姻虽经外国法院判决，但未向人民法院申请承认的，不妨碍当事人一方另行向人民法院提出离婚诉讼。由此可见，外国法院离婚判决生效后当事人需要及时向有管辖权的中级人民法院提出承认申请，只有我国法院承认该离婚判决才会在我国产生法律效力，未经我国法院承认的离婚判决，在我国并不产生法律效力，当事人仍可以在我国法院再次提起离婚诉讼。

二、外国法院的离婚判决如何在我国法院申请承认与执行？

1. 受理申请的人民法院

如申请人在国内，则由申请人住所地中级人民法院受理。申请人住所地与经常居住地不一致的，由经常居住地中级人民法院受理。如申请人不在国内，则由申请人原国内住所地中级人民法院受理。

2. 申请人需要提交的材料

（1）书面申请书；（2）申请人护照或身份证复印件；（3）被申请人护照或身份证复印件或其他有关身份证明材料（如结婚证、户口簿等）；（4）外国法院离婚判决书正本及经证明无误的中文译本；（5）作出判决的外国法院已合法传唤被告出庭的有关证明；（6）判决法院出具的判决生效证明文件；（7）委托代理人办理的，需出具授权委托书；（8）上述文件如涉外的（含外国公民出具的授权委托书），需经外国公证部门公证和我国使领馆认证。

3. 向人民法院申请承认外国法院离婚判决的主体

依据《最高人民法院关于人民法院受理申请承认外国法院离婚判决案件有关问题的规定》第2条可知，向人民法院申请承认外国法院离婚判决的主体为：中国公民、离婚时以中国公民为原配偶的外国公民，即离婚时夫妻中至少有一方为中国公民，我国法院才会受理当事人的申请，如离婚时夫妻双方均为外国公民，那么人民法院将不予受理。

本案中，孟某浩、王某伊均为美国公民，孟某浩并不符合向人民法院申请承认外国法院离婚判决的主体资格，虽然孟某浩曾向合肥市中级人民法院申请承认和执行二人签订的离婚和解协议，但该申请被合肥市中级人民法院裁定驳回。二审法院认为，两个外国公民在外国的前段婚姻状态无须经中国法院承认，可直接申请再婚登记，现在二人因履行协议离婚时财产分割协议而产生纠纷而提起离婚后财产纠纷诉讼，符合法律规定的起诉条件，人民法院应当受理。

三、在什么情况下，我国法院不承认外国法院的离婚判决？

《规定》第 12 条规定："经审查，外国法院的离婚判决具有下列情形之一的，不予承认：（一）判决尚未发生法律效力；（二）作出判决的外国法院对案件没有管辖权；（三）判决是在被告缺席且未得到合法传唤情况下作出的；（四）该当事人之间的离婚案件，我国法院正在审理或已作出判决，或者第三国法院对该当事人之间作出的离婚案件判决已为我国法院所承认；（五）判决违反我国法律的基本原则或者危害我国国家主权、安全和社会公共利益。"

四、外国法院离婚判决中子女抚养、财产分割等内容能否在我国直接申请承认与执行？

目前司法实践中，我国法院一般仅承认外国法院离婚判决中有关夫妻双方解除婚姻关系的内容，对离婚判决中的子女抚养、财产分割等内容不予认可和执行，当事人可另行在我国法院起诉。

五、外国法院的离婚判决生效后，当事人是否必须要向我国法院申请承认？

外国法院的离婚判决生效后，当事人可以向我国法院申请承认，也可以直接向我国法院起诉离婚，我国法律赋予了当事人选择权，但两种方式当事人只能选择一种。

六、当事人向我国法院申请承认离婚判决的限制

当事人向我国法院申请承认外国法院的离婚判决前，我国法院已经受理了该离婚诉讼的，对于该申请我国法院将不予受理；我国法院受理当事人承认外国法院离婚判决的申请后，当事人撤回申请后不得再次申请。

第四章
诉讼程序基础知识

第一节　诉前的准备工作

一、基本证据的收集与固定

在确定要起诉离婚后，到法院立案前，当事人先要明确自己的诉讼意图，即当事人通过离婚诉讼想要达到的目的，在法律上称之为“诉讼请求”。离婚案件当事人一般要通过诉讼达到三个目的：（1）解除婚姻关系；（2）分割夫妻共同财产和共同债务；（3）解决子女抚养权归属和抚养费的负担问题。鉴于此，原告一方应当积极收集支持自己诉讼请求的证据，一则为顺利立案，二则为在将来的诉讼中占据有利地位。立案后，被告一方在收到法院的《应诉通知书》之后也要着手进行相关证据的收集。本节将对与离婚案件相关的各方面证据的收集与固定进行介绍。

（一）婚姻合法的证据

当事人起诉离婚前必须要提交证据证明双方具有合法的婚姻关系，关于婚姻合法证据的收集与固定，可见图 4-1、图 4-2。

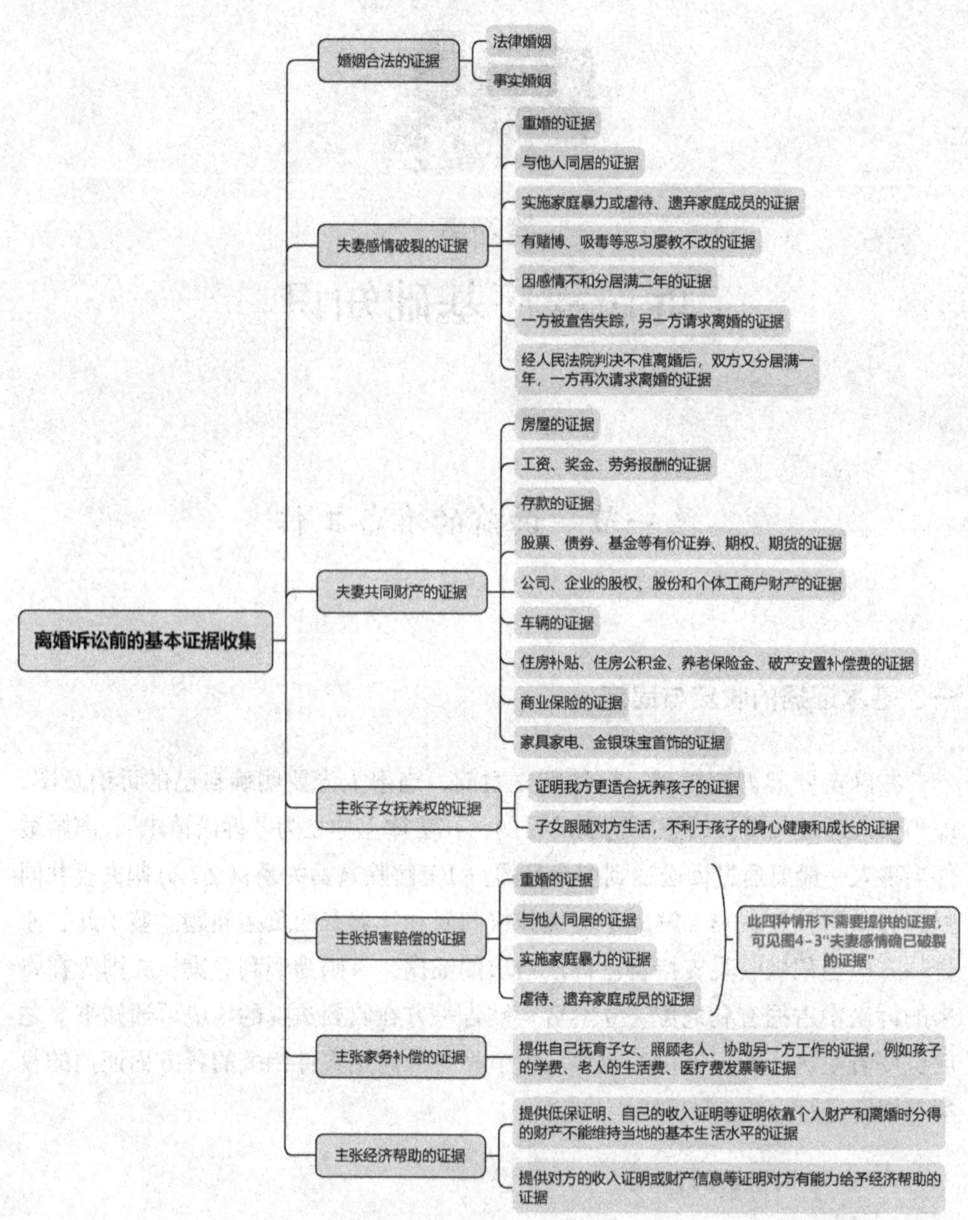

图 4-1　离婚诉讼前的基本证据收集

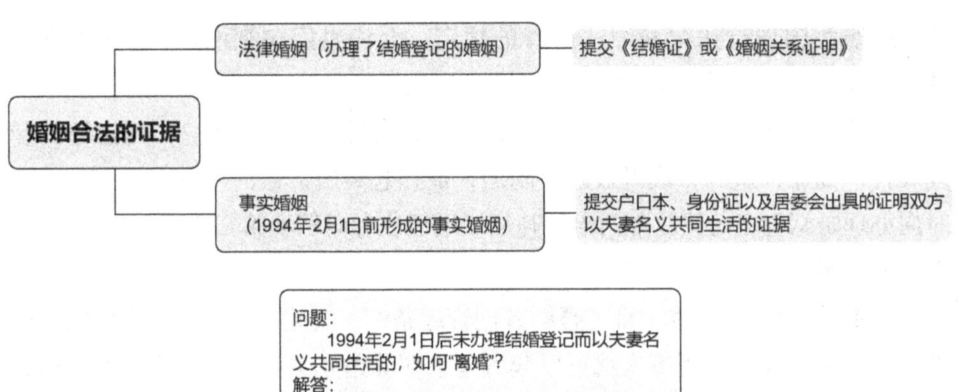

问题：

1994年2月1日后未办理结婚登记而以夫妻名义共同生活的，如何"离婚"？

解答：

我国民事法领域中并不承认1994年2月1日后形成的事实婚姻，因此如果男女双方在1994年2月1日后符合结婚的实质要件，未办理结婚登记而以夫妻名义共同生活，一方起诉至法院要求"离婚"的，需要先补办结婚登记，对于拒不补办结婚登记而坚持要求离婚的，按照解除同居关系处理

图 4-2　婚姻合法的证据

典型案例

没有结婚证，如何办理诉讼离婚手续？

张某与刘某于 2005 年 10 月 10 日登记结婚。婚后张某沉迷于游戏，工作时"三天打鱼，两天晒网"，毫无进取之心。刘某曾多次与张某沟通，希望他能够将主要精力放在工作上，但张某根本不把刘某说的话放在心上。

2014 年 7 月 4 日二人发生争吵，张某一气之下将结婚证撕毁，现在两人的婚姻关系已经无法维持，刘某决定到法院起诉离婚，却不知如何证明双方婚姻关系的存在。请问，结婚证被撕毁后，应如何办理诉讼离婚手续呢？

律师分析

夫妻一方起诉离婚的，首先应当证明双方具有合法的婚姻关系，这样才能适用《民法典》婚姻家庭编及其他有关婚姻关系的法律法规，才能受到相应的法律保护。否则，只能按照解除同居关系处理。案例中，张某将结婚证原件撕毁后，刘某应当及时前往婚姻登记机关补领结婚证或向档案馆（局）申请开具《婚姻关系证明》,《婚姻关系证明》同样可以作为证明张某、刘某二人存在合法婚姻关系的证据。

按照我国现行法律和司法解释的规定，合法婚姻包括两种：法律婚姻和1994年2月1日之前形成的事实婚姻。

因此，如果夫妻办理了结婚登记，在诉请离婚时，应当准备结婚证原件和复印件，如原件遗失，或者被对方隐藏，欲提起离婚诉讼的一方当事人应当及时向办理婚姻登记的民政部门申请补领结婚证或者向档案馆（局）申请开具《婚姻关系证明》。

如果是1994年2月1日《婚姻登记管理条例》实施前形成的事实婚姻，则不必补办结婚登记，当事人就可以起诉请求解除婚姻关系。但夫妻一方起诉离婚时，需要准备1994年2月1日以前以夫妻名义共同生活且已经符合结婚实质要件的相关证据，如户口本、身份证以及居委会出具的关于双方以夫妻名义共同生活的证明。

1994年2月1日《婚姻登记管理条例》实施后，男女双方符合结婚实质要件，未办理结婚登记而以夫妻名义共同生活，一方诉至法院要求离婚的，法院应告知其在案件受理前补办结婚登记之后，方可行使离婚请求权；对拒不补办结婚登记而坚持要求“离婚”的，按解除同居关系处理。

如前所述，诉请离婚的男女必须首先提供证据证明夫妻关系合法，在立案时或者诉讼中提交上述证据的意义在于：

第一，证明原、被告之间存在合法的婚姻关系，以适用《民法典》婚姻家庭编等法律有关离婚的规定，维护自己的合法权益。

第二，证明结婚登记的日期，为夫妻共同财产的界定提供依据。《民法典》第1062条规定了夫妻共同财产的范围，即夫妻关系存续期间所得的财产属于夫妻共同财产。因此除了夫妻约定财产以及夫妻特有财产外，法律规定的夫妻共同财产范围的认定取决于对“婚姻关系存续期间”的认定。而结婚登记的日期是认定婚姻关系存续期间的起点，对于界定夫妻共同财产起着至关重要的作用。

因此，当事人提交合法婚姻关系的证据，既是法院将案件作为离婚纠纷立案的前提条件，也是案件适用《民法典》婚姻家庭编的前提条件，更是维护当事人合法权益的保障。

（二）夫妻感情确已破裂的证据

人民法院判决离婚的实质要件是“夫妻感情确已破裂”。那么，当事人在提起离婚诉讼前，就需要根据自己婚姻关系的实际情况，对照和参考相关法律和司法解释对于夫妻感情确已破裂具体情形的规定，确定自身夫妻感情确已破裂的原因，并对相关证据积极进行调取和固定。图 4–3 根据夫妻感情破裂的原因，简单介绍用来证明“夫妻感情确已破裂”所要提交的证据。

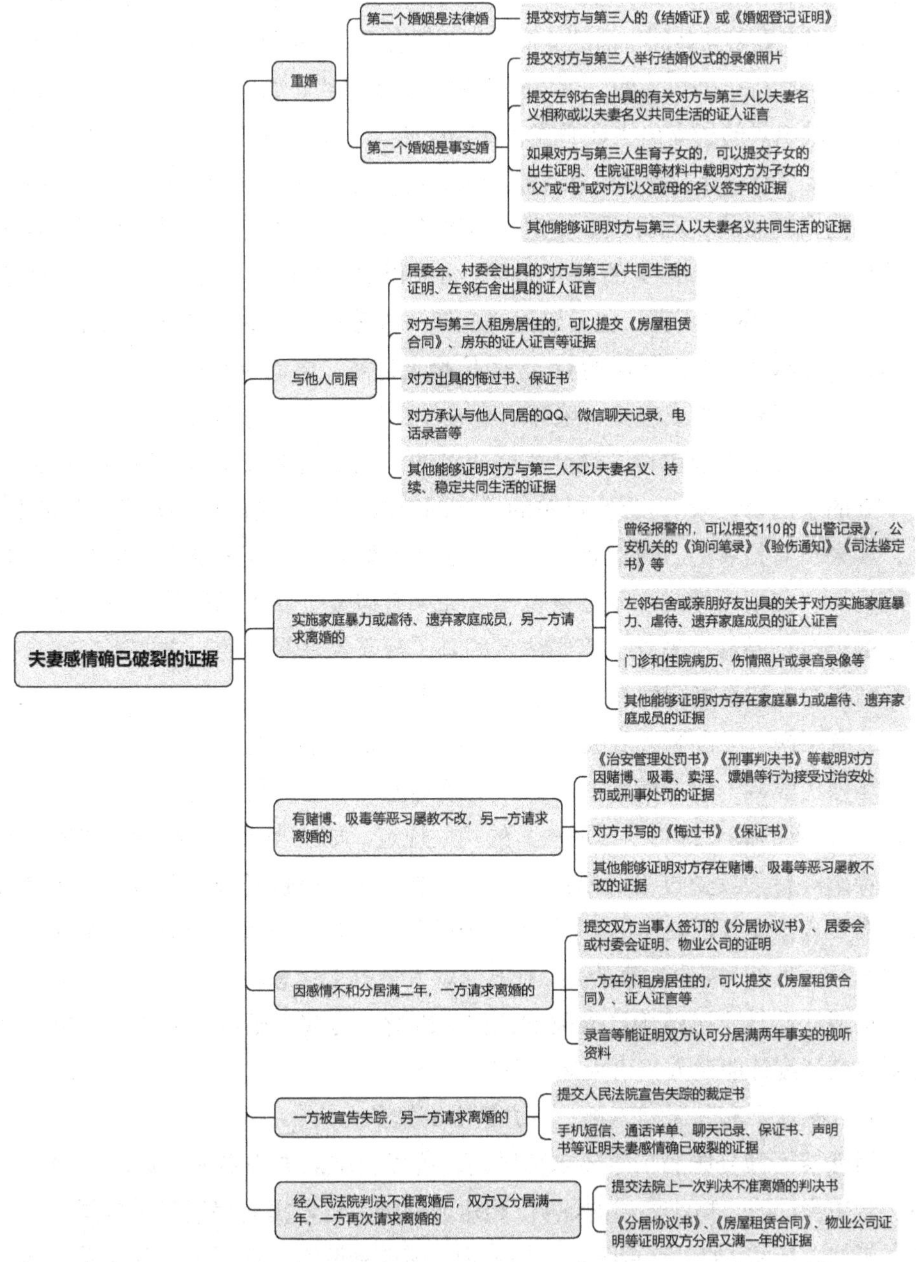

图 4–3　夫妻感情确已破裂的证据

1. 重婚或与他人同居，另一方请求离婚的

对于重婚的，如果第二个婚姻是法律婚，则可以提交对方当事人与第三人的结婚证或者申请法院向相关民政部门调取对方当事人与第三人的结婚证或者婚姻登记证明。如果第二个婚姻是事实婚，则需要举证证明有配偶的人与第三人以夫妻相称或者以夫妻名义共同生活的证据，如左邻右舍出具的证人证言。如果对方当事人与第三人举行结婚仪式的，可以提交相关录像照片。如果生育子女的，可以提交相关医院出具的子女出生证明或者住院证明，上述材料可能载明对方当事人为子女的“父”或“母”或者对方当事人可能会在上述材料中以父或母的名义签字。

与他人同居的，则可以提交对方当事人与第三人共同生活的小区居委会出具的证明、左邻右舍出具的证人证言；如果租房居住的，可以提交《房屋租赁合同》、房东的证人证言，也可以提交配偶一方曾经出具的悔过书、保证书，或者配偶一方承认与他人同居的QQ、微信聊天记录，电话录音等。

2. 实施家庭暴力或虐待、遗弃家庭成员，另一方请求离婚的

实施家庭暴力或虐待、遗弃家庭成员的，如果当事人曾经报警的，可以提交110的《出警记录》，公安机关的《询问笔录》《验伤通知书》《司法鉴定书》等，如果没有报警的，可以提交左邻右舍或亲朋好友的证人证言，以及门诊和住院病历、伤情照片或者录音录像等。如果有居委会介入调解的，可以调取居委会的调解记录等。另外，需要注意的是，遭受家庭暴力的一方应当证实自己的伤情与对方的伤害行为具有法律上的因果关系。

3. 有赌博、吸毒等恶习屡教不改，另一方请求离婚的

赌博、吸毒，以及酗酒、嫖娼、卖淫等恶习，有的行为违反了《治安管理处罚法》，有的甚至触犯了《刑法》的相关规定，如果当事人因赌博、吸毒、卖淫、嫖娼等行为接受过治安处罚或者刑事处罚的，提起离婚诉讼的一方当事人可以提交《治安管理处罚书》《刑事判决书》等证据，用以证明对方当事人存在上述恶习。另外，需要注意的是，对方当事人虽有上述恶习，但是“屡教不改的”才能构成法院认定感情确已破裂的依据，因此，提起离婚诉讼的一方当事人还需要提交证据证明对方当事人屡教不改。

4. 因感情不和分居满二年，一方请求离婚的

因感情不和分居满二年要求离婚的，可以提交双方当事人签订的分居协议书、居委会证明、物业公司的证明；租房居住的，可以提交房屋租赁合同、证人证言等加以证实；如果有视听资料如录音，能够证明对方认可两人分居满二年事实的，可以提交该录音的原始载体并刻录成光盘，并将录音内容整理成文字。

5. 一方被宣告失踪，另一方请求离婚的

一方被宣告失踪，另一方请求离婚的，可以提交人民法院宣告失踪的裁定书。另外，手机短信、通话详单、聊天记录、保证书、声明书等都可以用来辅助证明夫妻感情确已破裂。

6. 经人民法院判决不准离婚后，双方又分居满一年，一方再次请求离婚的

此种情况属于《民法典》新增的认定感情确已破裂的情形，经人民法院判决不准离婚后，双方又分居满一年的，可以提交法院判决不准离婚的判决书及双方继续分居一年以上的证据，例如分居协议书、居委会的证明、物业公司的证明、房屋租赁合同、对方当事人承认分居又满一年的录音等证据。

（三）夫妻共同财产的证据

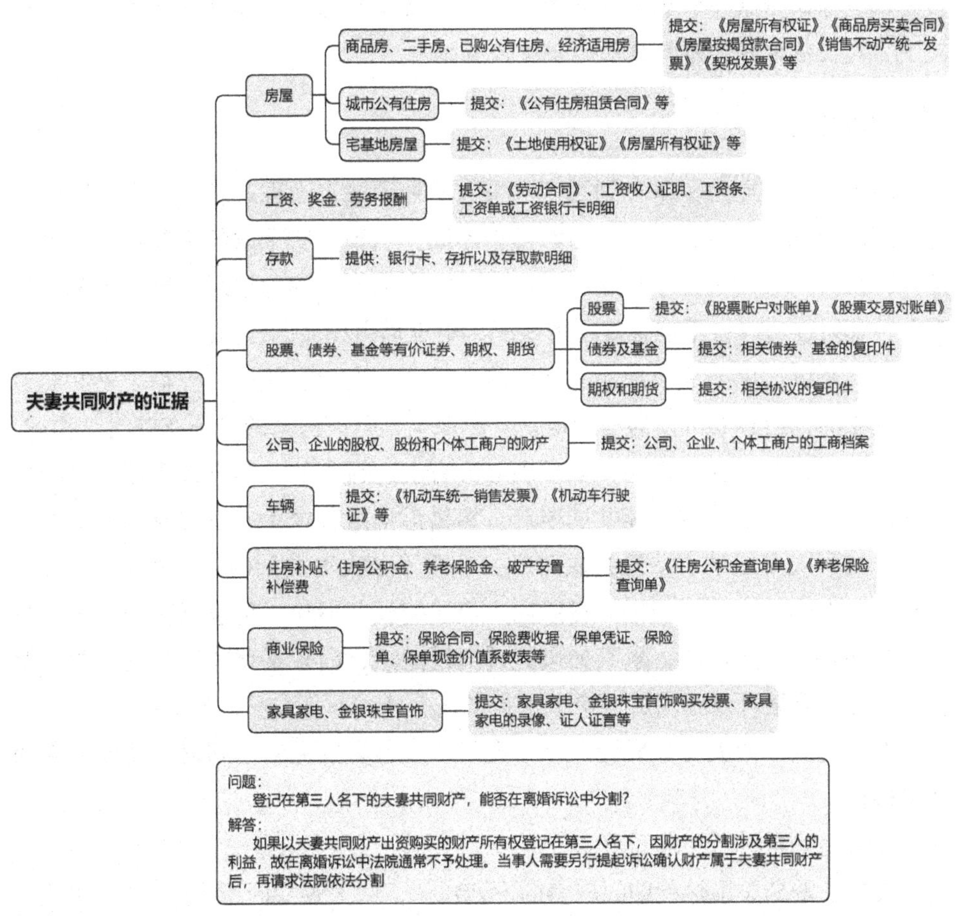

图 4-4 夫妻共同财产的证据

典型案例

对方提前转移了夫妻共同财产，离婚时如何维护自己的合法权益？

张某与夏某于2010年7月4日登记结婚。张某是一家医药公司的老板，家中大小开支都是张某负责，夏某主要在家照顾孩子及老人。婚后，夏某发现张某与多名女子存在两性关系，因不堪忍受便决意离婚。由于自己平时并不掌管财务大权，所以对于双方究竟有多少共同财产一无所知。

2017年1月4日，夏某偷偷查询张某的银行账户后得知，现在张某的银行账户余额仅有10万余元。更奇怪的是，自2016年3月2日起，张某共向其父母转账上千万元，想到张某父母都有退休金，并无其他的大额开支，夏某才恍然大悟，原来张某早就做好了离婚的准备，提前转移了夫妻共同财产。此种情况下，夏某应该如何维护自己的合法权益呢？

律师分析

离婚时，一方为了多分到财产，采取各种手段来隐藏或转移夫妻共同所有的财产的情况相当普遍。根据财产类型不同，当事人所采取的手段也是多种多样，特别是在夫妻一方掌控家庭财产，另一方从不过问的情况，当一方私下将现金转移时，另一方不但很难了解情况，更难提出相应的证据。

在离婚诉讼中如果发现对方有隐藏、转移、变卖、毁损、挥霍夫妻共同财产的迹象的，当事人可以向法院申请财产保全，财产保全的措施有查封、扣押、冻结等。婚姻关系存续期间，如发现对方有上述行为的，当事人也可以直接向人民法院起诉请求分割夫妻共同财产。离婚诉讼过程中，如发现对方有上述行为的，当事人可以请求法院判决对方少分或不分夫妻共同财产；离婚后，如发现对方有上述行为的，当事人可以向人民法院提起诉讼，请求再次分割该部分夫妻共同财产。案例中，夏某如果起诉离婚的话，因张某存在转移夫妻共同财产的行为，夏某可以在离婚诉讼中主张张某少分或不分夫妻共同财产。

本节主要介绍夫妻共同财产、个人财产及各类别夫妻共同财产需要准备的证据材料。

1. 夫妻共同财产的范围及认定

夫妻在婚姻关系存续期间取得的下列财产，归夫妻共同所有：

（1）工资、奖金、劳务报酬。这里的“工资、奖金”应作广义的理解，泛指工资性收入，包括用人单位直接支付给职工（夫或妻一方或双方）的全部劳动报酬，包括货币形式和实物形式。工资不仅包括基本工资，还包括各种津贴、补贴。这些收入都属于工资性收入，属于夫妻共同财产的范围。《民法典》第1062条中新增了“劳务报酬”作为夫妻共同财产的形式，劳务报酬是指个人从事各种技艺等一次性、临时性工作而获得的收入。与工资、奖金等劳动报酬不同，劳务报酬一般是指从事非雇佣工作而获得的收入，收入金额具有不确定性。

（2）生产、经营、投资的收益。生产、经营的收益，是指夫妻一方或者双方以个体工商户的名义、以个人合伙的名义、以公司或企业的名义或者以农村承包经营户的名义从事生产经营所取得的收益。《民法典》第1062条明确了“投资的收益”属于夫妻共同财产的范围，例如，夫妻一方以个人财产投资于公司或企业，若基于该投资所享有的收益是在婚姻关系存续期间取得的，则对该公司或企业生产经营产生的利润分配部分如股权分红等，属于投资收益应为夫妻双方共同所有。

（3）知识产权的收益。知识产权是智力劳动产生的成果所有权。知识产权包括著作权、商标权和专利权。知识产权是人身权和财产权的结合。其中的知识产权人身权是指知识产权所有人对相关知识产权所享有的精神权利，如著作权人享有的著作人身权主要包括：①发表权；②署名权；③修改权；④保护作品完整权。知识产权财产权是指知识产权人依法享有利用其知识产权取得收益的权利。依照法律的规定，知识产权中属于夫妻共同财产的部分是财产权，而不包括人身权。知识产权中的人身权只归知识产权人专有，不因婚姻关系的存在而发生共有。

因为知识产权权利本身的取得与财产性权利的实现并不同步，那么，审判实践中如何判断一项知识产权财产性收益是否属于《民法典》第1062条所称的“婚姻关系存续期间所得”？是以知识产权取得的时间，还是以财产性收益的实际取得为标准？这是两个不同的标准，处理结果也会不同。依据《民法典婚姻家庭编解释（一）》第24条的规定，《民法典》第1062条第1款第3项规定的“知识产权的收益”，是指婚姻关系存续期间，实际取得或者已经明确可以取得的财产性收益。从上述可知，我国采用的是以财产性收益“实际取得或者已经明确可以取得”为判断标准。

（4）因继承或受赠所得的财产，但遗嘱或者赠与合同中确定只归一方的财产除外。继承是依据《民法典》继承编规定取得财产的一种方式。根据本项规定，夫妻一方婚后因继承所得的财产，分为三种情形：①一方婚后通过法定继承方式所取得的财产，属于夫妻共同财产。②一方婚后通过遗嘱继承方式所取得的财产，如果立遗嘱人（被继承人）在遗嘱中明确指明只归夫或妻一方所有，即应属于接受继承的夫或妻一方的个人财产。③一方婚后通过遗嘱继承方式所取得的财产，如果立遗嘱人（被继承人）在遗嘱中明确指明归夫妻双方的，或者立遗嘱人（被继承人）在遗嘱中没有明确指明只归夫或妻一方所有的，夫妻双方又未对此项财产约定归一方所有，则应属于夫妻共同财产。

接受赠与是一种无偿取得财产权的方式，包括两种情形：第一，基于赠与合同而取得的财产。赠与合同是赠与人将自己的财产无偿给予受赠人，受赠人表示接受赠与的合同。第二，接受遗赠而取得的财产。遗赠是指公民采用遗嘱方式将个人财产赠与国家、集体或者法定继承人以外的其他公民，并于遗嘱人死亡时发生效力的单方法律行为。受遗赠人在知道受遗赠后 60 日内，作出接受遗赠的意思表示，即取得受遗赠的财产。

夫妻一方婚后接受赠与所得的财产分为两种情形：第一，如果立遗嘱人或者赠与人在遗嘱或赠与合同中确定只归夫或妻一方的财产，即属于接受赠与的夫或妻一方的个人财产。第二，如果立遗嘱人或者赠与人在遗嘱或赠与合同中确定归夫妻双方的，或者遗嘱或赠与合同中未明确指明只归夫或妻一方所有的，夫或妻又未对此项财产约定归一方所有，则应属于夫妻共同财产。

依据《民法典婚姻家庭编解释（一）》第 29 条的规定，当事人结婚前，父母为双方购置房屋出资的，该出资应当认定为对自己子女个人的赠与，但父母明确表示赠与双方的除外。当事人结婚后，父母为双方购置房屋出资的，依照约定处理；没有约定或者约定不明确的，按照《民法典》第 1062 条第 1 款第 4 项规定的原则处理。

（5）其他应当归共同所有的财产。这项规定属于兜底条款。根据相关司法解释的规定，婚姻关系存续期间，下列财产属于"其他应当归共同所有的财产"：

①男女双方实际取得或者应当取得的住房补贴、住房公积金。

住房补贴是单位停止实物分房后，国家为解决无房职工和住房面积未达到规定标准的职工的住房问题而给予的补贴资助，采用货币分配方式向职工发放的用于住房消费的专项资金。即将单位原有住房建设资金转化为住房补贴，分次（如按月）或一次性地发给职工，再由职工到住房市场上通过购买或租赁等方式解决自己的住房问题。

而住房公积金是指国家机关、国有企业、城镇集体企业、外商投资企业、城镇私营企业及其他城镇企业、事业单位、民办非企业单位、社会团体及其在职职工缴存的长期住房储金。

目前，住房补贴账户和住房公积金账户分开管理。住房补贴账户和住房公积金账户中的余额，属于职工的个人财产，在具备法定条件时可以提取。婚姻关系存续期间，男女双方实际取得的或者应当取得的住房补贴、住房公积金，属于夫妻共同财产。

②男女双方实际取得或者应当取得的养老保险金、破产安置补偿费。

依据《民法典婚姻家庭编解释（一）》第 80 条的规定，婚后以夫妻共同财产缴纳基本养老保险费，离婚时一方主张将养老金账户中婚姻关系存续期间个人实际缴纳部分及利息作为夫妻共同财产分割的，人民法院应予支持。

对于破产安置补偿费，应当注意，如果破产安置补偿费并非全部属于婚姻关系存续期间所应得的，那么就要在确定总数额的基础上，计算婚姻关系存续期间实际应该得到的部分，该部分才属于夫妻共同财产。

③依据《民法典婚姻家庭编解释（一）》第 71 条的规定，人民法院审理离婚案件，涉及分割发放到军人名下的复员费、自主择业费等一次性费用的，以夫妻婚姻关系存续年限乘以年平均值，所得数额为夫妻共同财产。这里所称年平均值，是指将发放到军人名下的上述费用总额按具体年限均分得出的数额。其具体年限为人均寿命七十岁与军人入伍时实际年龄的差额。可见，夫妻关系存续期间应取得的复员费、自主择业费等一次性费用也属于“其他应当归共同所有的财产”。

④依据《民法典婚姻家庭编解释（一）》第 27 条的规定，由一方婚前承租、婚后用共同财产购买的房屋，房屋权属证书登记在一方名下的，该房屋属于夫妻共同财产。

2. 夫妻个人特有财产的范围及认定

夫妻个人特有财产是指夫妻在实行共同财产制的同时，依照法律规定或夫妻约定，夫妻各自保留的一定范围的个人所有财产。夫妻个人特有财产包括婚前个人财产和婚后特有财产。依据《民法典》第 1063 条的规定，下列财产，为夫妻一方的财产：

（1）一方的婚前财产。婚前财产是指在办理结婚登记手续前夫妻一方就已经取得的财产。包括婚前个人劳动所得财产、继承或受赠的财产以及其他合法财产。夫妻一方的婚前财产，不管是动产还是不动产，是有形财产还是无形财产，只要是合法取得的，就依法受到法律保护。

财产是否属于一方的婚前财产，关键在于财产所有权的取得时间。如果财产的取得时间在婚前，但婚后才实际占有该项财产，则其性质属于婚前个人财产。比如婚前夫妻一方接受继承，遗产在婚后才分割，该遗产虽然是婚后实际得到，但其所有权在婚前就已经取得，所以应认定为一方婚前财产。需要注意，《民法典婚姻家庭编解释（一）》第26条规定，夫妻一方个人财产在婚后产生的收益，除孳息和自然增值外，应认定为夫妻共同财产。

（2）一方因受到人身损害获得的赔偿或者补偿。一方获得的人身损害赔偿金、伤残补偿费、补助金、人身保险金等；复员、转业军人的复员费、转业费、医药补助费和回乡生产补助费，其中属于婚前应取得的部分；以及按国家有关规定应由一方个人所有的财产，都属于一方个人财产。

（3）遗嘱或赠与合同中确定只归一方的财产。一方婚后通过遗嘱继承方式所取得的财产，如果立遗嘱人（被继承人）在遗嘱中或者赠与人在赠与合同中明确指明只归夫或妻一方所有，即应属于继承人本人或者接受赠与的夫或妻一方的个人财产。

依据《民法典婚姻家庭编解释（一）》第29条的规定，当事人结婚前，父母为双方购置房屋出资的，该出资应当认定为对自己子女个人的赠与，但父母明确表示赠与双方的除外。当事人结婚后，父母为双方购置房屋出资的，依照约定处理；没有约定或者约定不明确的，按照《民法典》第1062条第1款第4项规定的原则处理。

（4）一方专用的生活用品。如一方专用的衣物等个人生活用品和从事职业必需的书籍、工具等专用财产，但价值特别大的个人用品或作为生产设备和经营场所附属物的工具除外。

（5）其他应当归一方的财产。例如，夫妻约定婚姻关系存续期间所得的财产归各自所有的，婚后各自取得的财产属于夫妻一方的个人财产。其他法律、法规特别规定的归夫妻一方所有的财产属于夫妻一方的个人财产。

依据《民法典婚姻家庭编解释（一）》第30条的规定，军人的伤亡保险金、伤残补助金、医药生活补助费属于个人财产。

依据《民法典婚姻家庭编解释（一）》第78条的规定，夫妻一方婚前签订不动产买卖合同，以个人财产支付首付款并在银行贷款，婚后用夫妻共同财产还贷，不动产登记于首付款支付方名下的，离婚时该不动产由双方协议处理。

依前款规定不能达成协议的，人民法院可以判决该不动产归产权登记一方，尚未归还的贷款为产权登记一方的个人债务。双方婚后共同还贷支付的款项及其相对应的财产增值部分，离婚时应根据《民法典》第 1087 条第 1 款规定的原则，由产权登记一方对另一方进行补偿。

依据《民法典婚姻家庭编解释（一）》第 79 条的规定，婚姻关系存续期间，双方用夫妻共同财产出资购买以一方父母名义参加房改的房屋，产权登记在一方父母名下，该房屋不属于夫妻共同财产。但是购买该房屋时的出资，可以作为债权处理。

依据《民法典婚姻家庭编解释（一）》第 80 条的规定，离婚时夫妻一方尚未退休、不符合领取养老保险金条件的，养老金不属于夫妻共同财产，而应当属于夫妻一方的个人财产。

对于夫妻个人特有财产的认定，应当注意：第一，夫妻一方的特有财产，不因婚姻关系的延续而转化为夫妻共同财产。但当事人另有约定的除外。第二，夫妻一方个人财产在婚后共同生活中自然毁损、消耗、灭失，离婚时一方要求以夫妻共同财产抵偿的，不予支持。第三，夫妻一方个人财产在婚后产生的收益，除孳息和自然增值外，应认定为夫妻共同财产。

3. 各类别财产需要提交和准备的证据材料

夫妻共同财产的种类多种多样，常见的夫妻共同财产证据的收集与固定可参见前文图 4-4 “夫妻共同财产的证据”。

一般离婚案件中，涉及的夫妻共同财产有以下类别或者表现形式。下面简要介绍各类别财产需要提交和准备的证据材料。

（1）房屋

一般涉及商品房、二手房、已购公有住房、经济适用住房的，需要提交《房屋所有权证》《商品房买卖合同》《房屋按揭贷款合同》《销售不动产统一发票》《契税发票》，涉及城市公有住房的，需要提交《公有住房租赁合同》，涉及宅基地房屋的，需要提交《土地使用权证》《房屋所有权证》等。如果当事人缺少上述证据材料，但是知道房屋坐落位置的，可以亲自或委托他人到房屋登记管理部门申请查询、复制房屋登记资料。因此，如果当事人申请查询房屋权属登记信息，需要知道房屋坐落或权属证书编号。如果对购房信息一无所知，即便申请法院调查收集，恐怕也无法达到预期目的。目前，我国尚未实现个人住房信息的全国联网，甚至有的省份尚未实现全省联网。因此，让法官凭某一个人的姓名和身份证号查询其在全国各省份的购房信息是不现实的。所以，作为夫妻一方，应当在平时的生活中留意和掌握夫妻共同财产的变化情况，以防在发生离婚事件时，自己处于不利地位。

（2）工资、奖金和其他劳务报酬

一般需要提交《劳动合同》、工资收入证明、工资条、工资单或工资银行卡明细，如果缺少上述证据，可由律师持法院出具的《调查令》（有的单位要求律师调查时同时持有《律师事务所调查专用介绍信》）代为向对方当事人的工作单位调查或者申请法院向对方当事人的工作单位调取。

（3）存款

一般需要提交银行卡或存折以及存取款明细。但是鉴于银行保护个人隐私的需要，拒绝向户主之外的其他人提供上述信息。因此，当事人往往需要申请人民法院依法调取，但是申请人民法院调取存款信息，需要提供对方当事人的身份证号、银行卡账号、存款银行的名称和地址。如果只知道对方有存款，但对银行存款情况一无所知，虽然在理论上，通过中国人民银行的相关部门，可以查询到当事人全部银行开户信息，但是在实践中，人民法院往往会拒绝当事人的调查申请。因此，我们还是建议当事人在平时的生活中留意相关信息，有备无患。

（4）股票、债券、基金等有价证券、期权、期货

涉及股票的，一般需要提交《股票账户对账单》《股票交易对账单》。如不能提交上述证据，则需要提供对方身份证号、股票开户机构、股票账户号等信息，申请人民法院依法调取。如果只知道对方当事人炒股，但是不知道在哪个证券公司开户，则需要先申请法院向中国证券上海登记结算公司或中国证券深圳登记结算公司查询对方当事人的股票交易明细和开户证券公司，然后再申请法院向具体开户的证券公司调查股票资金对账单，以查清对方账户内的股票市值以及股票资金账户余额。

涉及债券和基金的，一般需要提交相关债券复印件，如果缺少上述证据的，则需要提供债券的发行主体、基金公司等信息申请人民法院向相关单位调查收集。

涉及期权和期货的，一般需要提交相关协议的复印件，如果缺少上述证据的，则需要提交相关协议主体的信息，申请人民法院向相关单位调查收集。

（5）公司、企业的股权、股份和个体工商户的财产

一般需要提交所涉及公司、企业、个体工商户的工商档案。一般地，公司、企业的工商档案，可以由当事人持身份证和法院的相关证明或者由律师持律师

证、介绍信、授权委托书和案件受理通知书（具体应根据当地市场监督管理部门的要求提供）向公司所在地的市场监督管理部门调取。如果涉及个体工商户的，则可能需要向市场监督管理部门下属的市场监督管理局调取。

公司、企业以及个体工商户财产的分割，主要存在的问题是公司财务不规范或“两本账”导致的账目不实的问题。即使由人民法院委托专门机构对公司企业财产进行审计和评估，也难以获得真实的财产价值。

（6）车辆

一般需要提交《机动车统一销售发票》《机动车行驶证》等，如果缺少上述证据，则可以由当事人持身份证和法院相关证明或者由律师持律师证、介绍信和案件受理通知书（具体根据当地车辆管理部门要求提供）到车辆管理部门调取车辆的相关登记信息。

（7）住房补贴、住房公积金、养老保险金、破产安置补偿费

一般需要提交《住房公积金查询单》《养老保险查询单》，如果缺少上述证据，可以申请人民法院向住房补贴发放单位或者开户银行、住房公积金中心、社会保险中心、审理破产案件的人民法院调取相关信息。

（8）商业保险

一般需要提交保险合同、保险费收据、保单凭证、保险单、保险现金价值系数表等。如果缺少上述证据，可以提供对方购买保险的保险公司名称、地址以及保险单号等信息，申请法院向相关保险公司调查收集。

（9）家具家电、金银珠宝首饰

一般需要提交家具家电、金银珠宝首饰购买发票、家具家电的录像、证人证言等。

需要注意的是，上述财产的所有权应当属于夫或妻一方名下，如果财产的所有权人为第三人，夫或妻用夫妻共同财产出资的，则需要另行提起诉讼，确认上述财产属于夫妻共同财产后，再进行分割。

（四）夫妻共同债务的证据

婚姻关系存续期间所负的债务属于个人债务、夫妻共同债务，还是交叉债务？见图 4–5。

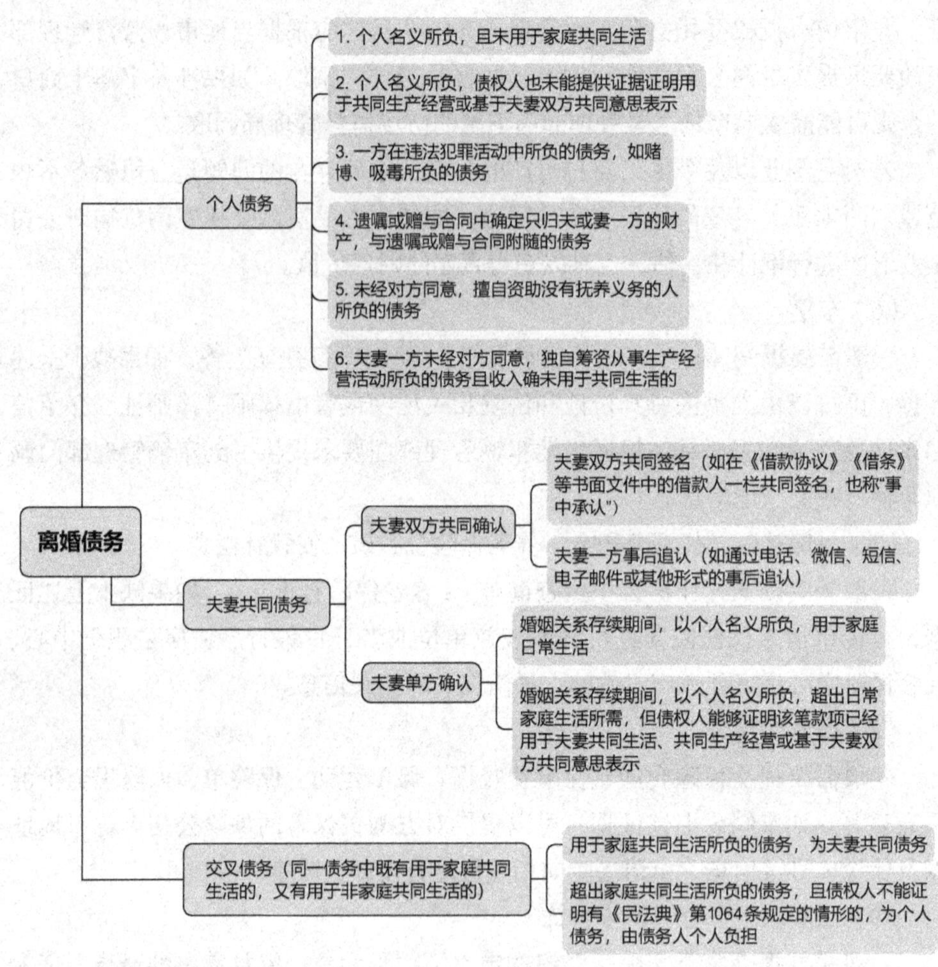

图 4-5　离婚债务

典型案例

对方借钱投资做生意，所借款项在离婚时是夫妻共同债务吗?

王某博与袁某于 2009 年 9 月 8 日登记结婚，2018 年 11 月 29 日协议离婚，双方在《离婚协议》中明确约定，婚姻存续期间的债务由王某博偿还。自 2013 年起，王某博以公司投资经营为由向李某借款 857 万元，2018 年 3 月李某向法院起诉请求：王某博、袁某共同偿还李某借款本金 857 万元。庭审过程中，王某博主张借款用于北京鸿运博达汽车销售有限公司（以下简称鸿运公司）经营，并未用于家庭生活，妻子袁某不知情，不应承担责任。袁某亦表示知道王某博做生意，但具体什么生意不清楚，自己家里的钱，都投了进去，还向自己的父母、姐姐等亲属借钱，共投入200多万元。

法院经过审理认为，从袁某微信头像、朋友圈照片等内容看，袁某为鸿运公司对外宣传做广告，有权销售鸿运公司的相关车辆，据此能够认定袁某、王某博存在共同生产经营行为。王某博对外经营的小额贷款、车辆等生意所需资金，除来源于向袁某亲友借款、本案借款外，还包括家庭自有资金，袁某亦在经营过程中协助王某博借款、还款，该部分事实亦能认定袁某和王某博存在共同生产经营行为。故该借款属于夫妻共同债务，应当由二人共同偿还。

律师分析

《民法典》第1064条规定，夫妻双方共同签字或者夫妻一方事后追认等共同意思表示所负的债务，以及夫妻一方在婚姻关系存续期间以个人名义为家庭日常生活需要所负的债务，属于夫妻共同债务。夫妻一方在婚姻关系存续期间以个人名义超出家庭日常生活需要所负的债务，不属于夫妻共同债务，但是，债权人能够证明该债务用于夫妻共同生活、共同生产经营或者基于夫妻双方共同意思表示的除外。

案例中，婚姻关系存续期间王某博向李某借款857万元用于鸿运公司的生产经营，虽然该笔借款只有王某博本人的签字且远超家庭日常生活需要，但由于袁某存在为鸿运公司宣传、推广、销售产品并协助王某博为鸿运公司的经营活动借款、还款等行为，法院认定王某博、袁某夫妻二人存在共同经营的合意，由此产生的债务仍属于王某博、袁某二人的夫妻共同债务。

《民法典》第1089条规定："离婚时，夫妻共同债务应当共同偿还。共同财产不足清偿或者财产归各自所有的，由双方协议清偿；协议不成的，由人民法院判决。"离婚案件当事人如欲主张夫妻负有共同债务，最好能够出具双方签字的借条或未举债一方事后的追认同意等证据，例如邮件、微信、短信、电话中表示认可该笔债务；如属夫妻一方向第三人借款符合日常家庭生活所需，则该债务原则上属于夫妻共同债务；夫妻一方向第三人借款超出日常家庭生活需要的，原则上不属于夫妻共同债务，但如果夫或妻一方能够证明该债务用于夫妻共同生活、共同生产经营或基于双方共同意思表示的，则该债务仍属于夫妻共同债务。

（五）主张子女抚养权的证据

典型案例

离婚时，如何争取子女抚养权？

2010 年 4 月 5 日王某与吴某登记结婚，2013 年 7 月 8 日生育一女孩，取名王某溪。2015 年 12 月 4 日、2016 年 5 月 4 日，王某因嫖娼分别被公安机关行政拘留 10 天、15 天。

2017 年 8 月 12 日，吴某提起离婚诉讼并主张王某溪由自己抚养，吴某在律师的指导下向法院提供了自己与王某溪共同生活的照片、自己带孩子前往医院就诊的票据、吴某父母出具的《协助子女抚养声明书》、王某因嫖娼被行政拘留的通知书等证据。最终法院判决王某溪的抚养权由吴某行使，王某按月支付抚养费。

律师分析

离婚诉讼中，如涉及争夺子女抚养权问题，主张直接抚养子女的一方，应当根据相关法律和司法解释的规定准备相关证据，证明自己具有抚养子女的条件和能力。如果主张对方支付抚养费，则需提交对方的收入证明，以确定对方需要支付的子女抚养费的比例和具体数额，如果不能提供对方的收入证明的，可以申请法院到对方单位调取。

依据《民法典》第 1084 条之规定，结合审判实践，法院判决未成年子女抚养权归属时，主要分为以下两种情形：

1. 两周岁以下的子女

依据《民法典》第 1084 条第 3 款规定，两周岁以下的子女，以由母亲直接抚养为原则。因此，对于两周岁以下的子女，女方主张子女抚养权的需要向法院提交子女出生证明。

男方主张直接抚养子女的，应当举证证明女方具有下列不宜抚养子女的情形：（1）女方患有久治不愈的传染性疾病或其他严重疾病，子女不宜与其共同生活的；如女方仅患有一般性疾病，经治疗可以痊愈，则不在此限。如男女双方均患有久治不愈的传染性疾病或其他严重疾病的，则应选择相对较轻、更有利于子女健康成长的一方直接抚养。（2）女方有抚养条件不尽抚养

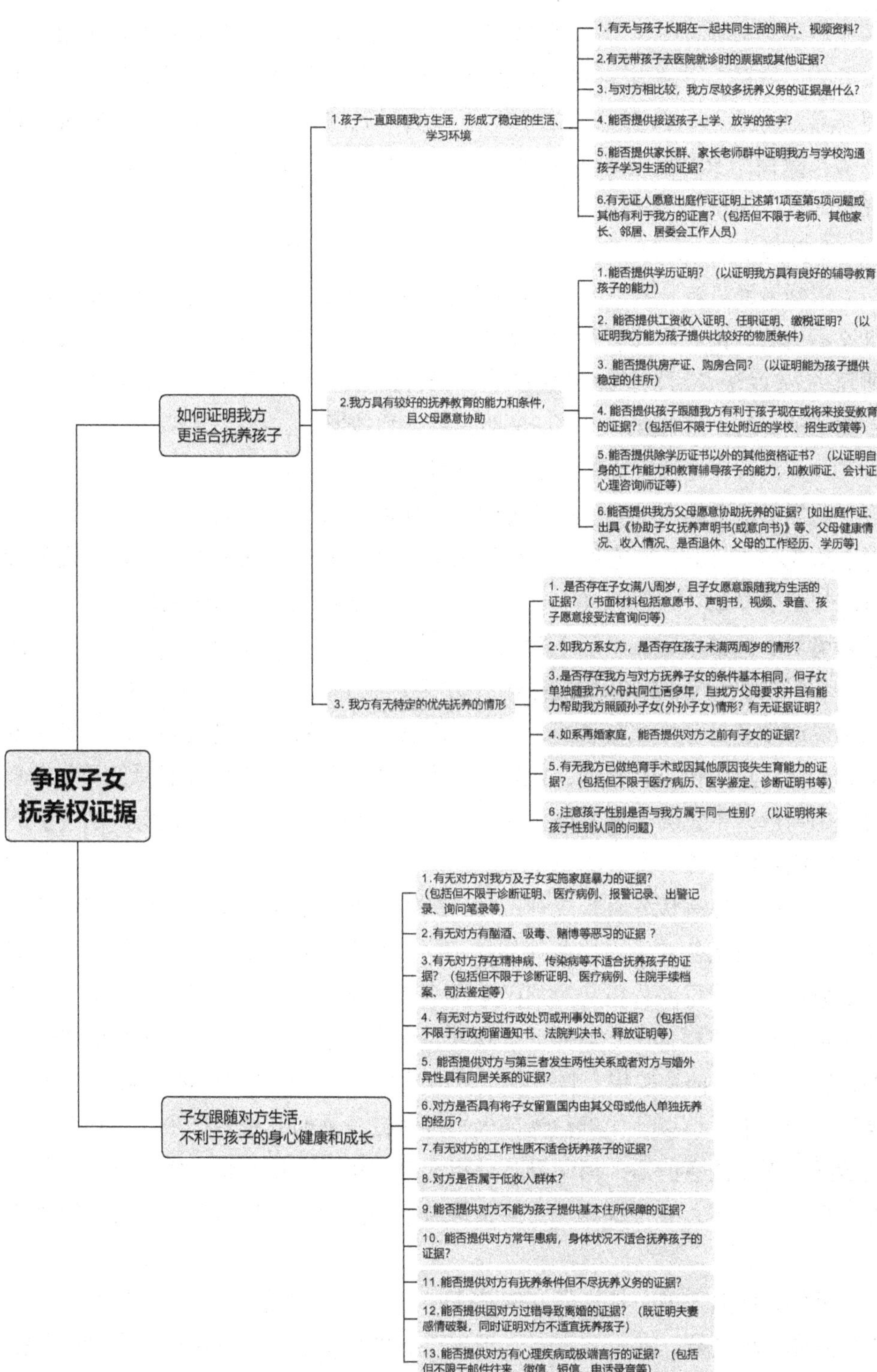

图 4-6　争取子女抚养权的证据

义务，而男方要求子女随其生活的。（3）因其他原因，子女确实无法随女方生活的。在现实生活中，母亲可能因工作、学习等原因，或者染有吸毒、赌博、卖淫等恶习，或者离家出走下落不明等原因，而无法或者难以妥善照顾小孩，致使子女无法随其共同生活，从维护子女利益出发，应当由父亲直接抚养。

2. 两周岁以上的子女

依据《民法典》第 1084 条规定，已满两周岁的子女，父母双方对抚养问题协议不成的，由人民法院根据双方的具体情况，按照最有利于未成年子女的原则判决。《民法典婚姻家庭编解释（一）》规定，父母一方请求抚养两周岁以上未成年子女的，请求方应当举证证明具有下列情形：

（1）具有优先直接抚养的条件的证据

两周岁以上的未成年子女，父母均要求直接抚养，一方有下列情形之一的，可予优先考虑：①已做绝育手术或因其他原因丧失生育能力的，可以提交就诊医院加盖公章的《诊断证明》或相应病历；②子女随其生活时间较长，改变生活环境对子女健康成长明显不利的，应对相关证人证言以及能够证明子女生活成长环境的其他证据进行收集；③一方无其他子女，而另一方有其他子女的，可提供对方有其他子女的证据；④子女随其生活，对子女成长有利，而另一方患有久治不愈的传染性疾病，或者其他严重疾病，或者有其他不利于子女身心健康的情形，不宜与子女共同生活的，可以提交另一方患有相关疾病的《诊断证明》或相应病历。

父母一方享有优先直接抚养条件，即可据此确定子女由其直接抚养。如果父亲与母亲直接抚养子女的条件基本相同，双方均要求子女与其共同生活，但子女单独随祖父母或外祖父母共同生活多年，且祖父母或外祖父母要求并且有能力帮助子女照顾孙子女或外孙子女的，可作为子女随父或随母生活的优先条件，当事人可以向法院提交自己的父母出具的《协助抚养子女的声明》，在条件允许的情况下，可以让父母作为证人出庭作证，证明其抚养孙子女或外孙子女的情况。需要注意的是，祖父母与外祖父母的条件，作为相对优先直接抚养条件，只在父母双方直接抚养子女的条件基本相同，且均要求子女与其共同生活时适用。

另外，依据《民法典》第 1084 条第 3 款“子女已满八周岁的，应当尊重其真实意愿”的规定，父母双方对八周岁以上未成年子女的直接抚养权发生争执的，应考虑该子女的意见。因其已具备一定的识别能力，尊重其意愿，更利于其健康成长。在不影响子女身心健康的情况下，可以让子女出庭作证，或者申请法院到合适的地点征询子女的意见，也可以让子女自己手写材料，以证实其愿意随自己生活。

（2）具有抚养能力

抚养能力主要指父母双方的经济收入、离婚后的居住条件以及是否具有教育子女、督促子女学习的能力和时间等。当事人可以提供收入证明、缴税证明、房产证或购房合同、学历证明或其他资格证书（教师证、会计证、心理咨询师证等）等证据来证明自己具有抚养未成年子女的能力。

（3）对方存在不宜抚养子女的情形

此种情况下，当事人可以提交对方存在家庭暴力的证据（包括但不限于诊断证明、医疗病例、报警记录、出警记录、询问笔录等）；对方存在酗酒、吸毒、赌博等恶习的证据；对方存在精神病、传染病或常年患病等不适合抚养孩子的证据（包括但不限于诊断证明、医疗病例、住院手续档案、司法鉴定等）；对方受过行政处罚或刑事处罚的证据（包括但不限于行政拘留通知书、法院判决书、释放证明等）；对方与第三者发生两性关系或者对方与婚外异性具有同居关系的证据；对方的工作性质不适合抚养孩子的证据；对方属于低收入群体的证据；对方不能为孩子提供基本住所保障的证据；对方有心理疾病或极端言行的证据（包括但不限于邮件往来、微信、短信、电话录音等）。

此外，如果是女方，还可以灵活运用《民法典》规定的保护妇女、未成年人合法权益原则，争取子女抚养权。

（六）主张损害赔偿的证据

典型案例

对方与其他异性有偶尔性行为，能主张精神损害赔偿吗？

王某与刘某青结婚12年，一直感情不错，但随着丈夫王某事业的不断成功，应酬也接连不断地到来。某一天，刘某青的好友小蔡突然给刘某青打电话，神秘兮兮地说："刘姐，你老公在外面有人了！我刚才出超市，正碰到他和一个女人一起走进友谊宾馆！"……放下电话，刘某青立即出发，开车前往友谊宾馆。到达宾馆后，刘某青看到丈夫王某和一个陌生的女人正坐在床上，衣冠不整。刘某青顿时觉得天崩地裂，一怒之下，就要报警。王某恳求道："你千万不要报警，我可以给你写保证书，保证以后不再犯。”考虑到家中还有孩子，刘某青就让丈夫写下了有如下内容的保证书：“我和某某某在友谊宾馆304室鬼混，愧对妻子和家人，保证以后不再犯。”

此事过后，两人之间的感情并无好转。2017年2月刘某青起诉至法院要求离婚，并且以丈夫出轨为由主张20万元的损害赔偿。经调解无效后，法院判决王某与刘某青离婚，但并未支持刘某青损害赔偿的诉讼请求。

律师分析

所谓离婚损害赔偿，是指夫妻一方有严重过错，导致夫妻感情破裂，离婚时，有过错的一方应当对无过错的一方承担损害赔偿责任。离婚损害赔偿制度是对婚姻当事人的一种约束，也是对婚姻破裂的一种救济。《婚姻法》（已失效）第46条规定：“有下列情形之一，导致离婚的，无过错方有权请求损害赔偿：（一）重婚的；（二）有配偶者与他人同居的；（三）实施家庭暴力的；（四）虐待、遗弃家庭成员的。”

案例中，刘某青主张损害赔偿的时间发生在《民法典》生效前，此时仍然应当适用《婚姻法》第46条的规定。王某与其他异性发生婚外性行为，其行为显然有违夫妻间最基本的忠诚义务，但却不符合《婚姻法》第46条列举的几种情形。首先，“重婚”是指有配偶者又与他人结婚，或者明知他人有配偶而又与之结婚的行为，刘某青一次“捉奸在床”的事实显然与证明王某与他人有事实或法定婚姻的结果相去甚远。其次，依据《民法典婚姻家庭编解释（一）》第2条规定，“与他人同居”的情形是指有配偶者与婚外异性，不以夫妻名义，持续、稳定地共同居住。这种同居显著特点是在时间上具有长期性。案例中，刘某青无法提供证据证明丈夫王某与他人有长期同居的事实。虽然王某在婚姻关系存续期间与其他异性有偶尔性行为，但是其并不属于“与他人同居”的过错行为，最终离婚时刘某青主张损害赔偿的诉讼请求未得到法院的支持。

《民法典》在《婚姻法》第46条的基础上增加了有其他重大过错的行为及婚姻无效或被撤销时，无过错方可主张损害赔偿的规定。《民法典》第1091条规定：“有下列情形之一，导致离婚的，无过错方有权请求损害赔偿：（一）重婚；（二）与他人同居；（三）实施家庭暴力；（四）虐待、遗弃家庭成员；（五）有其他重大过错。”第1054条第2款规定，婚姻无效或者被撤销的，无过错方有权请求损害赔偿。夫妻一方在提起离婚诉讼时，需要了解可以请求对方承担离婚损害赔偿责任的法定情形，再根据自己的婚姻状况确定是否要请求对方承担离婚损害赔偿责任，并根据需要提交相关的证据材料。因此，如果一方欲主张对方承担离婚损害赔偿责任的，则需要举证证明另一方存在上述几种情形之一的行为。即便因一方当事人的过错导致离婚，但是不属于上述几种情形之一的，也不能要求其承担过错赔偿责任。重婚，与他人同居，实施家庭暴力，虐待、遗弃家庭成员这四种都是导致夫妻感情破裂的情形，对于这四种情形需要提交的证据材料，在本节“夫妻感情确已破裂的证据”中已有详细介绍，在此不再赘述。需要注意，承担离婚损害赔偿责任的主体应当是夫妻中的过错方，当事人不能起诉与自己配偶同居的第三者，要求其承担离婚损害赔偿责任。

目前北京地区的离婚损害赔偿的金额大多在10万元以下，建议无过错方在此区间或略高于此区间主张权利，以免缴纳过高的诉讼费用但未获得理想的判决效果。人民法院在判决损害赔偿金额时，考虑的因素主要有：（1）过错方的过错程度；（2）过错行为造成的实际损失大小；（3）过错方的实际支付能力；（4）受诉法院所在地平均生活水平。

（七）主张家务劳动补偿的证据

典型案例

主张家务补偿，真的有那么难吗？

李某与田某雅于2005年8月3日登记结婚，婚后生育一子，为了全力支持丈夫的工作，方便照顾双方年迈的父母及幼小的孩子，2008年底田某雅辞去了外企的工作在家做起了全职太太。李某比较上进，经过多年打拼，在事业上小有成就，但随着时间的推移，李某与田某雅的话题越来越少，感情越来越淡。

2017年5月，李某向法院提起离婚诉讼。田某雅认为自己为了照顾家庭放弃了自己原有的工作，为家庭付出了自己全部的青春，现在已经与社会脱节，李某应当向其支付家务补偿，补偿费用按照每天200元计算，9年共计65.7万元。2018年12月，法院判决双方离婚但驳回了田某雅主张家务补偿的诉讼请求。

律师分析

家务劳动补偿制度，是指在婚姻关系存续期间，一方在抚养教育子女、照顾老人以及协助另一方工作等方面付出较多义务的，在离婚时有权请求另一方予以补偿的制度。家务劳动补偿制度实际上认可了家务劳动的社会价值，体现了公平原则在离婚案件中处理财产问题方面的运用。《婚姻法》第40条规定，夫妻书面约定婚姻关系存续期间所得的财产归各自所有，一方因抚育子女、照料老人、协助另一方工作等付出较多义务的，离婚时有权向另一方请求补偿，另一方应当予以补偿。《民法典》第1088条规定，夫妻一方因抚育子女、照料老年人、协助另一方工作等负担较多义务的，离婚时有权向另一方请求补偿，另一方应当给予补偿。具体办法由双方协议；协议不成的，由人民法院判决。《民法典》生效前，依据《婚姻法》第40条的规定，主张家务劳动补偿的构成要件有两个：第一，夫妻之间约定婚姻关系存续期间的财产归各自所有；第二，一方付出较多的家务劳动。《民法典》生效后，只要一方存在付出较多的家务劳动，即可要求对方支付家务补偿，不再设定夫妻之间约定婚姻关系存续期间的财产归各自所有的前提条件，保护了弱势一方当事人的合法权益。

案例中，田某雅主张家务补偿的时间发生在《民法典》生效前，由于双方之间并没有约定财产分别所有，不符合《婚姻法》第40条主张家务劳动补偿的构成要件，所以田某雅主张家务补偿的诉讼请求，并未得到法院的支持。但如果田某雅主张家务补偿的时间发生在《民法典》生效后，那么结果将截然相反，由于《民法典》取消了夫妻之间约定财产分别所有制的前提，只要田某雅在抚育子女、照料老人、协助另一方工作等负担较多义务，李某就应当向田某雅支付家务补偿。

夫妻一方在提起离婚诉讼时，需要了解家务劳动补偿请求权的法定条件，再根据自己的婚姻状况确定是否请求对方予以补偿，并提交相关的证据材料。

因此，如果夫妻一方欲主张对方承担家务劳动补偿责任，则需要提供自己抚育子女、照料老人、协助另一方工作的证据，必要时，可以提供一定时期内孩子学费，老人的生活费、医疗费的发票等证据予以证明。

目前司法实务中，家务补偿款的数额一般不会太高。例如，在（2021）甘2921民初649号民事判决中，法院支持了1万元的家务补偿款；（2020）京

0105民初9840号民事判决中，法院支持了5万元的家务补偿款；（2021）豫1221民初230号民事判决中，法院支持了1.2万元的家务补偿款。

（八）主张经济帮助的证据

典型案例

限制民事行为能力人能否主张经济帮助？

张某与宋某于2008年4月6日登记结婚，宋某因患有先天性心脏病，2010年怀孕后被迫引产，后又因脑出血、脑梗死导致轻度血管性痴呆，经司法鉴定已成为限制民事行为能力人，每月都需要前往医院复查，各种医药费、治疗费让这个本不富裕的小家庭更加雪上加霜。

2015年起张某与宋某分居，分居后宋某一直居住在娘家，宋某父母均已年过八旬，没有任何收入来源。2017年2月起张某多次向法院起诉离婚，2019年12月法院判决双方离婚，并考虑到张某为限制民事行为能力人，每月都需要人陪护到医院复查，且离婚后需要居住在娘家，无单独住房和财产，又无经济收入，生活极为困难，判决张某向宋某支付5万元的经济帮助金。

律师分析

所谓经济帮助，是指夫妻离婚时，因一方生活确有困难，经双方协议或法院判决，由有条件的一方从其个人财产中给予另一方适当资助的制度。经济帮助制度是基于离婚的效力，对离婚时生活困难的一方予以经济保障的救助措施。

《民法典》第1090条规定，离婚时，如果一方生活困难，有负担能力的另一方应当给予适当帮助。具体办法由双方协议；协议不成的，由人民法院判决。案例中，宋某身患疾病无任何劳动能力，属于经济困难，最终法院考虑到张某的收入水平及宋某的实际需要，判决张某向宋某支付经济帮助金5万元。

主张经济帮助的构成要件有三个：（1）一方必须存在生活困难。判断离婚当事人是否存在生活困难，应当以在分割夫妻共同财产后，其财产是否能维持其基本生活为标准。生活困难的原因多种多样，如因年老多病，无法继续劳动，又没有固定生活来源；因伤害、疾病丧失劳动能力，无生活来源等。至于一方离婚后尚有具有法定扶养义务且具有扶养能力的亲属，是否可以认为仍属生活困难？就离婚而言，应仅视本人的财产及其谋生能力，决定是否陷于生活困难即可，本人的亲属有无扶养义务及扶养能力可置之不问。（2）一方必须是在离婚时存在生活困难。如果离婚时一方不存在生活困难，而离婚后才发生生活困难，另一方已无给予经济帮助的义务。（3）另一方须具有负担能力，不能对义务方的生活造成不合理的影响。一方存在生活困难，另一方没有提供帮助所必要的经济能力，如自己的生活也存在困难，或者只能勉强维持生活，即不负担给予经济帮助的义务。以上三个条件，相互联系，构成一个有机结合的整体，缺一不可。

根据上述规定，如果夫妻一方欲主张经济帮助，应当举证证明个人财产和离婚时分得的财产不能维持当地的基本生活水平，可以提供自己的收入证明。如果属于享受最低生活保障，可以提交享受低保的证明。另外，可以提供对方当事人的收入证明或者申请法院对此予以调查，证明对方当事人有能力予以经济帮助。

（九）案件符合受理条件的材料和证据

如果男方在女方怀孕期间、分娩后一年内或中止妊娠后六个月内提起离婚诉讼的，需要提交女方有重大过错或者有其他重大紧急事由导致双方不能继续共同生活的证据。如女方怀孕是因其自愿与他人发生性关系的，证据可以是女方亲笔书写的承诺书或者声明书，也可以是男方与子女之间不存在亲子关系的鉴定结论。

如果是第二次向法院起诉离婚，在第一次离婚诉讼结束后六个月内提起的，需要提交出现“新情况、新理由”的证据，如果在第一次离婚诉讼结束后六个月后提起的，需要提交与第一次起诉相关的材料，如民事撤诉申请书或法院允许撤诉的裁定书、法院的判决书、调解书、裁定书的原件和复印件。第一次诉讼中对原告方有利的证据，原告可以向法院申请依法调取，以备本次诉讼中使用。

二、诉前对财产的保护：诉前财产保全与不动产异议登记

离婚案件一般会涉及对夫妻共同财产的分割。面对即将分崩离析的婚姻，夫妻一方常常采取各种手段转移或者隐匿财产，以便获得更多的利益。为了避

免离婚判决书成为一纸空文，离婚后拿不到自己应得的财产，在起诉前对财产进行必要的保护尤为重要，离婚诉前常用的财产保护措施主要有两种：诉前财产保全与不动产异议登记。

（一）诉前财产保全

典型案例

诉前财产保全，打赢了离婚官司好执行

刘某和李某系夫妻，由于二人都有稳定的工作，结婚后两人商议用李某的工资收入供家庭日常开销，刘某的收入用来储蓄并由刘某保管，所以李某对夫妻共同财产的情况并不知情。婚后二人因家庭琐事导致感情破裂，李某准备到法院起诉离婚。但偶然间听刘某的兄弟说，刘某已经做好了离婚的准备，并意图转移夫妻共同财产。此种情况下，李某应当怎样防范刘某转移或者隐匿夫妻共同财产呢？

律师分析

为了防止刘某转移、隐藏夫妻共同财产，最大限度地维护自己的财产权益，李某可以向人民法院申请诉前财产保全。诉前财产保全是指法院在利害关系人起诉前，为保证判决的执行或避免财产遭受损失，对当事人的财产或者争议的标的物采取限制其处分的保护性措施。

当事人申请诉前财产保全，可以向财产所在地、被申请人住所地或者对案件有管辖权的人民法院提出（诉前财产保全申请书范本详见增值服务部分“常用法律文书”）。申请诉前财产保全必须提供担保，不提供担保的，除特殊情况下法院可以酌情处理外，一般法院会驳回当事人的申请。申请人提供的担保数额原则上应与其请求保全的财产数额相等。如果在北京各法院提起离婚诉讼的当事人无力提供相等金额担保，但案件权利义务关系明确，如不及时保全可能造成无法弥补的损失的，依据《北京市高级人民法院关于加强立案、审判与执行工作协调配合的若干意见（试行）》（京高法发〔2012〕3号）第5条的规定，（人民法院）可以要求申请人提供不低于请求保全数额20%的现金作担保。

如果当事人申请保全的财产数额巨大，无法提供等额担保的，若法院接受

或允许，当事人可以选择由具有诉讼保全担保经营资质的投资担保公司或保险公司，向法院出具保函的方式，进行财产保全。当事人需要交纳一定的担保费和保证金。

人民法院接受诉前财产保全申请后，必须在四十八小时内作出裁定，裁定采取财产保全措施的，应该立即开始执行，即对财产采取查封、扣押、冻结或者法律规定的其他保护性措施。如果被申请人提供担保的，法院应当解除财产保全。

申请财产保全应当提出书面申请，并按照一定比例交纳申请费用。《诉讼费用交纳办法》第14条第2项规定："申请保全措施的，根据实际保全的财产数额按照下列标准交纳：财产数额不超过1000元或者不涉及财产数额的，每件交纳30元；超过1000元至10万元的部分，按照1%交纳；超过10万元的部分，按照0.5%交纳。但是，当事人申请保全措施交纳的费用最多不超过5000元。"

另外，需要注意，依据《民事诉讼法》第101条第3款的规定，申请人要在法院采取保全措施的三十日内起诉，过期不起诉的，法院应当解除财产保全。此外，如申请人申请有错误的，申请人还应当赔偿被申请人因财产保全遭受的损失。

（二）不动产异议登记

典型案例

申请异议登记有何意义？

赵某与孙某于2010年5月7日登记结婚，婚后育有一女。2014年4月夫妻二人购买了北京市丰台区××街道××小区5单元602室（以下简称602室），602室登记在赵某名下。

因赵某存在赌博的恶习，家中的钱财基本已被其挥霍一空，2017年7月孙某决定离婚，但又担心嗜赌如命的丈夫会将唯一的住房卖出，到时自己和孩子将无家可归。孙某曾想过向法院申请财产保全，但由于自己手中没有足够的现金提供担保而放弃。请问，此种情况下，孙某应当如何维护自己的合法权益？

律师分析

离婚案件一般会涉及房产的分割。如果作为夫妻共同财产的房产由于某种原因登记在一方名下，则在夫妻关系恶化的情况下，很可能出现一方擅自将房产转让给第三人的情况。目前，除了诉前财产保全外，法律还提供了另一条有效而经济的途径，即不动产异议登记，上述案例中，孙某可以向房屋管理部门申请不动产异议登记，防止赵某私下将602室以低价转卖，侵害自己的合法权益。

《民法典婚姻家庭编解释（一）》第28条规定，一方未经另一方同意出售夫妻共同共有的房屋，第三人善意购买、支付合理对价并办理不动产登记，另一方主张追回该房屋的，人民法院不予支持。夫妻一方擅自处分共同所有的房屋造成另一方损失，离婚时另一方请求赔偿损失的，人民法院应予支持。这也就是说，如果夫妻一方擅自转让夫妻共有的房屋，而受让房产的第三人被认定为善意第三人，那么，第三人可以依据善意取得制度，取得该房屋的所有权，而当事人只能要求分割另一方转让房屋所得的价款，并要求对方赔偿因此给自己造成的损失。虽然自己的诉求能够得到法院的支持，但是如果对方拒不履行生效判决，生效的裁判文书将成为一张“写满权利的纸”，受侵害一方当事人的合法权益无法得到彻底的保护。因此，鉴于目前法院的执行力，当事人还是应当把精力放在诉前，通过法律途径防范对方转移夫妻共同房产或其他共同财产。

不动产异议登记制度规定在《民法典》第220条，权利人、利害关系人认为不动产登记簿记载的事项错误的，可以申请更正登记。不动产登记簿记载的权利人书面同意更正或者有证据证明登记确有错误的，登记机构应当予以更正。不动产登记簿记载的权利人不同意更正的，利害关系人可以申请异议登记。登记机构予以异议登记，申请人自异议登记之日起十五日内不起诉的，异议登记失效。异议登记不当，造成权利人损害的，权利人可以向申请人请求损害赔偿。

由上述规定可知，如果夫妻一方认为不动产登记簿即房产证上记载的所有权人错误，比如，婚后使用夫妻共同财产购买的房屋只登记在一方名下的，当事人可以申请更正登记，也就是加名。如果另一方同意更正或者加名的，房屋管理部门应当予以更正。如果另一方不同意更正的，夫妻一方可以申请异议登记。申请异议登记的，一般需要向房屋管理部门提供下列材料：（1）登记申请书原件；（2）申请人身份证明；（3）证明房屋登记错误的材料原件，如结婚证、婚姻关系证明等。

不动产异议登记的费用较低。依据2016年《国家发展改革委、财政部关于不动产登记收费标准等有关问题的通知》之规定，申请不动产异议登记的减半收取登记费，同时不收取第一本不动产权属证书的工本费，即住宅类房屋异议登记的登记费为40元，非住宅类房屋的异议登记的登记费为225元。相比于诉前财产保全要缴纳的申请费、担保费来说，不动产异议登记的登记费的收费较低。

异议登记生效后，十五日内房产信息中有当事人对该套房产的异议登记，如果房产登记的权利人恶意转让房产，第三人在明知有异议登记的情况下仍受让房产，则可能构成恶意串通，对于受侵害的当事人来说，将来可以通过诉讼，确认房屋买卖行为无效，从而追回房产，予以分割。需要注意的是，如果房屋管理部门对相关房屋进行了异议登记，申请人在异议登记之日起十五日内不起诉的，异议登记将失效。因此，如果当事人在对相关房屋进行异议登记后，应当在异议登记之日起十五日内向人民法院提起离婚诉讼，并将法院的立案材料交至房屋管理部门，申请异议登记有效期续展手续。否则异议登记失效，其合法权益也无法得到保障。

综上所述，夫妻一方在提起离婚诉讼之前，应当通过财产保全或者异议登记等方式对财产进行适当的保护，以免发生一方恶意转移财产而自己无能为力的不利后果。

第二节　立案

离婚诉讼立案，需要考虑哪些因素？需要准备哪些材料？离婚诉讼的立案具体流程可参见图4–7。

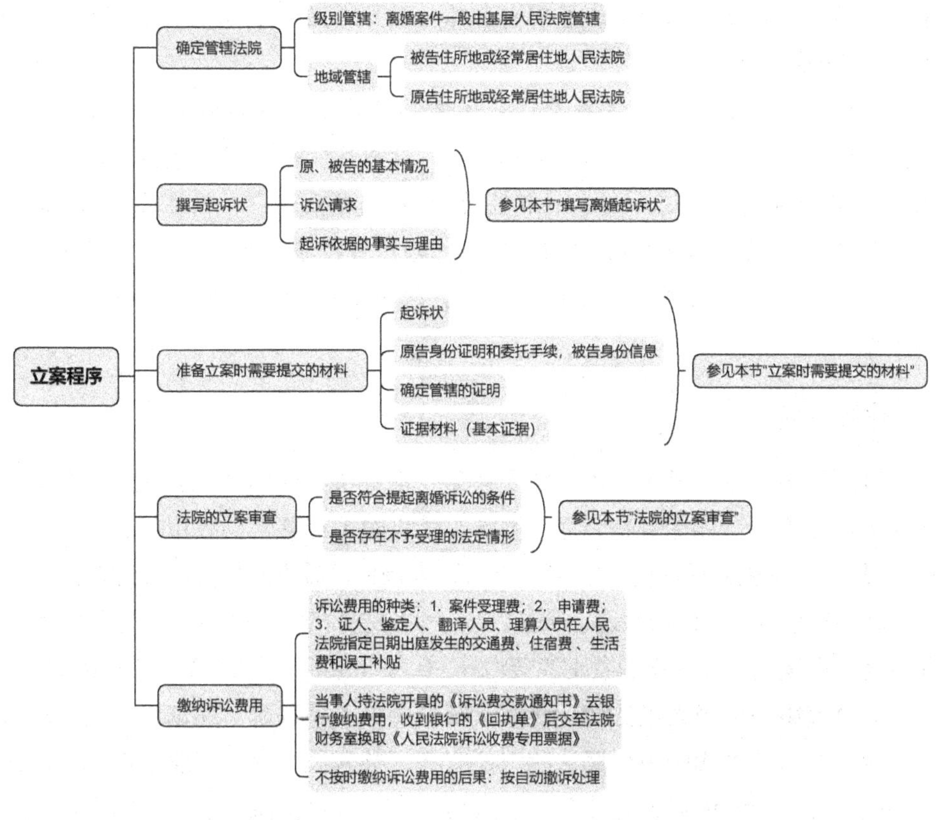

图 4-7　立案程序

一、确定管辖法院

起诉，首先需要确定向哪一个法院起诉，从法律上讲，即具体确定案件的级别管辖和地域管辖。

（一）级别管辖

典型案例

标的额过亿元，离婚案件应该到哪一级人民法院去打？

吕某与王某丫的住所地位于北京市朝阳区，二人于 2005 年 8 月 4 日登记结婚，婚后白手起家经营服装生意，经过十几年的打拼已经在业内小有名气。由于二人的性格都比较强势，经营理念悬殊，虽然十几年来家庭经济收入不断增加，但心却越走越远。

2017年6月王某丫决定结束这段不幸福的婚姻，离婚前王某丫梳理了夫妻共同财产，主要有：（1）北京市顺义区、延庆区、平谷区别墅共三套，现价值预估5000余万元；（2）银行存款共计2000余万元；（3）股票及其他理财产品，共计4000余万元；（4）其他：车辆、海外房产等，共计2000余万元。吕某与王某丫的夫妻共同财产已经过亿元，此时王某丫应当去哪一级人民法院立案呢？

律师分析

级别管辖是指上下级人民法院受理第一审民事案件的分工和权限。我国法院从纵向来看，分四个层级设置：基层人民法院（在县、县级市、自治县、市辖区设立）、中级人民法院（在省、自治区内按地区设立；在直辖市设立；在省、自治区辖市设立；在自治州设立）、高级人民法院（在省、自治区、直辖市设立）和最高人民法院（在中国首都北京设立）。比如北京市，既有北京市高级人民法院，北京市第一中级人民法院、北京市第二中级人民法院、北京市第三中级人民法院、北京市第四中级人民法院，还有各区县人民法院，如北京市朝阳区人民法院、北京市海淀区人民法院、北京市丰台区人民法院等。一个离婚案件究竟应当由高院管辖，还是中院管辖，抑或是区县法院管辖，这就是级别管辖需要解决的问题。

关于民事案件的管辖级别的确定问题，应当结合《民事诉讼法》、最高人民法院司法解释和经最高人民法院批准的各省、自治区、直辖市高级人民法院的意见来办理。依据《最高人民法院关于调整高级人民法院和中级人民法院管辖第一审民商事案件标准的通知》（法发〔2015〕7号）第4条和第5条的规定，婚姻、继承、家庭、物业服务、人身损害赔偿、名誉权、交通事故、劳动争议等案件，以及群体性纠纷案件，一般由基层人民法院管辖。对重大疑难、新类型和在适用法律上有普遍意义的案件，可以依照《民事诉讼法》第38条的规定，由上级人民法院自行决定由其审理，或者根据下级人民法院报请决定由其审理。

因此，离婚案件一般由基层人民法院管辖，即由县级人民法院、县级市人民法院、自治县人民法院或者市辖区人民法院立案受理。案例中，虽然王某丫与吕某的夫妻共同财产已经过亿元，但因本案属于婚姻家庭案件，王某丫应当向基层人民法院即北京市朝阳区人民法院提起诉讼。

（二）地域管辖

典型案例

遇上一个不回家的人，如何离婚？

徐某、贾某系夫妻关系，于2005年7月4日登记结婚，婚后育有一子。双方的户籍地均为上海市虹口区唐山路××弄××号。婚后贾某发现徐某是个“妈宝男”，每次自己与婆婆发生争吵，徐某总是站在婆婆那边，根本不为自己考虑。一气之下贾某便前往广东省深圳市福田区打工，这一走就是7年多（2010年4月起至2017年9月），未曾回过户籍地。

徐某在妈妈的劝说下决定向法院起诉离婚，考虑到自己一直居住在上海市虹口区，为方便起见其就到上海市虹口区人民法院立案。请问，上海市虹口区对本案有管辖权吗？

律师分析

地域管辖是指同级的不同区域的人民法院受理第一审民事案件的分工和权限。比如一个离婚案件究竟应当由哪个区县法院管辖，这就是地域管辖要解决的问题。案例中，虽然被告贾某的经常居住地为深圳市福田区，但其已经离开住所地上海市虹口区一年以上，符合《民事诉讼法司法解释》第12条第1款的规定，夫妻一方离开住所地超过一年，另一方起诉离婚的案件，可以由原告住所地人民法院管辖。因此，徐某可以向上海市虹口区人民法院提起离婚诉讼。

由于现代社会人口的流动性比较大，婚姻双方当事人可能来自国内不同的地区，也可能来自不同的国度，在离婚时，如何确定案件由哪个法院管辖呢？

离婚案件属于民事案件，在确定管辖时遵循的基本原则是“原告就被告”，即原告起诉应到被告所在地的人民法院提出，但是也有诸多例外情形。

1. 地域管辖的基本原则：原告就被告

《民事诉讼法》第21条规定：“对公民提起的民事诉讼，由被告住所地人民法院管辖；被告住所地与经常居住地不一致的，由经常居住地人民法院管辖。”从以上规定可知，民事诉讼地域管辖的一般原则是“原告就被告”，即原告起诉应到被告所在地的人民法院提出。在法律上，“被告所在地”包括被告住所地和经常居住地。

公民的住所地，是指公民的户籍所在地。公民的经常居住地，是指公民离开住所地至起诉时已连续居住一年以上的地方，公民住院就医的地方除外。

如夫妻两人均系甲地人，婚后双方先后外出工作，男方去了乙地已超过一年，女方去了丙地未超过一年，如男方拟向法院起诉离婚，则丙地没有管辖权，因为被告女方在丙地居住不到一年，未形成经常居住地，本次离婚诉讼应当由被告户籍地甲地人民法院管辖。但是如果女方拟向法院起诉离婚，则应向乙地人民法院起诉。因为被告男方在乙地已经连续居住一年以上，乙地为男方的经常居住地，甲地为男方的户籍所在地，男方住所地与经常居住地不一致的，应当由男方的经常居住地人民法院管辖。

需要注意的是，类似北京这样的大城市，各个基层法院即区法院又根据辖区情况设置若干派出法庭，便于当事人进行诉讼。当事人在确定管辖法院时需要更进一步确定案件应属于哪个派出法庭管辖，以方便起诉和应诉。

综上，离婚案件属于民事案件，其管辖适用《民事诉讼法》关于民事案件管辖的一般规定，即“原告就被告”原则。一般由被告住所地人民法院管辖，即被告的户籍所在地人民法院管辖，如果被告长年在外，形成经常居住地的，则由被告经常居住地人民法院管辖。

2. 特殊规定

（1）一方或双方户籍被注销的

公民的户籍可能因应征入伍、出国、出境、被逮捕、判刑或者劳动教养、人民法院宣告失踪或者宣告死亡等被注销，依据《民事诉讼法》第22条和《民事诉讼法司法解释》第6条的规定确定管辖，即由原告住所地管辖，原告住所地与经常居住地不一致的，由原告经常居住地法院管辖；双方均被注销户籍的，由被告居住地人民法院管辖。

（2）户籍迁出未落户的

依据《民事诉讼法司法解释》第7条的规定，当事人的户籍迁出后尚未落户，有经常居住地的，由该地人民法院管辖。没有经常居住地，由其原户籍所在地人民法院管辖。

（3）对不在中国领域内居住的人提起的离婚诉讼

（4）对下落不明或者宣告失踪的人提起的离婚诉讼

（5）对被采取强制性教育措施的人提起的离婚诉讼

（6）对被监禁的人提起的离婚诉讼

上述第3种至第6种情形，按照《民事诉讼法》第22条的规定，由原告住所地人民法院管辖；原告住所地与经常居住地不一致的，由原告经常居住地人民法院管辖。

此外，《民事诉讼法司法解释》第8条规定，双方当事人都被监禁或被采取强制性教育措施的，由被告原住所地人民法院管辖。被告被监禁或者被采取强制性教育措施一年以上的，由被告被监禁地或被采取强制性教育措施地人民法院管辖。

因此，如夫妻二人，男方户口在A地，女方户口在B地，双方经登记结婚，婚后男方居住在C地超过一年，女方因触犯刑法而入狱，被监禁在D地监狱，监禁时间不到一年，如男方拟提起离婚诉讼，则应当由C地人民法院管辖，如双方因触犯刑法而双双入狱，男方被监禁在E地法院，女方被监禁在F地法院，一年后，男方拟提起离婚诉讼，则应当由F地人民法院管辖。

（7）双方为军人的

《民事诉讼法司法解释》第11条规定，双方当事人均为军人或者军队单位的民事案件由军事法院管辖。

（8）夫妻一方或双方离开住所地超过一年的

《民事诉讼法司法解释》第12条规定，夫妻一方离开住所地超过一年，另一方起诉离婚的案件，可以由原告住所地人民法院管辖。夫妻双方离开住所地超过一年，一方起诉离婚的案件，由被告经常居住地人民法院管辖；没有经常居住地的，由原告起诉时被告居住地人民法院管辖。根据该条规定可知，首先，夫妻一方离开住所地超过一年，另一方起诉离婚可以由其住所地法院管辖；其次，双方均离开住所地超过一年的，则管辖回归“原告就被告”原则，即被告有经常居住地的在经常居住地法院起诉，没有经常居住地的在其居住地法院起诉。

《民事诉讼法司法解释》第12条对离婚诉讼管辖的规范意义重大：一方面，夫妻一方离开住所地超过一年的离婚诉讼中，允许有“原告就被告”原则的例外管辖情况，即“可以”由原告住所地人民法院管辖；另一方面，对夫妻双方离开住所地超过一年的离婚诉讼案件，被告没有经常居住地的，“由原告起诉时被告居住地的人民法院管辖”的规定，有效规制了之前管辖法院的不确定性和随意性，合理保护被告的诉讼权利。

（9）华侨的离婚

《民事诉讼法司法解释》第13条规定，在国内结婚并定居国外的华侨，如定居国法院以离婚诉讼须由婚姻缔结地法院管辖为由不予受理，当事人向人民法院提出离婚诉讼的，由婚姻缔结地或一方在国内的最后居住地人民法院管辖。

《民事诉讼法司法解释》第14条规定，在国外结婚并定居国外的华侨，如定居国法院以离婚诉讼须由国籍所属国法院管辖为由不予受理，当事人向人民法院提出离婚诉讼的，由一方原住所地或在国内的最后居住地人民法院管辖。

（10）中国公民一方或双方在国外的

《民事诉讼法司法解释》第15条规定，中国公民一方居住在国外，一方居住在国内，不论哪一方向人民法院提起离婚诉讼，国内一方住所地的人民法院都有权管辖。如国外一方向居住国法院起诉，国内一方向人民法院起诉的，受诉人民法院有权管辖。

《民事诉讼法司法解释》第16条规定，中国公民双方在国外但未定居，一方向人民法院起诉离婚的，应由原告或者被告原住所地的人民法院管辖。

《民事诉讼法司法解释》第17条规定，已经离婚的中国公民，双方均定居国外，仅就国内财产分割提起诉讼的，由主要财产所在地人民法院管辖。

3. 经常居住地的确定

由于现代社会的流动性较大，被告或者原告起诉时往往身处异地并不在其户籍地，因而在确定案件管辖法院时，经常需要确定被告或者原告的经常居住地。那么，在实践中，如何确定被告或者原告的经常居住地？

根据相关司法解释，公民的经常居住地，是指公民离开住所地至起诉时已连续居住一年以上的地方，公民住院就医的地方除外。因此，形成公民的经常居住地，需要三个条件：（1）连续。所谓“连续”，就是不间断，当然，如果当事人在此期间更换住所，但是仍然与原住址同属一个法院辖区，则并不影响经常居住地的形成。（2）居住。居住就是较长时间生活在某个地方。如果当事人长时间住院就医，则不属于“居住”。（3）一年以上。一年以上，是对连续居住的时间限制，如果当事人在某个地方连续居住的时间少于一年，则不能形成经常居住地。

那么，原告在起诉时，如果受诉人民法院不是原告或者被告的户籍地时，如何提供证据证明案件应当由受诉人民法院管辖？实践中，原告可以提交下列证据予以证明。下面我们以被告经常居住地在北京为例予以说明。

（1）工作居住证或者居住证

工作居住证或者居住证制度是当前常用的城市流动人口管理制度。工作居住证或者居住证能够直接证明持证人的工作居住地或居住地以及持证人在该地居住的时间。

但是北京市工作居住证有效期一般为三年，有效期满后可以办理延期手续。居住证有效期最长为一年，逾期作废。如果居住证有效期满后仍需居住本市的外地来京人员，应当在居住每满一年之日前一个月内，向居住地公安派出所或者公安机关委托的来京人员社区登记服务机构申请办理签注手续。因居住证有效期为一年的限制，导致一个居住证并不能直接证明持证人的经常居住地即为居住证上标示的居住地址，因此，如果以居住证上标示的居住地址所属区域作为被告经常居住地的，原告方一般需要提供两个居住证，两个居住证上的居住地址所属区域应是相同的，日期应当是连续的，而且连续的日期应当满一年。

（2）物业公司、小区居委会、街道办事处或者村委会开具的居住证明

有的法院对于外地人在北京起诉离婚案件立案时审核比较严格。原告方一般需要提供在起诉时被告在现居住地址连续居住满一年的证据，如物业公司、小区居委会、街道办事处或者村委会出具的《居住证明》等。（居住证明的范本详见增值服务部分“常用法律文书”）

（3）其他可以辅助证明经常居住地的证据

提起诉讼的一方当事人如果能够提供《房屋所有权证书》《购房合同》《房屋租赁合同》以及水、电、燃气费，暖气费，物业费等缴费凭证，也可以作为证明经常居住地的辅助证据。

需要注意的是，由于各个法院立案庭对于经常居住地的证明要求不统一，一方当事人依据经常居住地确定案件管辖法院的，应当结合受诉人民法院的具体要求，准备相关证据材料。

二、撰写离婚起诉状

离婚起诉状的具体内容，可参见图 4-8。

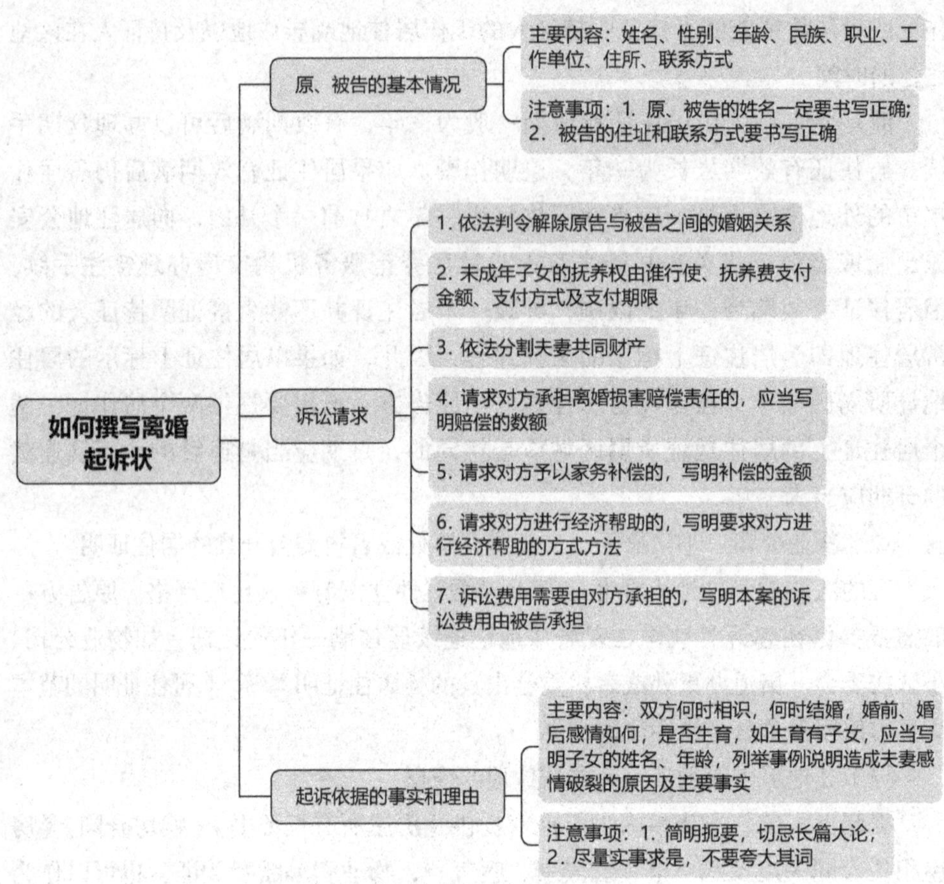

图 4-8　如何撰写离婚起诉状

典型案例

如何撰写离婚起诉状？

段某与冯某菲于 2008 年 12 月 3 日登记结婚，婚后冯某菲发现段某有家庭暴力的倾向，多次协议离婚未果后冯某菲准备到法院提起离婚诉讼。请问，离婚起诉状应当包括哪些内容，应当如何撰写？

律师分析

民事起诉状是提起离婚诉讼时应当提交的法律文书。离婚起诉状一般应有如下内容：

（一）原、被告基本情况

原、被告基本情况，包括原、被告的基本情况，主要包括姓名、性别、年龄、民族、职业、工作单位、住所、联系方式。注意事项：

1. 原、被告的姓名一定要书写正确

如果原告在书写起诉状时出现笔误，法院在立案审查时出现疏忽，那么，法律结果就是告错人，如果法官在审理过程中不允许当事人进行更正的话，案件最终的结果就是驳回原告的起诉或者原告自己撤诉。这样既凭空耗费了时间，又造成了诉讼费的浪费。因此，在书写起诉状时，一定要核对原、被告的姓名是否正确。

2. 被告的住址和联系方式要书写正确

原告在法院立案时，法院通常会让当事人填写一份《当事人送达地址确认书》，即让当事人确认原、被告的送达地址，以便法院向原、被告送达应诉通知书、起诉状副本、开庭传票、判决书等相关法律文书。如果原告提供的地址有误，导致相关法律文书无法送达，则法院可能需要通过公告方式送达法律文书，这势必会拖延整个诉讼程序的进行。

另外，现代社会通信技术发达，一个电话可以便捷地联系到当事人。因此，有的法官通过打电话的方式通知当事人来法院领取《民事起诉状》《举证通知书》《应诉通知书》等法律文书，这样更加省时省力，还可以加快诉讼程序的进展。

（二）诉讼请求

离婚案件诉讼请求一般有以下几个方面：

第一，依法判令解除原告与被告之间的婚姻关系。

第二，未成年子女由谁抚养、抚养费支付金额、支付方式及支付期限。

第三，共同财产的处理。有财产争议时写明财产分割意见，无财产争议或者已自行处理完毕的可以写明无须法院处理。

第四，请求对方承担离婚损害赔偿责任的，应当写明赔偿的数额。

第五，请求对方予以家务劳动补偿的，应当写明补偿的金额。

第六，请求对方进行经济帮助的，应当写明要求对方进行帮助的方式方法。

第七，诉讼费用需要对方承担的，直接写明本案的诉讼费用由对方承担。

（三）起诉依据的事实和理由

这一部分需要写明：双方何时相识、何时结婚，婚前、婚后感情如何，是否生育子女，如育有子女，应写明子女的姓名、性别、年龄，列举事例说明造成夫妻感情破裂的原因和主要事实、理由。撰写起诉依据的事实和理由时，需要注意：

1. 简明扼要，忌长篇大论

原告一方在起诉时，想要将自己对婚姻生活的不满全部列举出来，以证明自己对婚姻生活失去信心，夫妻感情确已破裂，但俗话说，言多必失，稍有不慎，可能会将对自己不利的话写到起诉状里，导致自己在诉讼中处于不利地位。因此，要尽量简明扼要，最好多描述客观情况，如何时结婚，是否生育子女，子女的性别、年龄等情况，对于没有证据的主观猜测，尽量不提，以免给对方当事人以口实，反告自己疑心太重，将离婚原因归结为原告一方的无端猜测。

2. 尽量实事求是，不要夸大其词

在离婚案件中，常见原告一方当事人在起诉状中贬低对方当事人，甚至对其进行人格侮辱，过分地夸大对方当事人的过错，以此达到丑化对方当事人，赢得法官同情的目的。殊不知，这样容易引起法官的反感，可能立案时就会被法官要求修改，即便通过了法官的审查，也可能会激怒对方当事人，从而不利于案件的调解。因此，即便被告一方存在过错，原告在起诉时也应当点到为止，不要过分渲染，以便顺利立案，并为诉讼中调解离婚打好基础。

另外，有的案件中，提起离婚诉讼的一方属于过错方，或者夫妻双方并无大的矛盾，在书写起诉状时，可概括列明夫妻婚前感情基础薄弱、婚后发现夫妻性格不合，人生观、价值观不一致，又缺乏有效沟通，再列举夫妻在家庭生活中不和谐的事实，说明原告认为夫妻感情确已破裂即可。（离婚起诉状的范本详见增值服务部分“常用法律文书”）

三、立案时需要提交的材料

离婚诉讼立案时需要提交的材料参见图 4–9。

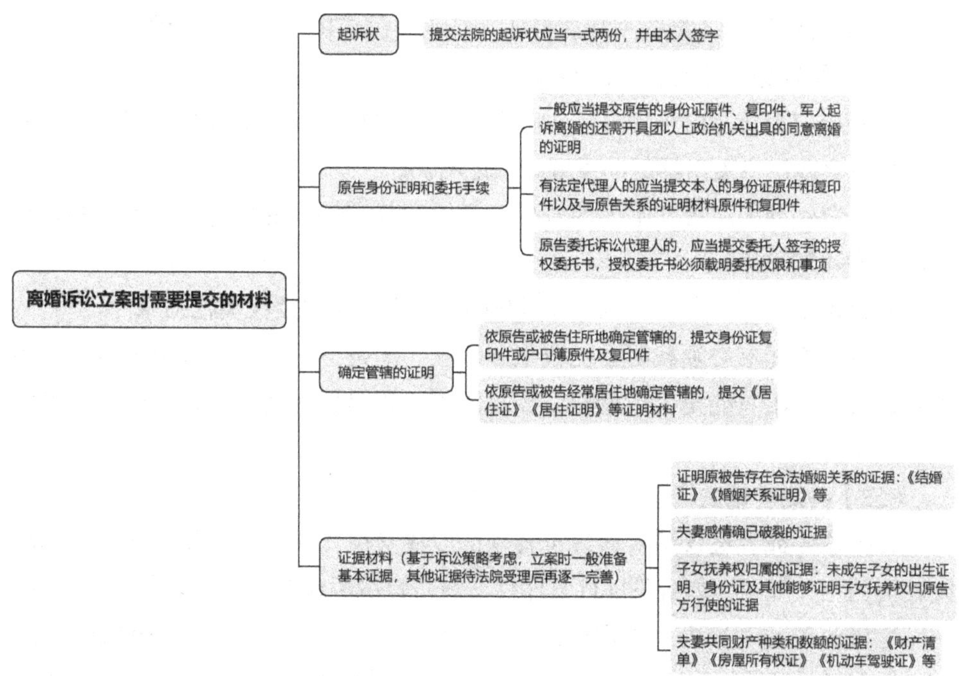

图 4-9　离婚诉讼立案时需要提交的材料

典型案例

离婚，您准备好材料了吗？

周某与吴某于 2015 年 4 月相识，2015 年 6 月登记结婚，婚后生育一女，取名周某娜。由于二人婚前感情基础薄弱，婚后又缺乏沟通，导致夫妻感情破裂。二人因子女抚养、财产分割等问题不能达成一致意见，周某决定向人民法院起诉离婚。请问，周某提起离婚诉讼时需要向法院提交哪些材料？

律师分析

根据相关要求，一方提起离婚诉讼，立案时应向法院提交的材料有：

（一）起诉状

1. 当事人应提交起诉状正本一份，并提交副本一份。
2. 起诉状应为手写或打印，手写起诉状的，应用黑色钢笔或签字笔。
3. 起诉状应由本人签名并注明年月日。

4. 起诉材料用 A4 纸张书写或打印，纸张左侧应留两厘米装订线。

（二）原告身份证明和委托手续

1. 一般应提交身份证原件（供法院审查）和复印件。军人起诉离婚的还需开具团以上政治机关出具的同意离婚的证明。

2. 法定代理人应提交本人的身份证原件和复印件以及其与原告关系的证明材料原件和复印件。

3. 原告委托诉讼代理人的，应提交由委托人签字的授权委托书原件。

4. 授权委托书必须载明委托权限和事项。离婚诉讼中，因涉及身份关系的解除，委托权限只能是一般授权。委托事项可以是代为起诉、代为应诉、代为接收法律文书等。

（三）确定管辖的证明

1. 依原告或者被告住所地确定管辖的，提交原告或者被告住所地属受诉法院辖区的相关证明，如身份证件复印件或者户口簿原件及复印件。

2. 依原告或者被告经常居住地确定管辖的，提交原告或者被告的居住证、工作居住证、经常居住地居委会、物业公司、街道办事处或者村委会开具的《居住证明》，具体需要提供的材料以受诉法院的要求为准。

（四）证据材料

1. 当事人在起诉时应当提供与本案有关的能够证明原被告之间存在合法婚姻关系、夫妻感情确已破裂、共同财产种类和数额以及子女抚养权归属方面的基本证据。对于有共同财产的，一般要提交《财产清单》。需要注意，基于诉讼策略的考虑，立案时提交证据，往往只提交基本证据，能够立案即可，其他证据待法院受理案件后，再逐一补充完善，在法院指定举证期限内予以提交。

2. 原告在起诉时因客观原因无法自行收集与本案有关的主要证据，应提出书面申请，请求人民法院进行调查取证。

3. 提交相关证据材料的复印件一式二份。证据是外文文本的，应同时提交中文译本。依据《证据规定》（法释〔2019〕19 号），如当事人提供的公文书证来源于国外，需经当地公证机关公证；如涉及身份关系的证据来源于国外，需经当地公证机关公证并经我国驻该国使领馆认证；如证据来源于港、澳、台地区，则需要履行相应的证明手续。

四、财产清单的提交技巧

典型案例

对方的收入我不清楚，财产清单如何提交？

王某与马某兰系夫妻关系，二人婚前缺乏了解，草率结婚，婚后王某发现马某兰性格较为强势，双方的价值观等严重不一致。2015 年 1 月二人开始分居，分居期间双方的感情并未缓和，2018 年 5 月王某决意离婚并准备了相关的材料到法院起诉立案，法院收到材料后要求王某提交《财产清单》。请问，王某应当如何提交《财产清单》？

律师分析

在离婚案件立案时，法院一般都会要求当事人提交《财产清单》，有的法院会提供格式文本，由当事人按照格式文本的内容进行填写，有的法院则要求当事人自己制作。法院之所以要求当事人在立案时提交《财产清单》，一是为立案后计算和收取诉讼费用提供依据，二是为日后判决离婚时确定夫妻共同财产的种类和价值提供依据。（财产清单的范本详见增值服务部分“常用法律文书”）因此，当事人在立案阶段，提交《财产清单》时就应当掌握一定的技巧，而不能事无巨细地将所有财产都列在清单上。

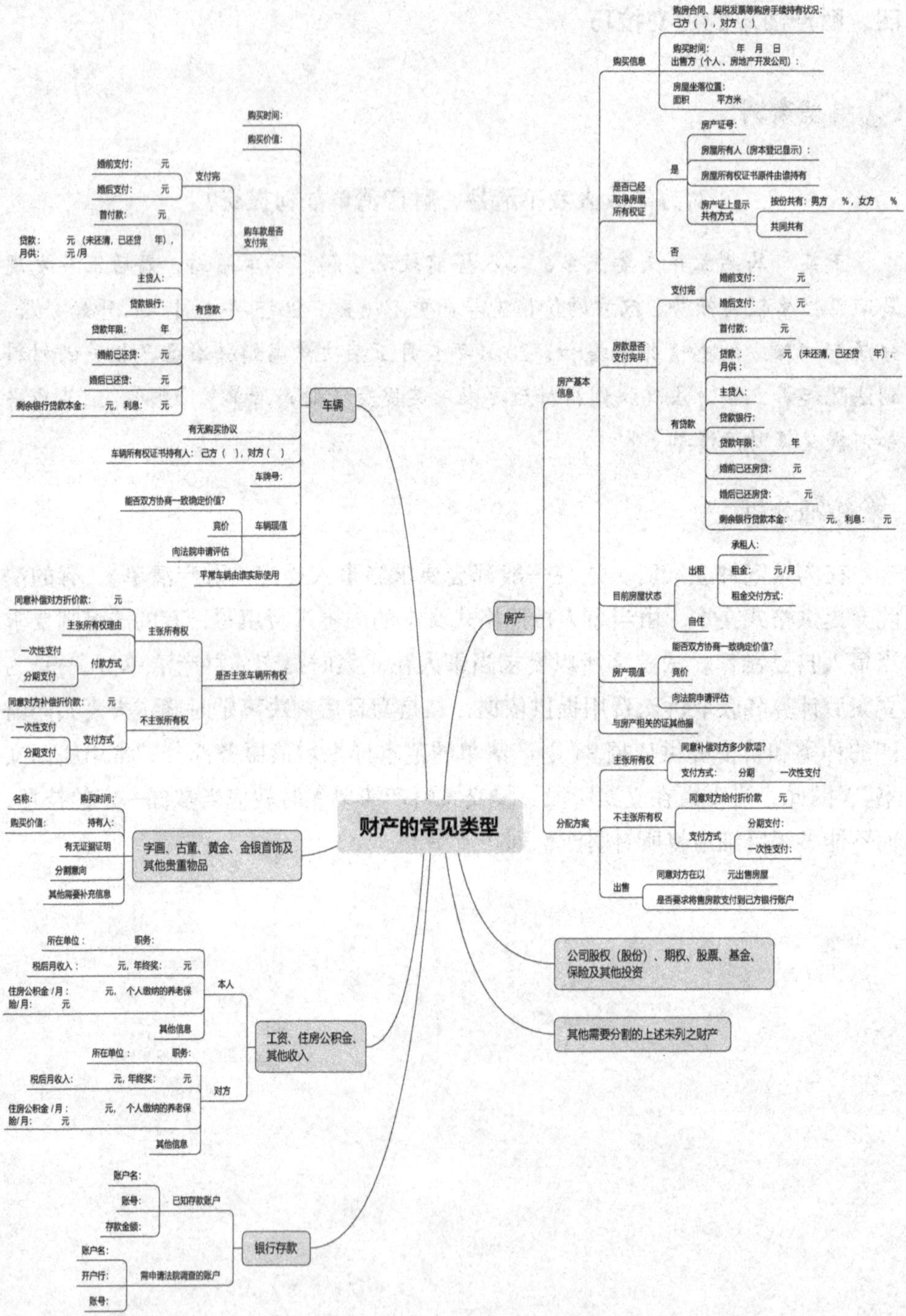

- 财产的常见类型
  - 车辆
    - 购买时间：
    - 购买价值：
    - 购车款是否支付完
      - 支付完
        - 婚前支付：　　元
        - 婚后支付：　　元
      - 有贷款
        - 首付款：　　元
        - 贷款：　　元（未还清，已还贷　　年），月供：　　元/月
        - 主贷人：
        - 贷款银行：
        - 贷款年限：　　年
        - 婚前已还贷：　　元
        - 婚后已还贷：　　元
        - 剩余银行贷款本金：　　元，利息：　　元
    - 有无购买协议
    - 车辆所有权证书持有人：己方（　），对方（　）
    - 车牌号：
    - 车辆现值
      - 能否双方协商一致确定价值？
      - 竞价
      - 向法院申请评估
    - 平常车辆由谁实际使用
    - 是否主张车辆所有权
      - 主张所有权
        - 同意补偿对方折价款：　　元
        - 主张所有权理由
        - 付款方式
          - 一次性支付
          - 分期支付
      - 不主张所有权
        - 同意对方补偿折价款：　　元
        - 支付方式
          - 一次性支付
          - 分期支付
  - 字画、古董、黄金、金银首饰及其他贵重物品
    - 名称：　　购买时间：
    - 购买价值：　　持有人：
    - 有无证据证明
    - 分割意向
    - 其他需要补充信息
  - 工资、住房公积金、其他收入
    - 本人
      - 所在单位：　　职务：
      - 税后月收入：　　元，年终奖：　　元
      - 住房公积金/月：　　元，个人缴纳的养老保险/月：　　元
      - 其他信息
    - 对方
      - 所在单位：　　职务：
      - 税后月收入：　　元，年终奖：　　元
      - 住房公积金/月：　　元，个人缴纳的养老保险/月：　　元
      - 其他信息
  - 银行存款
    - 已知存款账户
      - 账户名：
      - 账号：
      - 存款金额：
    - 需申请法院调查的账户
      - 账户名：
      - 开户行：
      - 账号：
  - 房产
    - 房产基本信息
      - 购买信息
        - 购房合同、契税发票等购房手续持有状况：己方（　），对方（　）
        - 购买时间：　　年　月　日　出售方（个人、房地产开发公司）：
        - 房屋坐落位置：　面积　　平方米
      - 是否已经取得房屋所有权证
        - 是
          - 房产证号：
          - 房屋所有人（房本登记显示）：
          - 房屋所有权证书原件由谁持有
          - 房产证上显示共有方式
            - 按份共有：男方　　%，女方　　%
            - 共同共有
        - 否
      - 房款是否支付完毕
        - 支付完
          - 婚前支付：　　元
          - 婚后支付：　　元
        - 有贷款
          - 首付款：　　元
          - 贷款：　　元（未还清，已还贷　　年），月供：
          - 主贷人：
          - 贷款银行：
          - 贷款年限：　　年
          - 婚前已还房贷：　　元
          - 婚后已还房贷：　　元
          - 剩余银行贷款本金：　　元，利息：　　元
      - 目前房屋状态
        - 出租
          - 承租人：
          - 租金：　　元/月
          - 租金交付方式：
        - 自住
      - 房产现值
        - 能否双方协商一致确定价值？
        - 竞价
        - 向法院申请评估
      - 与房产相关的证其他据
    - 分配方案
      - 主张所有权
        - 同意补偿对方多少款项？
        - 支付方式：　分期　　一次性支付
      - 不主张所有权
        - 同意对方给付折价款　　元
        - 支付方式
          - 分期支付：
          - 一次性支付：
      - 出售
        - 同意对方在以　　元出售房屋
        - 是否要求将售房款支付到己方银行账户
  - 公司股权（股份）、期权、股票、基金、保险及其他投资
  - 其他需要分割的上述未列之财产

图 4-10　财产的常见类型

提交《财产清单》时主要应当注意以下几个方面。

（一）立案时尽可能制作财产总额不超过 20 万元的财产清单，在立案标明“暂列”，以避不诚信诉讼之嫌

离婚案件中，法院是根据是否涉及财产分割以及分割的财产总额来计算和收取诉讼费用的。财产清单中所列的财产价值越高，当事人需要交纳的诉讼费用也就越多。

依据《诉讼费用交纳办法》第 13 条第 2 项的规定，离婚案件每件交纳 50 元至 300 元。涉及财产分割，财产总额不超过 20 万元的，不另行交纳；超过 20 万元的部分，按照 0.5% 交纳。

因此，建议当事人所列《财产清单》中的财产总额不要超过 20 万元，用于立案，尽快启动诉讼程序，缓减经济压力，然后在诉讼过程中再针对财产问题提交详细的材料。这样做主要考虑以下几个方面：其一，第一次起诉离婚时，如果没有确凿证据证明夫妻感情确已破裂，法院不一定能够判决双方离婚，还需要当事人二次起诉。如果法院判决不准离婚，当事人立案时所交纳的诉讼费用如果是按照简易程序收取的，是不予退还的，那么将导致当事人婚没离成，还白白损失了诉讼费用。其二，在离婚诉讼进行过程中，双方当事人可能会就离婚及财产分割问题达成和解协议，如果原告方撤诉的话，诉讼费用减半收取，当事人将损失一半的诉讼费用。所以，当事人列的财产价值越高，交纳的诉讼费用越多，损失的也就越多。其三，有的时候，某些财产所有权归属不明，导致当事人起诉离婚时要求分割的财产，法院最终确认为他人的财产；如果将涉及第三人利益的财产也列到清单中，就白白损失了诉讼费用。

需要提醒读者注意的是，如果财产种类、数量、价值能够基本确定，应当将财产状况列明，以免审理案件的法官认为原告方在财产方面不诚信。

（二）财产清单中所列财产的价值不好确定时，可以使用“暂估”一词

在列财产清单时，会遇到房产等价格变化较大或者无法确切估值，需要法院委托专业机构进行评估才能确定财产的价值。此时，当事人在列《财产清单》时，最好用“暂估”等词，以避免将来对方当事人在此做文章，产生不必要的麻烦。

（三）举证期限内及时对财产清单进行补充

在案件审理时，法院会查明当事人婚前、婚后财产的详细状况，而当事人在发现财产清单中所列的财产有所疏漏或者认为某项财产需要法院来处理，但是《财产清单》中未列明的，当事人应当在举证期限内向法院提供财产证明，要求法院依法予以分割。如果超过举证期限再提出补充的，则可能导致整个诉讼程序的拖延。

（四）准备相关财产的证明以备法院调查

列财产清单时，除了要写明财产的名称、规格、数量外，还需要标明财产价值并提供相关财产的证明，如《房屋所有权证》《机动车行驶证》等。如果没有相关证据，则应在起诉前及时向相关部门查询财产档案以备法院调查或者提供财产线索申请法院进行调查。

五、法院的立案审查

离婚案件中，法院立案时审查的内容可参见图 4-11。

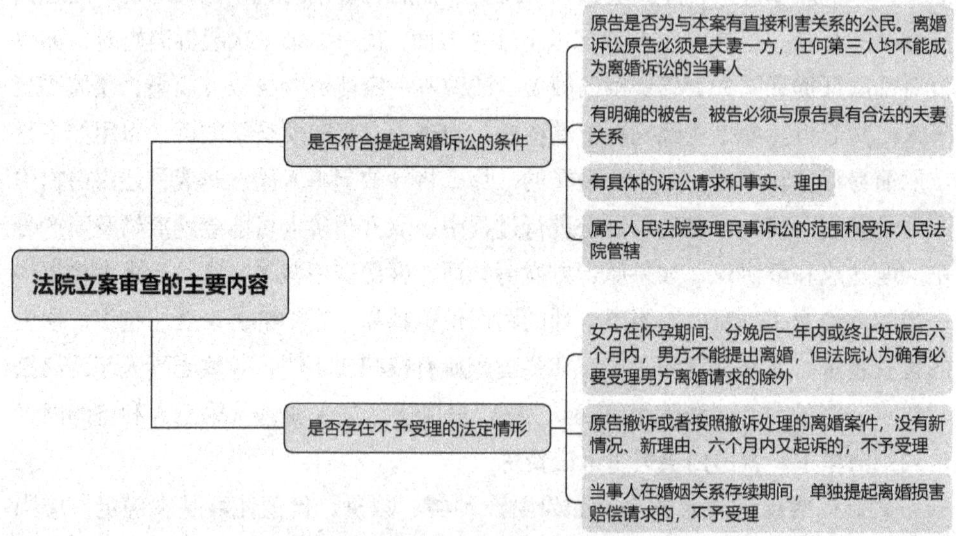

图 4-11　法院立案审查的主要内容

典型案例

起诉，您得明明白白

吴某与苏某系夫妻，婚后不久苏某就发现丈夫在外有了其他女人。因不堪忍受丈夫的三心二意，苏某决定向法院起诉离婚，但由于自己之前并没有打过官司，对法院立案的要求及程序也不了解。请问，苏某到法院窗口递交起诉材料后，法院是否会受理？

律师分析

我国实行“立案登记”制度，《民事诉讼法司法解释》第208条规定，人民法院接到当事人提交的民事起诉状时，对符合《民事诉讼法》第119条的规定，且不属于第124条规定情形的，应当登记立案；对当场不能判定是否符合起诉条件的，应当接收起诉材料，并出具注明收到日期的书面凭证。需要补充必要相关材料的，人民法院应当及时告知当事人。在补齐相关材料后，应当在七日内决定是否立案。立案后发现不符合起诉条件或者属于《民事诉讼法》第124条规定情形的，裁定驳回起诉。

案例中，如果苏某的起诉符合离婚案件立案的条件，法院应当登记立案，当场不能判定是否符合起诉条件的，法院应当接收起诉材料，并出具注明收到日期的书面凭证。需要补充必要相关材料的，法院应当及时告知苏某，向苏某出具《立案补充、补正材料一次性告知书》，在苏某补齐相关材料后，法院在七日内决定是否立案。

法院收到当事人提交的起诉材料后，主要从以下几方面进行审查。

（一）是否符合提起离婚诉讼的条件

1. 原告是与本案有直接利害关系的公民。提起离婚诉讼的，必须是婚姻关系的一方当事人，其他任何第三人均不能成为离婚诉讼当事人。

2. 有明确的被告。被告必须与原告具有合法夫妻关系，即双方必须是合法配偶。

3. 有具体的诉讼请求和事实与理由。提起离婚诉讼的一方，必须向人民法院提交离婚起诉状正本及副本各一份，起诉书中要有明确的诉讼请求、事实与理由、财产的分割、子女的抚养等内容。

4. 属于人民法院受理民事诉讼的范围和受诉人民法院管辖。

上述是在离婚诉讼的大前提下，结合《民事诉讼法》第119条规定的法院受理案件的条件，总结出来的诉讼离婚的受理条件，也就是说只有在这些条件都符合时，法院才会受理这样的案件。

法院不予受理离婚案件的理由多种多样。最常见的原因就是不能全部满足上述所罗列的那些应当符合受理的条件。在这些条件欠缺的情况下，法院是不予以受理的。例如，案件本应属于其他地区的法院管辖，超出了法院案件的管辖范围的，或者原告是夫或妻一方的父母，原告不符合起诉主体资格的。

（二）是否存在不予受理的法定情形

依据《民事诉讼法》第124条第6项和第7项以及《民法典》及其司法解

释等相关规定，不予受理的离婚案件法定情形主要有以下几种。

1. 女方在怀孕期间、分娩后一年内或终止妊娠后六个月内，男方不得提出离婚

《民法典》第1082条规定，女方在怀孕期间、分娩后一年内或者终止妊娠后六个月内，男方不得提出离婚；但是，女方提出离婚或者人民法院认为确有必要受理男方离婚请求的除外。《民法典》第1082条是对男方离婚请求权的限制，立法目的是保护妇女儿童合法权益。因为在上述期间内，妇女的身体比较虚弱，心理比较脆弱，婴儿（胎儿）也需要精心照顾和呵护，如果允许男方在此期间提起离婚诉讼，既影响妇女的身心健康，也不利于婴儿（胎儿）的发育和成长，因此，法律作出上述规定，体现了法律的人性化，具有必要性和合理性。当然，上述期间届满，男方的离婚请求权自行恢复。

法律对男方离婚请求权限制主要有三种情形：

（1）女方在怀孕期间。怀孕期间，是指女方从受孕开始到分娩或者到终止妊娠的期间，在此期间，男方不得提出离婚。

（2）女方分娩后一年内。分娩，俗称“生孩子”，女方生孩子后一年内，男方不得提出离婚，不论孩子出生时是活体还是死体，只要有分娩的事实即可。

（3）女方中止妊娠后六个月内。中止妊娠，俗称“流产”，既包括人工流产，也包括自然流产。女方中止妊娠后六个月内，男方不得提出离婚。

如果在立案前人民法院发现女方存在上述情形的，应当裁定不予受理。如果男方在立案时故意隐瞒上述情况或者不知道女方有上述情况，人民法院也未发现女方有上述情况，在立案后，发现女方有上述情况的，人民法院应当直接裁定驳回起诉，不能对案件进行实体审理。对于前述情形下的裁定，男方不服的，可以提起上诉。如果在一审判决离婚后，二审期间才发现女方有上述情况的，二审人民法院应当裁定撤销原判，驳回起诉，该裁定为终审裁定。

需要注意：法律对男方离婚请求权限制并非绝对的，也有例外。女方提出离婚的，或者人民法院认为确有必要受理男方离婚请求的，不在此限。

（1）女方提出离婚的。上述法律限制的是男方的离婚请求权，主要目的是保护妇女儿童的合法权益，但是如果女方认为婚姻关系的维持损害到女方的利益，比如男方有家庭暴力或者虐待、遗弃女方的行为，女方的生命安全处于危险状态，那么女方请求离婚的权利是不受限制的。女方在上述期间内提起离婚诉讼的，人民法院应当依法受理。

（2）人民法院认为确有必要受理男方离婚请求的。司法实践中，以下几种

情形可以视为“确有必要”：①女方有重大过错的。如男方有确凿证据证明女方婚后自愿与他人发生性关系而怀孕的，包括女方婚后卖淫、与他人通奸、姘居或重婚而怀孕的；如果女方因被他人强奸导致怀孕的，或者女方因其他原因被迫与他人发生性关系而怀孕的，不属于女方有过错，男方不得以此为由提起离婚。②有重大紧急情况的。如男方生命受到女方威胁或其合法权益受到女方严重侵害，导致双方不能共同生活的，或者不受理男方的离婚请求，可能激化矛盾，发生恶性刑事案件的，人民法院可以受理男方离婚请求。

2. 原告撤诉或者按撤诉处理的离婚案件，没有新情况、新理由，六个月内又起诉的，可依照《民事诉讼法》第 124 条第 7 项及《民事诉讼法司法解释》第 214 条的规定不予受理

（1）原告撤诉，是指原告主动申请撤回起诉的行为。依据《民事诉讼法》第 145 条的规定，宣判前，原告申请撤诉的，是否准许，由人民法院裁定。人民法院裁定准许撤诉的离婚案件，没有新情况、新理由，六个月内又起诉的，人民法院不予受理。需要注意，如果人民法院裁定不准许撤诉，原告经传票传唤，无正当理由拒不到庭的，法院可以缺席判决。

（2）按撤诉处理，是指受诉人民法院依照法律的明确规定，针对原告（或者上诉人）的某些行为，比照申请撤诉的情况来对案件作出处理。按撤诉处理的情况主要有：①原告或者上诉人未在规定的时间内预交诉讼费用，人民法院应当通知其预交，通知后仍不交纳，或申请缓交、减交、免交未获人民法院批准仍不交纳诉讼费用的。②原告或者上诉人经传票传唤，无正当理由拒不到庭或者未经法庭许可中途退庭的。③无民事行为能力的原告的法定代理人，经法院传票传唤无正当理由拒不到庭或者未经法庭许可中途退庭的。

需要注意，判决不准离婚、调解和好的离婚案件的被告向人民法院起诉的，不受《民事诉讼法》第 124 条第 7 项规定的条件限制，被告在六个月内起诉的，人民法院仍应受理。

前述“新情况、新理由”的含义，法律没有具体规定，由人民法院根据实际情况予以确定。一般而言，“新情况、新理由”是指原告在撤诉、按撤诉处理后以及法院判决不准离婚或者调解和好后，出现了新的夫妻不能继续共同生活的重大紧急事由，比如因家庭暴力导致提起离婚诉讼，后原告撤诉、法院按撤诉处理、判决不准离婚或者调解和好后，一方违反人身安全保护裁定的，或者夫妻一方对另一方或者夫妻双方发生伤害或者互相伤害的行为，如果不受理一方的离婚诉讼，可能会导致激化矛盾或者发生恶性事件的。

"六个月"起算点应为法院第一次作出生效裁判或者调解书的日期，而不是当事人第一次起诉或者申请撤诉的日期。对于因在上述六个月期限内起诉离婚，被法院裁定驳回起诉的，六个月的期限不是重新计算，而应从第一次生效裁判或者调解书作出之日起计算。

3. 当事人在婚姻关系存续期间，单独提起离婚损害赔偿请求的

依据《民法典婚姻家庭编解释（一）》第 88 条第 1 项的规定，符合《民法典》第 1091 条规定的无过错方作为原告基于该条规定向人民法院提起损害赔偿请求的，必须在离婚诉讼的同时提出。因此，如果当事人只提起离婚损害赔偿请求，而不请求离婚的，人民法院不予受理。

通过上文的讲述，可以初步理解法院受理离婚案件的条件是什么，什么情况法院不予受理。这是诉讼离婚的第一步，只有在法院受理的前提下，才会对离婚案件进行审理。

（三）人民法院对案件审查后的处理

人民法院收到起诉状或者口头起诉后，经审查，认为符合受理条件，材料齐全的，决定立案，接收材料，为当事人出具《接收材料收据》《诉讼费交纳通知书》《案件受理通知书》，要求当事人填写《送达地址确认书》。法院经审查，认为符合受理条件，材料不合格的，一次性告知当事人补充修改，一般法院实行首问负责制，即当事人补充完材料后，交由原立案窗口继续审查。法院经审查，认为不符合受理条件的，应当在七日内裁定不予受理；原告对裁定不服的，可以提起上诉。

六、诉讼费用

典型案例

离婚时，我是不是得把所有财产都列全？

郭某与王某系夫妻关系，婚后因三观不合导致感情破裂，郭某打算去法院起诉离婚，为了防止自己遗漏夫妻共同财产，郭某专门制作了财产清单，将全部夫妻共同财产都登记在册，粗略统计后郭某与王某的夫妻共同财产总价值约 5000 万元。郭某向律师咨询离婚事宜的过程中，律师建议郭某在第一次起诉立案时的财产清单尽量不超过 20 万元，以便节约诉讼费。请问，第一次起诉离婚时郭某需要将全部的财产都列入吗？

律师分析

实践中，如双方对是否解除婚姻关系未达成一致意见，法院在第一次起诉离婚时大多数都判决双方不准离婚，自然地也不会对夫妻共同财产进行处理。而财产清单的数额直接决定了原告在起诉时预交的案件受理费的多少，所以，为了尽快推动离婚诉讼的进程及节省诉讼费，在立案时当事人无须在财产清单中罗列全部的夫妻共同财产（如何提交财产清单可参见本节“财产清单的提交技巧”）。

当事人进行离婚诉讼，应当依法交纳诉讼费用。诉讼费用包括三种，分别是：（1）案件受理费；（2）申请费；（3）证人、鉴定人、翻译人员、理算人员在人民法院指定日期出庭发生的交通费、住宿费、生活费和误工补贴。2007 年 4 月 1 日起施行的《诉讼费用交纳办法》详细规定了诉讼费用交纳范围、交纳标准、诉讼费用交纳和退还、诉讼费用的负担以及司法救助的条件。

（一）离婚案件诉讼费的交纳标准

《诉讼费用交纳办法》第 13 条第 2 项规定，离婚案件每件交纳 50 元至 300 元。涉及财产分割，财产总额不超过 20 万元的，不另行交纳；超过 20 万元的部分，按照 0.5% 交纳。第 10 条规定，当事人依法向人民法院申请保全措施的，应当交纳申请费。第 14 条第 2 项规定，申请保全措施的，根据实际保全的财产数额按照下列标准交纳申请费：财产数额不超过 1000 元或者不涉及财产数额的，每件交纳 30 元；超过 1000 元至 10 万元的部分，按照 1% 交纳；超过 10 万元的部分，按照 0.5% 交纳。但是，当事人申请保全措施交纳的费用最多不超过 5000 元。第 11 条规定，证人、鉴定人、翻译人员、理算人员在人民法院指定日期出庭发生的交通费、住宿费、生活费和误工补贴，由人民法院按照国家规定标准代为收取。第 15 条规定，以调解方式结案或者当事人申请撤诉的，减半交纳案件受理费。第 16 条规定，适用简易程序审理的案件减半交纳案件受理费。

（二）诉讼费用的缴纳

法院收到当事人的立案材料后，决定立案的，会为当事人开具《诉讼费交款通知书》，当事人需持该通知书去银行（中国农业银行等）或法院缴费窗口缴纳诉讼费用。原告自接到人民法院交纳诉讼费用通知次日起 7 日内预交案件受理费。银行收费后，会出具《回执单》，当事人需将银行开具的《回执单》交至法院财务室换取《人民法院诉讼收费专用票据》。《人民法院诉讼收费专用票据》一式三联，一联由财务室留存，一联由当事人交至开票法官处，一联由当事人自己留存。至此，完成立案。

申请费由申请人在提出申请时或者在人民法院指定的期限内预交。证人、鉴定人、翻译人员、理算人员在人民法院指定日期出庭发生的交通费、住宿费、生活费和误工补贴等费用，待实际发生后交纳，由败诉一方当事人负担。当事人申请证人作证的，由该当事人先行垫付；当事人没有申请，人民法院通知证人作证的，由人民法院先行垫付。

当事人交纳诉讼费用确有困难的，可以向人民法院申请缓交、减交或者免交诉讼费用的司法救助。

（三）不按时交纳诉讼费用的法律后果

当事人逾期不交纳诉讼费用又未提出司法救助申请，或者申请司法救助未获批准，在人民法院指定期限内仍未交纳诉讼费用的，由人民法院依照有关规定处理，一般经法院核实情况之后会裁定按自动撤诉处理。按照自动撤诉处理的离婚案件，没有新情况、新理由，原告六个月内又起诉的，人民法院不予受理。

（四）诉讼费用的补交和退还

涉及财产分割的离婚案件，如果当事人在诉讼中增加诉讼请求数额的，按照增加后的诉讼请求数额计算补交案件受理费。当事人在法庭调查终结前提出减少诉讼请求数额的，按照减少后的诉讼请求数额计算退还案件受理费。

因案件存在不予受理的法定情形，第一审人民法院裁定不予受理或者驳回起诉的，应当退还当事人已交纳的案件受理费；当事人对第一审人民法院不予受理、驳回起诉的裁定提起上诉，第二审人民法院维持第一审人民法院作出的裁定的，第一审人民法院应当退还当事人已交纳的案件受理费。第二审人民法院决定将案件发回重审的，应当退还上诉人已交纳的第二审案件受理费。

（五）离婚案件诉讼费用的负担

依据《诉讼费用交纳办法》第 33 条的规定，离婚案件诉讼费用的负担由双方当事人协商解决；协商不成的，由人民法院决定。另据第 31 条的规定，经人民法院调解达成协议的案件，诉讼费用的负担由双方当事人协商解决；协商不成的，由人民法院决定。因此，对于离婚案件，不管案件结果如何，诉讼费用的负担都是先由双方当事人协商解决，协商不成的，由人民法院决定。

（六）司法救助

当事人交纳诉讼费用确有困难的，可以向人民法院申请缓交、减交或者免交诉讼费用的司法救助。《诉讼费用交纳办法》第 45 条、第 46 条和第 47 条分别规定了诉讼费用免交、减交和缓交的适用情形。离婚案件当事人如果是残疾人无固定生活来源的；属于最低生活保障对象、农村特困定期救济对象、农村五保供养对象或者领取失业保险金人员，无其他收入的；或者具有确实需要免交的其他情形的，人民法院应当准予免交。离婚案件当事人如果因自然灾害等不可抗力造成生活困难，正在接受社会救济，或者家庭生产经营难以为继的；属于国家规定的优抚、安置对象的；或者具有确实需要减交的其他情形的，人民法院应当准予减交，减交比例不得低于30%。离婚案件当事人如果正在接受有关部门法律援助的；或者具有确实需要缓交的其他情形的，人民法院应当准予缓交。人民法院准予缓交的决定应当在决定立案之前作出。

当事人申请司法救助，应当在起诉或者上诉时提交书面申请、足以证明其确有经济困难的证明材料以及其他相关证明材料。因生活困难申请免交、减交诉讼费用的，还应当提供本人及其家庭经济状况符合当地民政、劳动保障等部门规定的公民经济困难标准的证明。人民法院对当事人的司法救助申请不予批准的，应当向当事人书面说明理由。

七、立案后的案件跟踪

当事人立案完成后，案件从立案庭转到具体审判庭，审判庭内勤将案件分配给具体承办法官，法官负责案件的审判工作。因此，当事人立案后，查询案件进展情况，可以到法院立案大厅设置的查询窗口查询或者与法院的内勤联系，查询办案法官的姓名和办公电话。需要注意，并非任何人都可以查询案件进展情况，一般法院需要当事人出示身份证、律师证或其他有效证件。委托代理人代为查询的，还应当出示授权委托书。当然各个法院要求的查询手续不统一，具体案件的查询事宜需要在立案时与立案法官沟通。如北京法院在立案后，法院会向原告出具“诉讼服务告知书”，告知当事人可以通过北京法院审判信息网、北京法院 APP 及北京法院 12368 语音服务平台查询案件进展情况。

八、送达

《民事诉讼法》第 125 条规定，人民法院应当在立案之日起五日内将起诉状副本发送被告，被告应当在收到之日起十五日内提出答辩状。人民法院应当在收到答辩状之日起五日内将答辩状副本发送原告。第 126 条规定，人民法院对决定受理的案件，应当在受理案件通知书和应诉通知书中向当事人告知有关的诉讼权利义务，或者口头告知。第 136 条规定，人民法院审理民事案件，应当在开庭三日前通知当事人和其他诉讼参与人。公开审理的，应当公告当事人姓名、案由和开庭的时间、地点。

实践中，人民法院在送达上述文书时，往往会要求受送达人在《送达回证》上记明收到日期并签名，受送达人在《送达回证》上的签收日期为送达日期。当事人应当特别注意上述文书的送达日期，相关日期关系到当事人诉讼权利的行使。比如，当事人收到《民事起诉状》副本之后，如果要提交答辩状或者提出管辖权异议申请的，应当在收到《民事起诉状》副本之日起十五日内提交。如果超过这个时限，法官就不予审查异议申请。又如，法院的开庭通知应当在开庭三日前送达当事人，如果从通知开庭到实际开庭时间间隔少于三日的，当事人可以要求法官予以推迟，以便给自己留出更充分的时间准备诉讼。

法院送达诉讼文书，往往采用直接送达的方式，将诉讼文书直接交给当事人，受送达人本人不在，交由他的同住成年家属签收；受送达人有诉讼代理人的，可以送交其代理人签收；受送达人已向人民法院指定代收人的，送交代收人签收。受送达人的同住成年家属，诉讼代理人或者代收人在送达回证上签收的日期为送达日期。如果经受送达人同意，人民法院可以采用传真、电子邮件等能够确认其收悉的方式送达诉讼文书，但判决书、裁定书、调解书除外。采用前述方式送达的，以传真、电子邮件等到达受送达人特定系统的日期为送达日期。

直接送达诉讼文书有困难的，可以委托其他人民法院代为送达或者邮寄送达，邮寄送达的，以回执上注明的收件日期为送达日期。也可以通过相关机构转交，比如受送达人是军人的，通过其所在部队团以上单位的政治机关转交；受送达人被监禁的，通过其所在监所转交；受送达人被采取强制性教育措施的，通过其所在强制性教育机构转交。代为转交的机关、单位收到诉讼文书后，必须立即交受送达人签收，送达回证上的签收日期为送达日期。

实践中，常有当事人，尤其是被告一方，不愿意直面离婚诉讼，而采取各种方式逃避诉讼。有的当事人在法院送达相关文书时，拒绝签收或者玩失踪，以为这样可以阻止诉讼程序的进展。这时，法院可以采取另外两种方式送达诉讼文书。

第一，留置送达。依据《民事诉讼法》第 86 条的规定，受送达人或者他的同住成年家属拒绝接收诉讼文书的，送达人可以邀请有关基层组织或者所在单位的代表到场，说明情况，在送达回证上记明拒收事由和日期，由送达人、见证人签名或者盖章，把诉讼文书留在受送达人的住所；也可以把诉讼文书留在受送达人的住所，并采用拍照、录像等方式记录送达过程，即视为送达。

第二，公告送达。依据《民事诉讼法》第 92 条的规定，受送达人下落不明，或者用《民事诉讼法》规定的其他方式无法送达的，公告送达。自发出公告之日起，经过六十日，即视为送达。公告送达，应当在案卷中记明原因和经过。

通过上述方式送达相关文书之后，当事人如果不按照相关文书载明的日期行使诉讼权利，参加庭审，提交证据，则人民法院可以根据原告一方的陈述和提供的证据进行缺席审判，最终的判决结果可能会不利于被告一方当事人。因此，建议当事人在面对离婚诉讼时，积极应对，而不是消极逃避，否则可能使自己的合法权益受到损害。

第三节　庭审程序

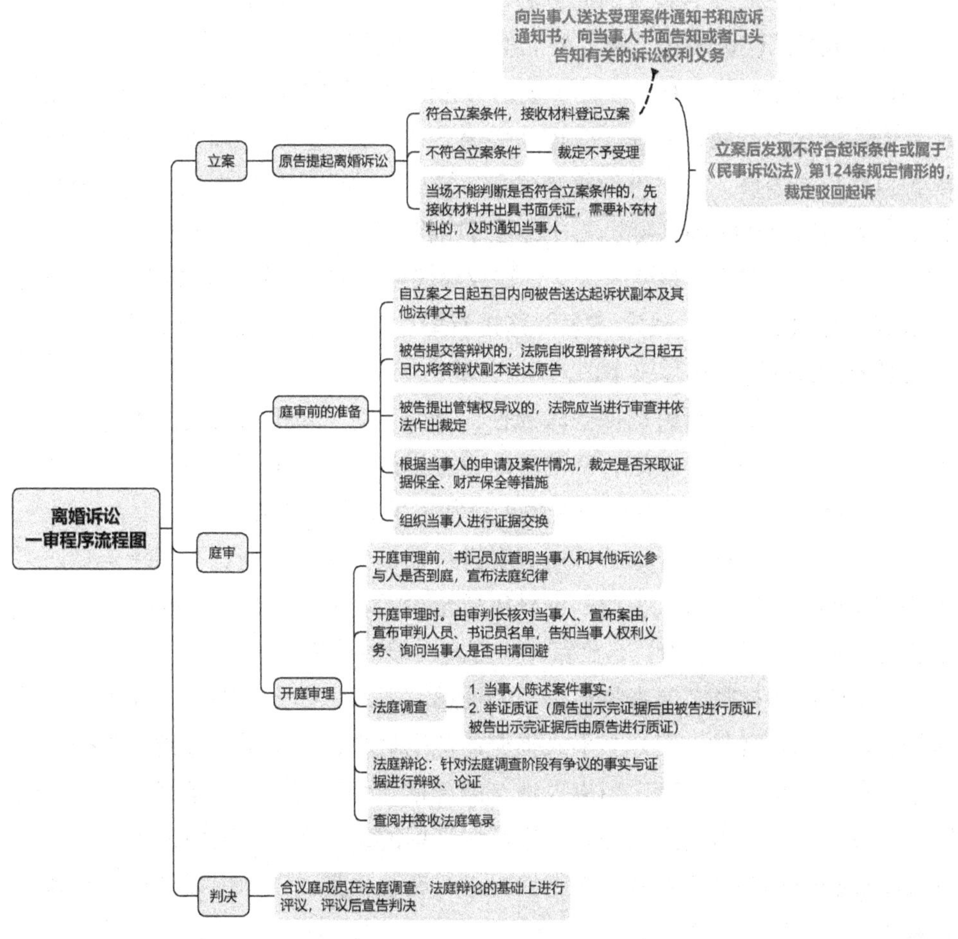

图 4-12　离婚诉讼一审程序流程图

一、一审审理程序

典型案例

我与丈夫在2009年登记结婚，婚后他一直在外面拈花惹草，我与他协商离婚，他不同意，说要拖死我，说如果我起诉，他也不会到庭。现在我已经起诉到法院，法院也向他送达了传票。请问，如果他真的不到庭的话，法院还会审理我们的案子吗？离婚案件也能缺席审判吗？

律师分析

（一）审理前的准备

人民法院在受理当事人的起诉后，为了保证开庭审理的顺利进行，在开庭审理前，人民法院需要进行必要的准备工作，具体如下：

1. 自立案之日起五日内向被告送达《起诉状》副本和《应诉通知书》，以保证被告答辩权的行使，并在《受理案件通知书》和《应诉通知书》中书面告知或者口头告知当事人有关诉讼权利义务。被告在收到之日起十五日内提交答辩状的，人民法院在收到答辩状之日起五日内将答辩状副本送达原告。

2. 被告在提交答辩状期间提交管辖权异议申请的，人民法院应当进行审查。经审查，异议成立的，裁定将案件移送有管辖权的人民法院；异议不成立的，裁定驳回被告的管辖权异议申请。

3. 当事人申请进行财产保全和证据保全的，对于情况紧急的，人民法院必须在四十八小时内作出裁定，裁定采取保全措施的，立即开始执行。当事人没有提出申请的，人民法院在必要时也可以裁定采取保全措施。

4. 指定当事人提交证据的日期或者进行证据交换的日期，并在指定日期组织证据交换。双方当事人提交的证据需要至少准备一式三份，交法院一份，由法院转交对方当事人一份，自己留一份开庭时核对使用。

5. 审阅诉讼材料，调查收集必要的证据。案件承办人员在开庭前主要通过审阅起诉状、答辩状、双方当事人提交的证据材料，初步了解案情，掌握双方当事人争议的焦点，并确定当事人提交的证据是否确实充分，是否需要人民法院调查收集证据。需要人民法院调查收集证据的，或者当事人申请人民法院调查收集证据的，人民法院应当根据情况进行调查收集，以确保案件开庭审理的顺利进行。

6. 根据案件情况，确定适用简易程序或者普通程序。适用普通程序的，在合议庭组成人员确定后三日内告知当事人，以保障当事人申请回避权的充分行使。案件适用的程序决定了案件的最长审理期限，适用简易程序审理的案件，应当在立案之日起三个月内审结，双方同意继续适用简易程序的，经院长批准，可以延长审理期限，延长后累计不得超过六个月。人民法院在简易程序审理过程中，发现案件不宜适用简易程序的，裁定转为普通程序。适用普通程序审理的案件，应当在立案之日起六个月内审结。有特殊情况需要延长的，由本院院长批准，可以延长六个月；还需要延长的，报请上级人民法院批准。

7. 在开庭前三日用传票通知当事人，用通知书通知其他诉讼参与人，公开审理的，还要在法院门口的公告牌或者网站上公告当事人姓名、案由和开庭的时间、地点。以便群众旁听，媒体采访报道。

对于离婚案件，有的法院会在正式开庭审理前专门安排一个时间组织双方进行调解，在调解不成的情况下，再安排开庭审理，有的法院是在正式开庭审理前当庭进行调解，调解不成的，则进入开庭审理程序。

（二）开庭审理

开庭审理是指在人民法院审判人员的主持下，在当事人和其他诉讼参与人的参加下，在法院固定的法庭上或者法律允许设置的法庭上，依照法定的程序和顺序，对案件进行实体审理，从而查明案件事实、分清是非，并在此基础上，对案件作出裁判的全部过程。开庭审理是依照法定的程序和顺序进行的。依据《民事诉讼法》的相关规定，开庭审理由下列几个阶段组成：

1. 准备开庭

开庭审理前，书记员应当查明当事人和其他诉讼参与人是否到庭，宣布法庭纪律。开庭审理时，由审判长核对当事人信息，宣布案由，宣布审判人员、书记员名单，告知当事人有关诉讼权利义务，询问当事人是否提出回避申请。从而使当事人、其他诉讼参与人以及旁听人员了解案件情况以及各自的诉讼权利义务，应遵守的法庭纪律等。

当事人应当注意：（1）无民事行为能力人的离婚诉讼，当事人的法定代理人应当到庭；法定代理人不能到庭的，人民法院应当在查清事实的基础上，依法作出判决。（2）离婚案件有诉讼代理人的，本人除不能表达意思的以外，仍应出庭；确因特殊情况无法出庭的，必须向人民法院提交书面意见。（3）原告经传票传唤，无正当理由拒不到庭的，或者未经法庭许可中途退庭的，可以按撤诉处理。（4）被告经传票传唤，无正当理由拒不到庭的，或者未经法庭许可中途退庭的，可以缺席判决。（5）人民法院对离婚案件的被告，经两次传票传唤，无正当理由拒不到庭的，可以拘传。

2. 法庭调查

法庭调查即在法庭上通过展示与案件有关的所有证据，对案件事实进行全面的调查，从而为法庭辩论和判决做好准备，提供依据。依据《民事诉讼法》第138条的规定，法庭调查按照下列顺序进行：（1）当事人陈述；（2）告知证人的权利义务，证人作证，宣读未到庭的证人证言；（3）出示书证、物证、视听资料和电子数据；（4）宣读鉴定意见；（5）宣读勘验笔录。

原告出示完证据后，由被告进行质证。被告出示完证据后，由原告进行质证。

在法庭调查阶段，当事人可以提出新的证据，也可以要求法院重新调查、收集证据。当事人经法庭许可，可以向证人、鉴定人、勘验人发问。当事人要求重新进行调查、鉴定或者勘验的，是否准许，由人民法院决定。

审判人员如果认为通过法庭调查，案件基本事实已经查清，证据已经齐备，可以宣告终结法庭调查，进入法庭辩论阶段。

3. 法庭辩论

法庭辩论是双方当事人在法院的主持之下，根据法庭调查已查明的事实和证据，就有争议的事实问题和法律问题，阐述自己观点，反驳对方观点的诉讼活动。法庭辩论的主要任务，是通过双方当事人之间的辩驳和论证，对有争议的问题，进一步核实审查，分清是非责任，为法院正确适用法律奠定基础。依据《民事诉讼法》第141条的规定，离婚案件法庭辩论按照下列顺序进行：（1）原告及其诉讼代理人发言；（2）被告及其诉讼代理人答辩；（3）互相辩论。

法庭辩论应注意以下几个方面：（1）法庭辩论首先由原告发言，原告发言的内容主要是针对被告在法庭调查阶段提出的事实和理由作出回应及进行反驳，以论证自己的观点。（2）原告发言完毕后，由被告进行答辩，被告答辩的主要内容是针对原告提出的事实和理由进行辩解，以论证自己反驳的事实和理由。（3）互相辩论是整个法庭辩论的主要部分。通过互相辩论，可以查清具体事实，明确彼此之间的争执点。（4）法庭辩论一轮辩论结束后，当事人要求继续辩论的，可以进行下一轮辩论，但不得重复上一轮辩论内容。一轮辩论结束后，经询问当事人没有补充意见的，审判长应当宣布法庭辩论终结。

法庭辩论终结，由审判长按照原告、被告的先后顺序征询各方最后意见。

法庭辩论终结，应当依法作出判决。判决前能够调解的，还可以进行调解，调解不成的，应当及时判决。

4. 评议和宣判

评议是普通程序审理案件的必经程序，是由合议庭成员在法庭调查和法庭辩论的基础上，认定案件事实，确定适用的法律的过程。法庭辩论终结后，由审判长宣布休庭，合议庭组成人员退庭对案件进行评议，合议庭评议实行少数服从多数的原则，评议的情况如实写入笔录。评议的笔录不允许当事人及其诉讼代理人查阅、复制。

评议完毕，由审判长宣布继续开庭，宣告判决结果，或者由人民法院指定日期进行宣判。人民法院对公开审理或者不公开审理的案件，一律公开宣告判决。当庭宣判的，应当在十日内发送判决书；定期宣判的，宣判后立即发给判决书。宣告判决时，需要告知当事人上诉权利、上诉期限以及上诉法院。宣告离婚判决，必须告知当事人在判决发生法律效力之前，不得另行结婚。因为在判决未生效之前，婚姻关系尚未解除，如果当事人另行结婚，则涉嫌构成重婚罪。

5. 法庭笔录

法庭笔录是在法庭审理过程中，由书记员对开庭审理的全过程所制作的书面记录。法庭笔录应当全面、客观、真实、准确、清楚地反映整个庭审过程。制作法庭笔录，要严格依照开庭审理的过程按顺序进行记录，书记员不能随意发挥，也不能随意取舍，应尽量记录当事人的陈述及其他诉讼参与人的发言。法庭笔录应当由审判人员和书记员签名。法庭笔录的内容应当向当事人和其他诉讼参与人公开。公开的方式一般是由书记员当庭宣读，也可以由当事人及其他诉讼参与人当庭阅读或者在五日内阅读，如果当事人及其他诉讼参与人认为对自己的陈述记录有遗漏或者差错的，有权申请补正。如果不予补正，应当将申请记录在案。

开庭过程中，经常会出现延期审理、当事人撤诉、法院缺席审判、诉讼中止和终结等程序性问题，以下将简要进行介绍，具体内容可以参见图 4-13。

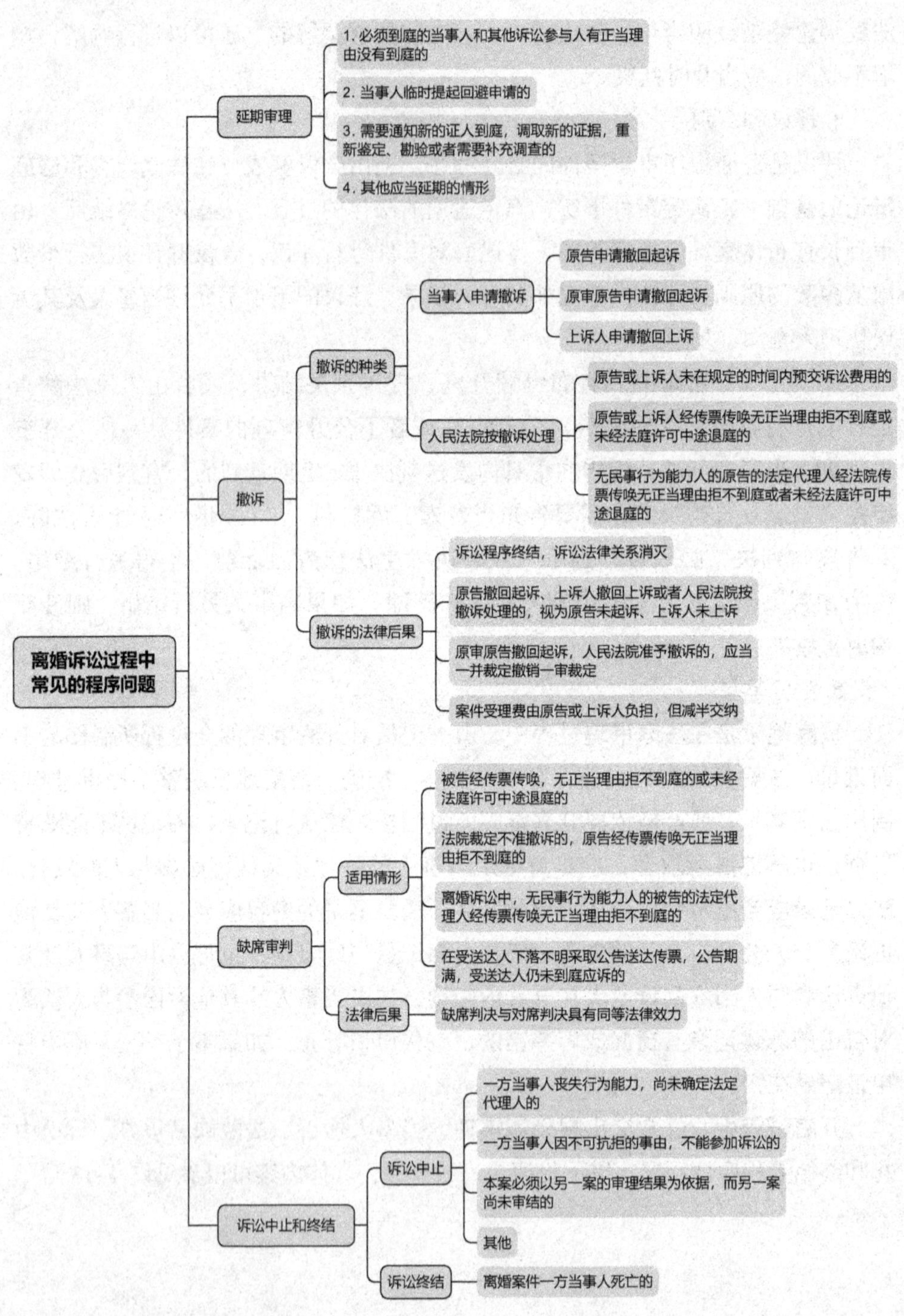

图 4-13　离婚诉讼过程中常见的程序问题

（三）延期审理

在开庭审理过程中，可能发生某种特殊情况，导致开庭审理无法按期或者继续进行，在这种情况下当事人可以申请延期开庭审理。依据《民事诉讼法》第146条的规定，有下列情形之一的，可以延期开庭审理：（1）必须到庭的当事人和其他诉讼参与人有正当理由没有到庭的；（2）当事人临时提出回避申请的；（3）需要通知新的证人到庭，调取新的证据，重新鉴定、勘验，或者需要补充调查的；（4）其他应当延期的情形。

实践中，能够正确表达意志的离婚案件的当事人必须到庭，如果有正当理由不能到庭的，法院可以延期开庭审理，如果无正当理由不到庭的，根据法律规定，当事人是原告的，法院可以按照按撤诉处理；当事人是被告的，法院可以缺席审理。延期审理前已经进行的诉讼行为，对延期后的审理仍然有效。但是延期的时间不计算在审理期限内。

（四）撤诉

1. 撤诉的类型

根据是否经过当事人的申请，撤诉分为当事人申请撤诉和人民法院按撤诉处理两种。

（1）当事人申请撤诉

申请撤诉，根据撤诉的主体和撤诉阶段的不同，分为原告申请撤回起诉、原审原告申请撤回起诉和上诉人申请撤回上诉。

第一，原告申请撤回起诉。在一审宣判前，原告可以申请撤诉，如果当事人有违反法律的行为需要依法处理的，人民法院可以不准许撤诉。法庭辩论终结后原告申请撤诉，被告不同意的，人民法院可以不予准许。

第二，原审原告申请撤回起诉。二审程序中，原审原告申请撤回起诉，经其他当事人同意，且不损害国家利益、社会公共利益、他人合法权益的，人民法院可以准许，准许撤诉的，应当一并裁定撤销一审裁判。为了限制当事人的滥诉行为，依照相关司法解释的规定，原审原告在第二审程序中撤回起诉后重复起诉的，人民法院不予受理。需要提示的是，离婚案件原审原告在第二审程序中撤回起诉后再起诉要求离婚的，应当不属于重复起诉，只要符合法律规定的起诉条件，人民法院仍应受理。

第三，上诉人申请撤回上诉。二审宣判前，上诉人申请撤回上诉，是否准许，由第二审人民法院裁定。人民法院经审查认为一审判决确有错误，或者当事人之间恶意串通损害国家利益、社会公共利益、他人合法权益的，不应准许。人民法院准许上诉人撤回上诉之日，一审判决发生法律效力。（撤诉申请书范本详见增值服务部分“常用法律文书”）

（2）人民法院按撤诉处理

人民法院按撤诉处理，是指受诉人民法院依照法律的明确规定，针对原告、上诉人的某些行为，比照申请撤诉的情况对案件作出处理。

依据《民事诉讼法》及相关司法解释，人民法院按撤诉处理的情况主要有：①原告或者上诉人未在规定的时间内预交诉讼费用，人民法院应当通知其预交，通知后仍不交纳，或申请缓交、减交、免交未获人民法院批准仍不交纳诉讼费用的。②原告或者上诉人经传票传唤，无正当理由拒不到庭或者未经法庭许可中途退庭的。③无民事行为能力的原告的法定代理人，经法院传票传唤无正当理由拒不到庭或者未经法庭许可中途退庭的。

2. 撤诉的效力

当事人申请撤诉，经人民法院审查后准许当事人撤诉的，或者人民法院依法按撤诉处理的，将会产生如下法律效力：

（1）诉讼程序终结，诉讼法律关系消灭。当事人撤诉后，最直接的法律效果就是人民法院与当事人之间的诉讼法律关系终结，人民法院不再继续审理该案件，这是原告撤诉的法律后果。

（2）原告撤回起诉，上诉人撤回上诉，或者人民法院按撤诉处理的，视为原告未起诉、上诉人未上诉。依据《民事诉讼法》及相关司法解释的规定，原告撤回起诉或者人民法院按撤诉处理后，当事人以同一诉讼请求再次起诉的，人民法院应当予以受理。但是离婚案件没有新情况、新理由，当事人撤诉后，原告在六个月内又起诉的，不予受理。上诉人撤回上诉的，视为未上诉，一审裁判发生法律效力。

（3）原审原告撤回起诉，人民法院准许撤诉的，应当一并裁定撤销一审裁判。原审原告重复起诉的，人民法院不予受理。需要注意，离婚案件原审原告在第二审程序中撤回起诉后再起诉要求离婚的，不属于重复起诉，只要符合法律规定的起诉条件，人民法院仍应受理。

（4）实体法上的效果。起诉后撤诉的，依然是当事人提出要求的方式之一，当事人提出要求的，诉讼时效中断。撤诉后，诉讼时效从人民法院准许撤诉之日起重新计算。

（5）案件受理费的负担。民事案件的原告或者上诉人申请撤诉，人民法院裁定准许的，案件受理费由原告或者上诉人负担，但是案件受理费如果是按照普通程序审理的，则减半缴纳。

（五）缺席审判

缺席判决是指人民法院在一方当事人无正当理由拒不参加法庭审理的情况下，依法作出判决。

1. 缺席判决的适用情形

依据《民事诉讼法》及相关司法解释的规定，离婚诉讼中，缺席判决适用于下列情况：（1）被告经传票传唤，无正当理由拒不到庭的，或者未经法庭许可中途退庭的；（2）法院裁定不准撤诉的，原告经传票传唤，无正当理由拒不到庭的；（3）离婚诉讼中，无民事行为能力的被告人的法定代理人，经传票传唤无正当理由拒不到庭的；（4）在受送达人下落不明而采取公告送达传票的，公告期届满后，受送达人仍未到庭应诉的，人民法院可以缺席判决。

离婚案件中，对于被告能否不到庭的问题，《民事诉讼法》第62条作出了明确规定：离婚案件有诉讼代理人的，本人除不能表达意思的以外，仍应出庭；确因特殊情况无法出庭的，必须向人民法院提交书面意见。因离婚案件有调解的程序，一方不到庭的，法院一般会慎重对待，不会轻易作出缺席判决。但法院如果依法传唤被告或通过公告送达，并查明夫妻感情确已破裂的，也可以作出缺席判决。

2. 缺席判决的效力

缺席判决与对席判决具有同等法律效力。对于缺席判决，人民法院同样应当依照法定的方式和程序，向缺席的一方当事人宣告判决即送达判决，并保障当事人的上诉权利。

（六）诉讼中止和终结

1. 诉讼中止

诉讼中止是指在诉讼进行过程中，因发生某种法定中止诉讼的原因，诉讼无法继续进行或不宜进行，因而法院裁定暂时停止诉讼程序的制度。

依据《民事诉讼法》第150条的规定，离婚案件中，有下列情形之一的，中止诉讼：（1）一方当事人丧失诉讼行为能力，尚未确定法定代理人的；（2）一方当事人因不可抗拒的事由，不能参加诉讼的；（3）本案必须以另一案的审理结果为依据，而另一案尚未审结的；（4）其他应当中止诉讼的情形。

中止诉讼的裁定一经作出，即发生法律效力，当事人不得上诉或者申请复议。中止诉讼的原因消除后，恢复诉讼。诉讼程序恢复后，不必撤销原裁定，从法院通知或准许当事人双方继续进行诉讼时起，原裁定即失去效力；诉讼中止前进行的一切诉讼行为，在诉讼程序恢复后继续有效。

2. 诉讼终结

诉讼终结是指在诉讼进行过程中，因发生某种法定的诉讼终结的原因，使诉讼程序继续进行已没有必要或者不可能继续进行，从而由人民法院裁定终结诉讼程序的制度。

依据《民事诉讼法》第151条的规定，离婚案件一方当事人死亡的，终结诉讼。离婚案件中，配偶一方死亡的，婚姻关系自然终止，离婚诉讼程序已经没有必要继续进行，因此需要终结诉讼。诉讼终结的裁定一经作出，即发生法律效力，当事人不得上诉或者申请复议。

二、上诉的提起及审理

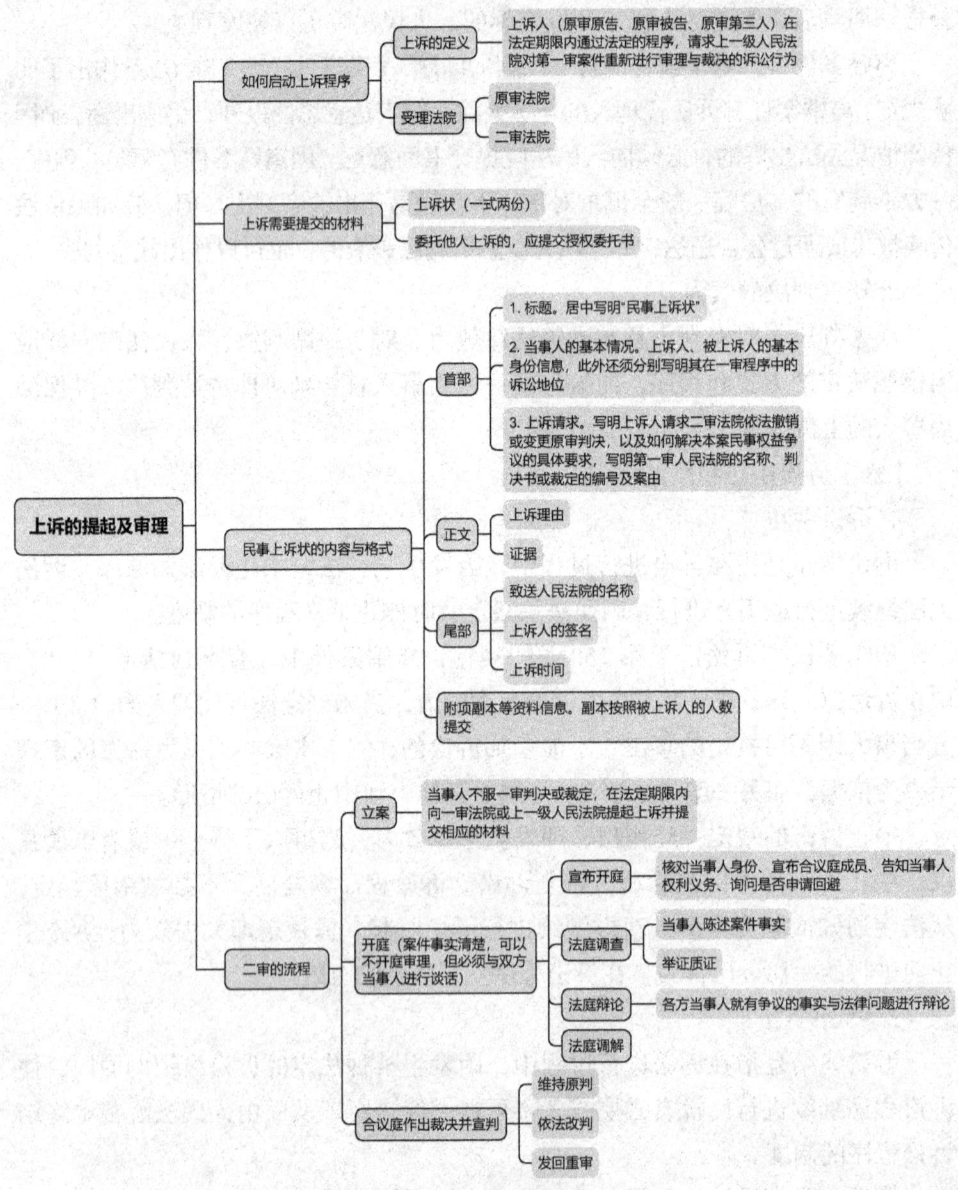

图 4-14　上诉的提起及审理

（一）如何启动上诉程序

上诉的提起是指上诉人（原审原告、原审被告、原审第三人）通过法定的程序，请求上一级人民法院对第一审案件重新进行审理与裁决的诉讼行为。

《民事诉讼法》第166条规定："上诉状应当通过原审人民法院提出，并按照对方当事人或者代表人的人数提出副本。当事人直接向第二审人民法院上诉的，第二审人民法院应当在五日内将上诉状移交原审人民法院。"根据上述规定，上诉人的民事上诉状应当通过原审人民法院提出，也可直接递交到第二审人民法院，并应按对方当事人的人数递交民事上诉状副本。这是为了便于让对方当事人了解上诉人的上诉请求和理由，以保证其能充分地行使答辩权，从而及时提交答辩状，为进行二审诉讼程序做好充分准备。

（二）上诉需要提交的材料

上诉需提交上诉状，并按照对方当事人人数提供副本，若当事人授权他人代为提起上诉，应当提供授权委托书及其他相关材料。

笔者在此特别提示，司法实务中，启动上诉程序时有些第一审人民法院还可能要求上诉人提交一审所提交的证据材料、二审阶段的新证据材料等。

（三）民事上诉状的内容与格式

民事上诉状，主要是指原告及被告、有独立请求权的第三人和被人民法院判决承担法律责任的无独立请求权的第三人不服第一审人民法院所作出的裁决，在上诉期限内提出的，要求上一级人民法院撤销、变更原审裁决而书写的司法文书。

依据《民事诉讼法》第165条"上诉应当递交上诉状。上诉状的内容，应当包括当事人的姓名，法人的名称及其法定代表人的姓名或者其他组织的名称及其主要负责人的姓名；原审人民法院名称、案件的编号和案由；上诉的请求和理由"之规定，民事上诉状是民事诉讼过程中重要的法律文书之一，是启动上诉程序必备的，主要针对原裁决的错误之处，提出自己的看法和观点，摆出客观事实和证据以及法律依据，据理论证，分清是非，阐明详细的上诉理由，明确提出上诉请求。在论证时讲究针对性、说明性和逻辑性，较多采用反驳法进行书写。在司法实务要求上，民事上诉状具有一定的格式，是使用频率较高的法律文书之一。民事上诉状的内容具体如下：

（1）首部：①标题。居中写明“民事上诉状”。②当事人的基本情况。上诉人、被上诉人的基本身份信息，此外还须分别写明其在一审程序中的诉讼地位。③上诉请求。写明上诉人请求二审法院依法撤销或者变更原审裁判，以及如何解决本案民事权益争议的具体要求，写明第一审人民法院的名称、判决书或裁定的编号及案由。

（2）正文：①上诉理由。明确提出原审裁判在认定事实方面、适用法律方面或诉讼程序方面存在的错误或不当之处，可以是其中的一个方面，也可以是两个、三个方面，但都必须运用充分的事实证据和有关的法律依据加以论证，以说明自己的上诉请求是合法的。②证据。如有新的证据、证人，应写明证据的名称、件数、证人姓名和地址。

（3）尾部：①致送人民法院的名称。②上诉人的签名。③上诉时间。

（4）附项副本等资料信息。副本按被上诉人的人数提交。

民事上诉状范本详见增值服务部分“常用法律文书”。

（四）二审的流程

1. 立案

当事人不服一审法院判决或裁定，在法定期限内向一审法院或上级人民法院提出上诉；二审法院审查一审法院移送的上诉材料及卷宗，符合条件的，予以立案。

2. 开庭（案件事实基本清楚，可以不开庭审理，但必须与双方当事人进行谈话）

提前三日通知当事人开庭时间、地点、承办人；公开审理的案件提前三日公告；移送审判庭开庭审理。

（1）宣布开庭：核对当事人身份，宣布合议庭成员，告知当事人权利义务，询问是否申请回避。（2）法庭调查：当事人陈述案件事实；案件事实陈述完毕后开始举证质证：告知证人的权利义务，证人作证，宣读未到庭的证人证言，出示书证、物证和视听资料，双方当事人就证据材料发表意见。（3）法庭辩论：各方当事人就有争议的事实和法律问题，进行辩驳和论证。（4）法庭调解：在法庭主持下，双方当事人协议解决纠纷。需要说明的是，法庭调解贯穿整个诉讼过程。

3. 合议庭合议作出裁决并宣判

二审法院裁判的主要形式有：维持原判，或者改判，或者发回重审。《民事诉讼法司法解释》第340条规定，第二审人民法院宣告判决可以自行宣判，也可以委托原审人民法院或者当事人所在地人民法院代行宣判。虽然上述司法解释规定宣判有三种形式，但在审判实践中，都是由二审法院直接进行宣判。

（五）二审程序与一审程序的联系

二审程序和一审程序虽是两个审级不同的程序，但二审程序与一审程序有着密切的联系。具体来说，一审程序是二审程序的前提和基础；二审程序是一审程序的继续和发展，即对同一民事案件继续进行审理，而不是开始审理另一个新的案件。二审程序发生后，上一级人民法院就要根据上诉人的请求范围审查一审人民法院的判决、裁定在认定事实、适用法律上是否正确、合法，继续行使国家赋予的审判权，最终解决当事人之间的争议，以保护当事人的合法权益。

应当明确，二审程序并不是每个案件的必经程序。如果一个案件经过一审程序审理，当事人达成了调解协议，或者在上诉期限内当事人没有提出上诉，就不会引起二审程序的发生，当然也就不需要经过二审程序。

三、法院对证据的审核与认定

证据是诉讼的灵魂。在民事诉讼中，从起诉到裁判，都是围绕着证据的提供、收集、审查和判断进行的。在民事诉讼中，基本的证据规则是谁主张谁举证，离婚诉讼作为民事案件，也遵循这一证据规则。因此，离婚诉讼的当事人需要举证，证明自己的诉讼主张。对于当事人的举证，法官要进行审核和认定。本节主要围绕《民事诉讼法》及2020年5月1日生效的《证据规定》的证据种类介绍各类证据的提交和审查要点。

（一）民事诉讼证据的概念

《民事诉讼法》并未规定证据的概念，但《民事诉讼法》第63条规定，证据必须查证属实，才能作为认定事实的根据。传统理论上有关“证据就是能够证明案件事实的一切事实材料”的说法存在逻辑上的混乱。笔者认为：证据就是当事人提供的或者人民法院依职权或者依申请调取的用来证明案件事实的记录、陈述和其他信息。证据必须经过查证，即审查，才能作为认定案件事实的根据。因此，证据在概念上必须与定案根据相区别，定案根据一定是证据，但是并非全部证据都能够成为定案根据，如果经过审查不属实，就不能作为定案根据。

（二）法庭审核和认定证据的基本要求

法庭对于证据的审查，主要是查清哪些证据可以作为定案根据，哪些证据不能作为定案根据，那么，法官会从哪些方面对证据进行审查？依据《民事诉讼法》第64条的规定，人民法院应当按照法定程序，全面、客观地审查核实证据。《证据规定》第85条规定，人民法院应当以证据能够证明的案件事实为根据依法作出裁判。审判人员应当依照法定程序，全面、客观地审核证据，依据法律的规定，遵循法官职业道德，运用逻辑推理和日常生活经验，对证据有无证明力和证明力大小独立进行判断，并公开判断的理由和结果。从上可知，法律对于法官审核和认定证据有三个方面的基本要求：（1）坚持全面性，即法官应对该案件涉及的全部证据进行审查，不论该证据是原告提交的，还是被告提交的，也不论是何种证据，都要进行审查，反对片面性。（2）坚持客观性，即法官应坚持辩证唯物主义观点对证据进行审查，反对主观臆断、先入为主以及唯心主义的“自由心证”。（3）坚持合法性，即法官应根据法律规定的方法和程序审查、核实证据，比如证据应当在法庭上出示，并由当事人互相质证，否则不能作为定案根据。

（三）可以用作定案根据的证据的基本特性：证据三性

证据就是当事人提供的或者人民法院依职权或者依申请调取的用来证明案件事实的记录、陈述和其他信息。作为定案根据的证据的基本特征有三个，即通常所说的证据三性（注意：是作为定案根据的证据的三性，不是证据的三性）。

第一，客观真实性。这是指作为定案根据的证据必须是能证明案件真实发生过程的、不依赖于主观意识而存在的客观事实。这一客观事实只能发生在诉讼主体进行民事、经济活动的过程中，发生在诉讼法律关系形成、变更或消灭的过程中，是当时作用于他人感官而被看到、听到或感受到的留在人的记忆中的，或作用于周围的环境、物品引起物件的变化而留下的痕迹物品，也可能由文字或者某种符号记载下来，甚至成为视听资料等。客观真实性是诉讼证据最基本的特征。

第二，证据的关联性。这是指作为定案根据的证据的事实不仅是一种客观存在，而且它必须与案件所要查明的事实存在逻辑上的联系，从而能够说明案件事实。正因如此，它才能以其自身的存在单独性或与其他事实共同证明案件真实的存在与否。如果作为定案根据的证据与要证明的事实没有联系，即使它是真实的，也不能作为证明争议事实的证据。

第三，证据的合法性。这是指作为定案根据的证据必须由当事人按照法定程序提供，或由法定机关、法定人员按照法定的程序调查、收集和审查。也就是说，作为定案根据的证据不论是当事人提供的还是人民法院主动调查收集的，都要符合法律规定的程序，否则不能作为认定案件事实的根据。另外，证据的合法性还包括作为定案根据的证据必须具备法律规定的形式。对某些法律行为的成立，法律规定了特定的形式，不具备法律所要求的形式，该项法律行为就不能成立。

（四）证据的种类及举证、质证和审查要点

如前所述，证据是指当事人提供的或人民法院依职权或者依申请调取的用来证明案件事实的记录、陈述和其他信息。

证据应当在法庭上出示，由当事人质证。未经质证的证据，不能作为认定案件事实的根据。

根据证据的表现形式和所储存的载体的不同，我国民事法律将证据分为八种。依据《民事诉讼法》第63条的规定，证据包括：（1）当事人的陈述；（2）书证；（3）物证；（4）视听资料；（5）电子数据；（6）证人证言；（7）鉴定意见；（8）勘验笔录。下面简要介绍各类证据材料在举证、质证时的注意事项以及法官审查的要点。

1. 当事人的陈述

当事人的陈述是指当事人对案件事实所作的陈述。广义上，当事人在诉讼程序中向法庭所作的全部陈述，都可以称作当事人陈述，包括原告在起诉状中阐述其诉讼请求所依据的事实和理由，被告在答辩状中所提供的事实根据和理由，当事人在法庭调查时所作的陈述，以及当事人在法庭辩论时对于案件事实问题所作的陈述。内容上，当事人的陈述既包括当事人对主要事实的陈述，也包括当事人对辅助事实的陈述。

《证据规定》第3条规定，在诉讼过程中，一方当事人陈述的于己不利的事实，或者对于己不利的事实明确表示承认的，另一方当事人无须举证证明。在证据交换、询问、调查过程中，或者在起诉状、答辩状、代理词等书面材料中，当事人明确承认于己不利的事实的，适用前款规定。根据上述规定，当事人在诉讼过程中所作的对己不利的陈述可能被作为认定案件事实的根据，因此当事人在诉讼过程中陈述时应当谨慎，不能信口开河，否则可能会成为对己方不利

的证据。《证据规定》第5条规定，当事人委托诉讼代理人参加诉讼的，除授权委托书明确排除的事项外，诉讼代理人的自认视为当事人的自认。当事人在场对诉讼代理人的自认明确否认的，不视为自认。根据以上规定，无论代理人的授权是特别授权还是一般授权，只要没有在授权委托书中明确排除的事项，诉讼代理人的自认即为当事人的自认，除非当事人在场对代理人的自认予以否认。此外，《证据规定》新增了当事人应当真实、完整陈述的义务，当事人应当到场接受询问的义务、接受询问前签署保证书的程序，并专门在第66条中规定相应的法律后果："当事人无正当理由拒不到场、拒不签署或宣读保证书或者拒不接受询问的，人民法院应当综合案件情况，判断待证事实的真伪。待证事实无其他证据证明的，人民法院应当作出不利于该当事人的认定。"因此，当事人在诉讼中尤其是在法庭上一定要注意自己的言行，不要给对方当事人留下口实。

当事人在对对方当事人陈述进行质证时，应当着重考察当事人陈述与本案其他证据是否相矛盾，是否与其本人之前的陈述相矛盾。对于对方当事人所作的对自己有利的陈述，要及时要求书记员予以记录。

法官在对当事人陈述进行审查判断时，必须从实际出发，实事求是，重证据，不轻信，认真查对。首先，审查当事人是在什么情况下陈述的，其陈述的动机与目的是什么，是否存在欺诈、胁迫、重大误解，或者是否存在双方当事人恶意串通损害国家或者第三人利益的情况。其次，从当事人陈述的具体内容上进行审查，审查其与本案其他证据是否相矛盾，或者与当事人本人之前的陈述是否存在矛盾。从而去伪存真，认定案件事实。

2. 书证

书证是指以纸张为主要载体，以文字、数字或者图形为主要形式，记录有关案件事实内容或者信息的文件。在离婚诉讼中，常见的书证有结婚证、户口本、离婚协议书、发票、保证书、财产协议、公证书、遗嘱、借条、出警记录、验伤通知单、诊断证明、收入证明等。

《证据规定》新增了"书证提出义务制度"。《证据规定》第47条规定："下列情形，控制书证的当事人应当提交书证：（一）控制书证的当事人在诉讼中曾经引用过的书证；（二）为对方当事人的利益制作的书证；（三）对方当事人依照法律规定有权查阅、获取的书证；（四）账簿、记账原始凭证；（五）人民法院认为应当提交书证的其他情形。前款所列书证，涉及国家秘密、商业秘密、当事人或第三人的隐私，或者存在法律规定应当保密的情形的，提交后不得公开质证。"第48条规定，控制书证的当事人无正当理由拒不提交书证的，人民法院可以认定对方当事人所主张的书证内容为真实。控制书证的当事人存在《民事诉讼法司法解释》第113条规定情形的，人民法院可以认定对方当事人主张以该书证证明的事实为真实。此制度的目的在于逼迫掌握书证的一方当事人交出书证，以便于案件事实的梳理，无正当理由拒不交出的，等同于承认对方的文书内容或事实。

当事人在诉讼过程中提交书证时，应当注意：（1）提交原件，如果提交复印件，应当提供原件线索，拒不提供原件线索，又没有其他材料可以印证，对方当事人不予承认的，诉讼中不得作为认定事实的根据。（2）当事人提交的书证属于私文书证的，应当由制作者或者其代理人签名、盖章或捺印。（3）同时存在几份内容相矛盾的书证时，公证文书的效力大于其他文书的效力。（4）若当事人提供的涉及身份关系的证据是在域外形成的，则该证据应当经所在国公证机关公证并经中国驻该国使领馆认证或者履行中国与该所在国订立的有关条约中规定的证明手续。（5）如果申请调查收集的证据属于国家有关部门保存并须人民法院依职权调取的档案材料，或者属于涉及国家秘密、商业秘密、个人隐私的材料以及当事人及其诉讼代理人确因客观原因不能自行收集的其他材料，则当事人可以申请人民法院调查收集。（6）书证是外文的，应当附有中文译本。

当事人在对书证进行质证时，应当注意：（1）考察书证是否为原件。对方出示书证复印件的，要求对方提交书证原件，无正当理由不提交书证原件的，对书证的真实性不予认可。（2）考察书证的签名和盖章是否真实。如果对真实性存在疑问，则及时申请司法鉴定。（3）考察书证的来源、形成过程。是否存在意思表示不真实的情况。如果有证据证明书证是在受暴力、胁迫的情况下所写的，则对书证的合法性不予认可。（4）考察书证的完整性。对方提供的书证不完整的，对该证据的关联性不予认可。（5）外文书证未附中文译本的，要求对方提交，否则可以不予质证。

法官在对当事人提交的书证进行审查时，一般从以下几个方面进行：（1）审查书证的真实性。相对于其他证据而言，书证更易被伪造，比如书证上的签名或盖章，如果对签名和盖章的真实性存在疑问，则可以提示当事人通过司法鉴定程序鉴别真伪。（2）审查书证是不是当事人的真实意思表示，即审查书证是如何形成的，是否存在暴力、欺诈、胁迫、重大误解等情形。如果书证是在上述情形下形成的，则书证不能作为认定案件事实的根据。（3）审查书证是否完整和正确，即审查书证是否存在断章取义的情况，是否存在笔误或者遗漏的情况。如果存在上述情况，则可以要求当事人提供书证的全部内容。

3. 物证

物证是指以外形、质量、规格、特征等形式载有案件事实信息的物质和痕迹，俗称“哑巴证据”。在离婚诉讼中，常见的物证包括照片、毛发、财产、礼物、伤口等。

当事人在诉讼过程中提交物证时，应当注意：（1）物证应当提交原物。提交原物确有困难的，可以提交经人民法院核对无异的复制件或复制品。（2）以动产作为证据的，原则上应当将原物提交法院，特殊情况下也可以提供复制品、影像资料或其他替代品；以不动产作为证据的，应当向法院提供该不动产的影像资料。（3）物证本身是否发生变化。如果物证本身已经发生变化，无法恢复到原来的状态，则其证明效力会有所减弱。

当事人在对物证进行质证时，应当注意：（1）考察物证是否为原物。如果物证不是原物，则要求对方出具原物，无正当理由不出具的，则不予认可其真实性。（2）考察物证是不是原来的形态。如果发生变化，则对其证明力不予认可。

法官在对当事人提交的物证进行审查时，应当注意：（1）要审查物证是否为原物。一般而言，物证具有稳定性和不可替代性，如果物证被替换，则不能用来作为定案的根据。（2）要审查物证是否发生变化。如果在定案时物证已经丧失了原有的形态，导致其证明力减弱，则法官不宜再据此定案。

4. 视听资料

视听资料是指以磁带、光盘、胶片或者电子芯片等储存的信息，记述有关案件事实的资料。在离婚诉讼中，常见的视听资料证据有：手机录音、录音笔录音、MP3 录音、照相机或者摄像机录音录像等。

与其他证据材料相比，视听资料的合法性应当格外注意。未经他人同意私自录制的音像资料能否作为认定案件事实的证据？

实践中，对于视听资料的合法性认定，可以根据视听资料录制场合的不同，区分为两种情况进行判断。

（1）公共场合下录制的视听资料

根据公共场合、场所无隐私的原则，一般来说，未经过对方当事人同意私自录制其在公共场合、场所的言行，所形成的视听资料可以作为定案根据使用。

（2）非公共场合下录制的视听资料

主要包括两种情形：①在场人的私录，在场人的私录行为一般具有合法性。因为某人与他人谈话、交往，即表明他人愿意对方及其他在场人了解他的言行，因此，在场人的私录行为并不侵犯说话人的个人隐私。这样的视听资料可以作为定案的根据使用。②非在场人的私录，非在场人的私录行为的实质是窃听他人秘密（包括隐私）的侵权行为，而且通常采用我国法律所禁止的窃听、偷拍等手段。因此，不论其录制内容是否涉及他人隐私，所形成的私录资料均不能作为证据使用。如妻子怀疑丈夫有外遇，偷偷在丈夫与第三者租住的房屋里安装了监控器，录下了丈夫与第三者发生性行为的视频资料。这样的证据不能作为定案的证据使用，因为它不仅侵犯了公民的隐私权，也严重违反社会公德。这样的证据需要作为非法证据予以排除。

当事人在提交视听资料证据时，应当注意：①应当提供有关资料的原始载体，如电脑、手机、照相机或者摄像机，提供原始载体确有困难的，可以提供复制件。②应当注明制作方法、制作时间、制作人和证明事实等。③声音资料应当附有该声音内容的文字记录。④应当通过合法途径获取视听证据。通过非法途径获得的视听资料不能作为定案根据。非法途径获得的视听资料包括使用法律、法规禁止的手段窃听、窃照所获得的视听资料，以侵害他人隐私权的方式取得的视听资料等。

当事人对视听资料进行质证时，应当注意：①如果对视听资料的真实性存在疑问，则及时申请司法鉴定。②考察视听资料的取得方式的合法性。如果属于侵犯他人合法权益的方式进行窃听、偷拍取得视听资料证据，则不认可其合法性。

法官在对当事人提交的视听资料进行审查时，应当注意：①对视听资料，应当辨别真伪，并结合本案的其他证据，审查确定能否作为认定事实的根据。即审查视听资料和其他类证据能否相互印证，一环扣一环，形成证据链条，否则是不宜采信的。②一方当事人提出的有其他证据佐证并以合法手段取得的、无疑点的视听资料或者与视听资料核对无误的复制件，对方当事人提出异议但没有足以反驳的相反证据的，人民法院应当确认其证明力。③除法律另有规定的以外，视听资料应该当庭播放或输出，允许当事人对该证据进行辩论，书记员应当对双方当事人的意见做好笔录。④对当事人提出的质疑，除允许另一方当事人辩驳外，法官可以让当事人进行论证和质证，对其中技术性强的，法官认为需交由法定的鉴定部门或委托有关的技术部门进行技术鉴定的，应当交由专业人员进行鉴定。

5. 电子数据

电子数据是指以基于计算机应用、通信和现代管理技术等电子化技术手段形成包括文字、图形符号、数字、字母等的客观资料来证明案件事实的证据。《证据规定》第 14 条细化了电子数据的形式，以下信息、电子文件均属于电子数据：（1）网页、博客、微博客等网络平台发布的信息；（2）手机短信、电子邮件、即时通信、通信群组等网络应用服务的通信信息；（3）用户注册信息、身份认证信息、电子交易记录、通信记录、登录日志等信息；（4）文档、图片、音频、视频、数字证书、计算机程序等电子文件；（5）其他以数字化形式存储、处理、传输的能够证明案件事实的信息。离婚诉讼中，常见的电子数据包括：手机通话记录、即时通信记录（包括短信收发记录、飞信记录、网上聊天记录，微博、微信、阿里旺旺等聊天记录）、电子邮件、电报、电传、传真等。

目前，尽管《民事诉讼法》已经将电子数据证据作为法定的证据形式予以规定，但是电子数据证据本身具有的可篡改性导致其证明效力低下。实践中，往往通过公证的方式进行证据保全，以增强其证明效力。目前上海市东方公证处自主研发的证据保全平台"公证证据宝"正式上线，申请人保全电子数据证据不需要亲自前往公证处办理，直接在网上登录即可。该平台可以存储 QQ、网页、电子邮件、网上购物等多种形式的电子证据。用户在网站上进行注册后，就可以利用该平台进行存储电子证据的操作。用户使用的是公证处的网络环境，后台也会对操作过程进行采集，保证了电子证据的真实性。一旦电子证据保存好后，用户的手机会收到确认短信和验证码，将来要用时，凭短信领取。另外，厦门市美亚柏科公司联合厦门市鹭江公证处推出公证云平台，公证云也是第三方电子证据综合服务平台，它为用户提供前期取证、中期存证以及后期出证的一站式服务，有效解决了目前电子数据取证过程中遇到的存证手段有限、证据效力不高以及传统公证服务模式便捷性不够的问题。

离婚诉讼中，常涉及对手机短信和电子邮件、上网聊天记录三种常见的电子数据证据效力的认定。

（1）手机短信

随着现代社会信息传递方式的变革及当事人证据意识的提高，诉讼中，当事人将手机短信作为证据提交的情形日益增多。

但是以手机短信为载体的电子数据证据，自身存在一定的弊端，影响了手机短信的证明力：第一，手机短信内容容易被篡改。手机短信是以手机作为载体的，目前市场上，某些手机具有重新编辑、修改手机短信的功能，且不留下任何改动痕迹。另外，由于手机上的信息大部分存储在手机 SIM 卡中。收件人可以将 SIM 卡插入其他有修改手机短信功能的手机上，将短信进行修改后，再将其装入不具有此项功能的手机中，以此否认短信修改的可能性。诉讼过程中对方当事人一般以不认可手机短信的真实性作为抗辩理由。第二，手机短信的真实性无法通过第三方信息平台得到审查。目前，手机短信服务商或者运营商只记录每条短信的收发时间及收发方的手机号码，对于其内容一般并不记录，所以，这就可能造成对手机短信的真实性无法查清的局面。第三，手机短信的发送主体不易确定。我国目前虽然已经实现手机号码实名制，但手机卡的注册人和使用人不一定是同一个人。对于未使用实名制的手机号码，在对方当事人否认该手机号码为其所用，又没有其他证据证明该手机号码的使用人的情况下，很难确定相关手机短信的发送主体。这就导致手机短信证据与案件的关联性无法证明。

手机短信证据的上述弊端导致手机短信作为定案证据使用时存在诸多障碍。但是手机的普遍使用，使手机成为日常社会活动中使用最为频繁的通信工具，因此，我们应当取其利，去其弊，发挥手机短信证据的积极作用。

当事人在收集和提交手机短信证据时，应当注意：①证明手机卡使用人与所有人的对应关系，防止对方当事人以自己不是该手机卡号的实际使用人进行抗辩。②保管好收发手机短信的载体即手机。如果有必要，可以通过公证或者申请人民法院进行证据保全的方法，以防手机丢失或者不慎将短信删除。

当事人在对手机短信进行质证时，应当注意：①考察手机卡使用人与所有人的对应关系，如果使用人与所有人不一致的，则对其关联性不予认可。②考察手机短信内容的完整性。③考察手机短信内容与本案是否具有关联性以及其取得的手段是否具有合法性。

法官在审查当事人提交的手机短信证据时，应当注意：①将手机短信内容与其他证据相结合来判断手机短信的真实性和关联性。②审查手机卡使用人与所有人的对应关系。对于不需要身份验证即购买的手机卡所发送的短信，提供短信证据一方当事人应对手机卡使用人与所有人的对应关系承担举证责任；对于需要身份验证而购买的手机卡所发送的短信，应确认其具有较高的证明效力。③侧重审查手机短信内容的完整性。手机短信内容的完整性，不仅指手机短信所载文字内容的完整性，还应包括一条完整手机短信传输过程中所必需的各种要素，包括发信人、收信人、发送时间、接收时间、服务提供商等信息。这些信息均系手机短信内容构成的重要部分，亦是审判人员核实手机短信内容客观、真实的重要依据。

（2）电子邮件

电子邮件是一种通过网络实现相互传送和接收信息的现代化通信方式。电子邮件证据是以电子邮件所记载的信息作为认定案件事实根据的证据。电子邮件服务是互联网应用最为广泛的服务之一。电子邮件具有即时迅速和成本低廉的优点，这些优点使得电子邮件成为日常生活中不可或缺的重要通信手段。

当事人在收集和提交电子邮件证据时，应当注意：①证明电子邮箱号码与使用人的对应关系。在知悉电子邮箱地址，但无法掌握电子邮箱使用人计算机的情况下，可通过申请证据调取的方式向人民法院申请调查令，并依此要求提供电子邮件服务的网络服务提供者提供相关的电子邮件证据。最好在相关文件里预先列明双方联系的电子邮箱，或者事后要求对方书面确认联系的电子邮箱。作为电子证据固定采集的预备措施，在以电子邮件方式与相对人进行意思表示或进行商谈时，对接收到的电子邮件直接以邮件回复方式进行。如此，可动态记录双方意思表示的完整过程，也有助于确定相对人的真实身份。②对于重要邮件的发送或接收，在发送或接收的同时申请对发送或接收的内容进行公证，或同时寄送相同内容的书面材料，并留存寄送的证据，以增强其证明力。③对于定案起关键作用的电子邮件证据，应当通过公证机关进行公证，或者通过厦门美亚柏科信息股份有限公司开发的“公证云”网站或者上海市东方公证处开发的“公证证据宝”网站进行证据的实时保全，以增强其证明力。

当事人对电子邮件进行质证时，应当注意：①考察电子邮件证据是否经过公证，如果是经过公证的电子邮件证据，可以从关联性和合法性上予以考察。②考察电子邮箱号码与使用人的对应关系。如果使用人并非电子邮箱号码的所有权人，则对关联性不予认可。

法官在对当事人提交的电子邮件证据进行审查时，应当注意：①将电子邮件内容与其他证据相结合来判断电子邮件的真实性和关联性。②审查电子邮箱注册人与现实中自然人身份的对应关系。③对电子邮件的真实性存在争议时，建议当事人申请鉴定。比如，北京网络行业协会电子数据司法鉴定中心可以对电子邮件的真实性进行鉴定以及对被删除的电子邮件进行数据恢复等。

（3）网络聊天记录

网络聊天记录是指通过网络聊天工具（如QQ、飞信、微信、阿里旺旺等）进行的实时语音、文字传输的记录。在互联网迅猛发展的今天，网络聊天工具成为性价比较高的通信工具。越来越多的当事人在诉讼中提交网络聊天记录作为证明案件事实的证据。腾讯公司（Tencent）的QQ、微信是目前国内使用最广泛的即时通信软件，已形成一个较为完善、具有相当规模的互联网即时通信体系。

当事人在向法院提交网络聊天记录证据时，应当注意：①鉴于现阶段互联网还没有完全实行网络实名制，因此在固定采集此类证据时，应当注意提交证据证明聊天记录的用户网名与现实中自然人身份相对应的事实。②如有可能，对于记录、存储网络聊天记录初始形成的电子证据载体、设备、介质等，应当提存原物并随同电子证据一并固定采集。③对定案起关键作用的网络聊天记录证据，应当通过公证机关进行公证，或者通过“公证云”或“公证证据宝”进行证据的实时保全，以增强其证明力。

当事人对网络聊天记录证据进行质证时，应当注意：①考察网络聊天记录证据是否经过公证，如果是未经公证的网络聊天记录证据，则不认可其真实性。②如果网络聊天记录证据经过公证，则考察其内容与本案是否具有关联性以及其取得的手段是否具有合法性。

法官在对当事人提交的网络聊天记录证据进行审查时，应当注意：①将网络聊天记录与其他证据相结合来判断网络聊天记录的真实性和关联性。②审查网络名字注册人与现实中自然人身份的对应关系。必要的时候，可以向电子邮箱服务商进行调查。③对网络聊天记录的真实性存在争议时，建议当事人申请鉴定。现在北京网络行业协会电子数据司法鉴定中心可以对即时通信数据的真实性进行鉴定以及对被删除的即时通信数据进行数据恢复等。

6. 证人证言

证人证言是指除当事人之外了解案件有关情况的人向人民法院就自己知道的案件事实所作的陈述。凡是知道案件情况的单位和个人，都有义务出庭作证。有关单位的负责人应当支持证人作证。不能正确表达意志的人，不能作证。待证事实与其年龄、智力状况或者精神健康状况相适应的无民事行为能力人和限制民事行为能力人，可以作为证人。出庭作证的证人应当客观陈述其亲身感知的事实。证人为聋哑人的，可以其他表达方式作证。证人作证时，不得使用猜测、推断或者评论性的语言。无正当理由未出庭的证人以书面等方式提供的证言，不得作为认定案件事实的根据。但如果证人因健康原因不能出庭，或者因路途遥远，交通不便不能出庭，或者因自然灾害等不可抗力不能出庭，或者有其他正当理由不能出庭的，经人民法院许可，可以通过书面证言、视听传输技术或者视听资料等方式作证。证人因履行出庭作证义务而支出的交通、住宿、就餐等必要费用以及误工损失，由败诉一方当事人负担。当事人申请证人作证的，由该当事人先行垫付；当事人没有申请，人民法院通知证人作证的，由人民法院先行垫付。

当事人向法院提交证人证言证据时，应当注意：（1）证人应当出庭作证，接受法院和当事人的询问。证人在审理前的准备阶段或人民法院调查、询问等双方当事人在场时陈述证言的视为出庭作证。证人无正当理由不出庭作证的，就不能在法庭上出示证言，不能接受质证，从而不能作为定案根据。如果证人不出庭，只提供书面证人证言，那么该证人证言就无法作为认定案件事实的根据。（2）申请证人出庭作证，应当在举证期限届满前向法院提交申请书并经法院许可。同时，应当提交书面证人证言和证人的身份证复印件。证人出庭作证时，需要携带身份证原件，否则法院无法核实证人的身份，可能导致无法作证。（3）证人不得旁听法庭审理、不得以宣读事先准备好的书面材料等方式陈述证言；询问证人时，其他证人不得在场。（4）不得指使、贿买或者胁迫他人作证，也不得阻止证人作证，否则需要承担法律责任。（5）证人在作证前应当签署保证书并在法庭上宣读保证书的内容，证人拒绝签署或宣读保证书的，不得作证并自行承担相关的费用。

当事人在对证人证言进行质证时，应当注意：（1）考察证人是否出庭作证，证人无正当理由未出庭，只提交证人证言的，不予质证。（2）考察证人与本案当事人的利害关系。如果存在利害关系，则否认其证明力。（3）考察证人是否具有作证能力。如果证人有精神病，则否认其证人资格。（4）考察证人是否签署了保证书并宣读保证书的内容。如果未签署保证书或无正当理由不能宣读保证书的，不得作证。

法官在审查当事人提交的证人证言时，应当注意：（1）审查证人的精神状态以及有无作证能力，证人有精神病的，为无作证能力，不能作为证人。（2）审查证人与本案当事人有无利害关系。一般而言，如果证人与当事人无任何利害关系，其提供的证言真实性、客观性就强，反之，则可能带有倾向性。（3）审查证人的品格。证人的品格如何，是法官认定证人证言是否可以采信的重要因素。（4）审查证人证言，应当结合庭审质证的情况进行综合判断。（5）未成年人所作的与其年龄和智力状况不相当的证言以及与一方当事人或者其代理人有利害关系的证人出具的证言，无正当理由未出庭作证的证人证言不能单独作为认定案件事实的根据。

7. 鉴定意见

鉴定意见是指具有法定资格的鉴定机构、鉴定人就案件的专门性问题所作的结论性或者倾向性意见。在婚姻家庭纠纷诉讼中，常见的鉴定意见有亲子鉴定（DNA 亲权鉴定）、电子数据鉴定和物证痕迹鉴定。

亲子鉴定是指应用医学、生物学和遗传学方法，对人类遗传标记进行检测分析，来判断父母与子女是否存在亲生关系的鉴定。亲子鉴定在实践中被广泛应用于亲生关系的确定与排除、婚外关系中小孩或胎儿的生父认定。鉴定准确率达 99.9%。

子女抚养权的归属及抚养费的承担问题常常成为离婚案件争议焦点之一。实践中，离婚案件中常常有夫妻一方认为自己与子女之间不存在亲生父母子女关系，从而拒绝抚养子女或者拒绝支付抚养费的情形。在司法实践中，主张不存在亲子关系的一方应当举证证明亲子关系不存在，当事人往往会选择申请进行亲子鉴定。

在离婚诉讼中，亲子鉴定程序的启动条件有三个：（1）主张亲子关系存在或者不存在的一方当事人提出申请。之所以需要一方当事人的申请，是因为亲子鉴定的目的是取得确认或者否认亲子关系的鉴定意见，而鉴定意见是民事诉讼证据形式的一种。离婚诉讼中实行谁主张谁举证的证据规则，且当事人与子女之间是否具有父母子女关系，不属于法院依职权调查取证的情形，因此，法院作为中立的第三方，不能主动收集证据（亲子鉴定意见）支持一方当事人的主张，因而，亲子鉴定必须由一方当事人提出申请，由法院进行审查。（2）提供必要证据予以证明。因为亲子鉴定往往涉及未成年人的利益，无论鉴定意见是确认亲子关系还是否认亲子关系，都会对未成年人的利益产生重大影响。因此，法院对于亲子鉴定程序的启动往往持谨慎态度。所以申请进行亲子鉴定的一方当事人提供必要证据予以证明。比如举证证明父母的血型和子女的血型不符合遗传规律、提供怀孕时自己无生育能力的医学诊断证明、以个人名义委托鉴定机构所做的亲子鉴定结论等。（3）对方当事人同意。即便主张确认或者否认亲子关系的一方当事人提出亲子鉴定申请，并提供了必要证据，亲子鉴定程序也未必能够启动。因为亲子鉴定的结果可能会对对方当事人明显不利，作为诉讼中的相对方没有义务协助另外一方取得对己不利的证据。所以，如果对方当事人不同意做亲子鉴定的，法院就不能启动亲子鉴定程序。

亲子鉴定是认定亲子关系的重要科学依据，是对亲子关系的事实认定。但是在无法进行亲子鉴定的情况下，法院如何认定亲子关系呢？亲子关系的认定规则主要有以下几项：（1）婚生推定规则。婚姻关系存续期间受孕或者出生的子女，推定为夫妻的婚生子女。（2）《民法典婚姻家庭编解释（一）》第 39 条规定，夫妻一方向人民法院起诉请求否认亲子关系，并已提供必要证据予以证明，另一方没有相反证据又拒绝做亲子鉴定的，人民法院可以认定否认亲子关系一方的主张成立。当事人一方起诉请求确认亲子关系，并提供必要证据予以证明，另一方没有相反证据又拒绝做亲子鉴定的，人民法院可以认定确认亲子关系一方的主张成立。

上述规定是《证据规定》第95条在亲子鉴定领域的具体运用。《证据规定》第95条规定："一方当事人控制证据无正当理由拒不提交，对待证事实负有举证责任的当事人主张该证据的内容不利于控制人的，人民法院可以认定该主张成立。"对于夫妻一方请求否认或确认亲子关系，并已提供必要证据的，另一方没有相反证据又拒绝做亲子鉴定的，人民法院可以认定请求否认或确认亲子关系一方的主张成立。

除了亲子鉴定外，电子数据鉴定在司法实践中也会经常用作证据，因为电子数据证据的真实性经常受到质疑，如果在电子证据取证时，未进行公证，则可以通过司法鉴定来判断其真实性。

离婚诉讼当事人向法院提交鉴定意见证据时，需要注意：（1）一方当事人自行委托有关部门作出的鉴定意见，另一方当事人有证据或理由足以反驳并申请重新鉴定的，人民法院应予准许。因此，在诉讼中，一方当事人不宜自行委托鉴定人，应当在诉讼程序中，向人民法院申请鉴定，经法院同意后，由双方当事人协商确定有鉴定资格的鉴定机构、鉴定人员，协商不成的，由人民法院指定。（2）申请鉴定，应当在人民法院指定的期限内提出并预交鉴定费用，逾期不提出或不预交鉴定费用的，视为放弃申请。（3）当事人对鉴定意见有异议的，应当在人民法院指定期间内以书面方式提出，对于当事人的异议，人民法院应当要求鉴定人作出解释、说明或补充，当事人收到鉴定人的书面答复后仍有异议的，在预交鉴定人出庭费用后，法院应当通知鉴定人出庭。（4）鉴定人开始鉴定前应当签署承诺书，并在法院指定的期限内完成鉴定。

当事人对鉴定意见进行质证时，应当注意：（1）考察鉴定机构的鉴定资质。（2）考察鉴定意见是否明确。（3）当事人对鉴定意见有异议的，可以要求鉴定人出庭作证。经人民法院通知，鉴定人拒不出庭作证的，鉴定意见不得作为认定案件事实的根据。（4）当事人可以申请人民法院通知有专门知识的人出庭，就鉴定人作出的鉴定意见或者专业问题提出意见。（5）如鉴定人未签署承诺书的，当事人可以对鉴定意见的合法性不予认可。（6）鉴定人是否在法院指定的期限内完成鉴定并提交鉴定书，如逾期完成的可向法院申请另行委托鉴定人进行鉴定。

法官在审查鉴定意见时，应当注意：（1）鉴定意见的形式要件是否完备，是否包括委托人姓名或者名称、委托鉴定的内容、委托鉴定的材料、鉴定的依据及使用的科学技术手段、对鉴定过程的说明、明确的鉴定意见、对鉴定人鉴定资格的说明、鉴定人员及鉴定机构签名盖章。（2）鉴定人是否存在应当回避而未回避的情形。（3）鉴定机构和鉴定人是否具有合法的资质以及鉴定程序、方法、分析过程是否符合本专业的检验鉴定规程和技术方法要求，是否符合法律及有关规定。（4）检材的来源、取得、保管、送检是否符合法律及有关规定，与相关提取笔录、扣押物品清单等记载的内容是否相符，检材是否充足、可靠。（5）鉴定意见是否明确。（6）鉴定意见与案件待证事实有无关联，鉴定意见与其他证据之间是否有矛盾，鉴定意见与检验笔录及相关照片是否有矛盾。（7）鉴定意见是否依法及时告知相关人员，当事人对鉴定意见是否有异议。（8）当事人对鉴定意见有异议或者人民法院认为鉴定人有必要出庭的，鉴定人应当出庭作证。经人民法院通知，鉴定人拒不出庭作证的，鉴定意见不得作为认定事实的根据。

8. 勘验笔录

勘验笔录是指人民法院工作人员对能够证明案件事实的现场或者对不能、不便拿到人民法院的物证或者现场就地进行分析、检验、勘查所做的记录。勘验物证或者现场，勘验人必须出示人民法院的证件，并邀请当地基层组织或者当事人所在单位派人参加。人民法院应当在勘验前将勘验的时间和地点通知当事人，当事人不参加的，不影响勘验的进行。人民法院勘验物证或者现场，应当制作笔录，记录勘验的时间、地点、勘验人、在场人、勘验的经过、结果，由勘验人、在场人签名或者盖章。对于绘制的现场图应当注明绘制的时间、方位，测绘人姓名、身份等内容。

当事人在诉讼中使用勘验笔录证据时，应当注意：（1）对于不能、不便提交到法院的重要物证或者现场应当及时申请法院进行勘验。（2）对于一些复杂疑难案件的勘验，当事人既可以申请由人民法院进行勘验，也可以申请由人民法院委托有专门知识的人员进行勘验。（3）一方当事人申请人民法院依照法定程序制作的对物证或者现场的勘验笔录，对方当事人提出异议但没有足以反驳的相反证据的，人民法院应当确认其证明力。因此，当事人应积极运用诉讼权利，申请勘验，以维护自己的合法权益。

当事人在对勘验笔录进行质证时，应当注意：（1）考察勘验时是否通知本人到场，如果没有通知本人到场的，对其合法性不予认可。（2）考察勘验笔录内容与实际情况是否相符，不相符的不认可真实性。

法官在制作勘验笔录以及审查勘验笔录时，应当注意：（1）审查制作主体是否有行使勘验的权力。（2）涉及专门性的技术问题，应当指派或聘请具有专门知识的人参加。（3）勘验人员、被邀请的参加人员、当事人应当在勘验笔录上签名或盖章。（4）勘验笔录应当当场制作定稿，不能事后追忆。一经有关人员特别是到场的见证人签字就不能改动。如果发现笔录中有错误或遗漏之处，可另行制作更正或补充笔录。

主编简介

王秀全律师

王秀全律师系北京济和律师事务所合伙人，北京市优秀婚姻家庭法专业律师，兼有拍卖师、婚姻家庭咨询师、心理咨询师、证券从业等资质。系北京离婚律师网（www.bjlhlawyer.com）创始合伙人。

王秀全律师自2000年即开始从事法律工作，主要业务领域为家事业务及财富传承。已实际运用遗嘱、契约、大额保单、信托等财富传承工具为企业家及高净值人士的财富传承进行了良好规划。在实务操作中，曾担任多起家族企业继承案件的遗嘱执行人并实际履行遗产管理人的职责。对现实中公司股权、有价证券、虚拟资产、人身保险等特殊类型的财产的分割与继承有着丰富的实战经验。另外，王秀全律师还对婚姻财产保护、个人资产保全具有独到实务经验。执业期间曾多次担任保险机构、私人银行、财富传承机构的培训讲师。成功办理了在国内有重大影响的离婚案件，如某影视上市公司副总裁离婚纠纷（股权纠纷）案、某某离婚后巨额财产分割案、某某计算机行业（中国区）总裁离婚纠纷案、某某非婚生子女抚养权纠纷案、双方均是聋哑人的离婚纠纷案，等等。

王秀全律师曾受邀中央电视台《社会与法》频道，对婚姻家事领域出现的问题进行点评。系司法部“五五普法”《与法同行》栏目婚姻家庭案件的嘉宾律师。在执业期间多次接受《法制晚报》《北京晚报》《家庭百科报》《大众阅读报》《环球时报》《侨报》《中国日报》《星期日电讯报》等媒体的采访，有效传播了与财富传承相关的法律知识。

出版有《我的婚房谁的名》《离婚自助一本通》《继承自助一本通》《房产纠纷案例与实务大全》《房屋土地征收补偿纠纷180问》《财富传承案例与实务操作》等书籍。

曾被评为“北京市朝阳区优秀青年律师”“北京市优秀婚姻家庭法专业律师”“2015—2018年度优秀律师”“中华遗嘱库优秀律师”“2019—2020年度律师行业优秀共产党员”。

微信号：13661058044

邮箱：wangxiuquanlawyer@163.com

张莹律师

张莹，女，吉林市人，吉林大学法学学士、法律史硕士。现为天津君耀律师事务所合伙人律师，三级律师，实习律师指导教师，中华全国律师协会和天津市律师协会会员。

张莹律师从事律师工作近十年，执业以来成功办理了多起有影响的民商事案件，擅长婚姻家庭、合同、侵权、公司等民商事领域的诉讼及非诉讼等法律事务，具有较高超的诉讼技巧和灵活地处理非诉讼法律事务的能力，尤其对婚姻家庭司法实务中出现的新型、疑难问题具有独到见解及经验。

张莹律师作为天津广播电台《法制纵横》《今晚有说法》等栏目的嘉宾律师，多次受邀就法律热点事件、百姓关心的法律问题进行专业、权威解答，获得一致好评。

微信号：15222041112

邮箱：15222041112@126.com

副主编简介

李金萍律师

李金萍律师，执业于北京济和律师事务所。主要研究领域为：婚姻家事、房产纠纷、民商事纠纷。主要业务方向为：婚姻家事、家族财富传承。

李金萍律师在婚姻家庭、民商经济合同、人身保险的具体运用上具有深厚的理论功底和丰富的实践经验。始终专注于围绕客户财富管理、财富保全以及财富传承的需求，结合客户婚姻家庭、财产情况，综合运用遗嘱、协议、人身保险、家族信托等传承工具，为客户量身订做财富管理解决方案，助力高净值客户最终实现财富稳健传承之目的。已出版《继承自助一本通》《房地产纠纷案例与实务大全》《财富传承案例与实务操作》。

李金萍律师在执业期间曾多次受邀为人寿保险公司从业人员进行专业培训，为私行客户的疑难复杂传承问题提供有效咨询，并担任国内某知名娱乐经纪公司常年法律顾问。

李金萍秉承“受人之托，忠人之事”的执业理念，以细致认真的工作态度赢得了当事人的信任，并以深厚的专业知识、精湛的诉讼技巧和高尚的职业道德赢得了同行好评，为当事人提供专业化的服务，有效地维护了当事人的合法权益。

“成功凝聚着我们的汗水”，李金萍律师以此作为自己的座右铭，鞭策自己向专业化方向纵深发展，并愿在自己的专业领域为客户提供优质、高效的法律服务。

微信号：18810636960

邮箱：290751075@qq.com

赵鸿江律师

赵鸿江律师，北京济和律师事务所合伙人，现为中华全国律师协会和北京市律师协会会员、北京市朝阳区人民法院特邀调解员、北京市朝阳区村居法律顾问律师，曾被评为2010年度潘家园地区文明和谐共建和谐个人，第十一届北京市律师协会房地产法律专业委员会委员，曾担任北京市朝阳区律师协会房地产与建设工程业务研究会秘书长。

赵鸿江律师从事法律行业工作十六年，具有深厚的法学理论功底和丰富的诉讼及非诉讼实战经验，专注婚姻家庭法律事务、房地产法律事务，能够运用专业知识为客户防范法律风险，确保客户利益的最大化。

赵鸿江律师曾多次接受《北京法制晚报》、北京电视台《与法同行》栏目、北京市朝阳区广播电视台等媒体的采访并受邀担任《北京法制晚报》等媒体的特约律师，并与同事合著《离婚自助一本通》，通过多种形式积极进行婚姻家庭法律知识的普法宣传工作。

微信号：15801235966

邮箱：hongjiang9802@163.com

晋家兴律师

晋家兴律师，天津君耀律师事务所专职律师，北京大学法学学士、获得中国证券业协会证券从业资格、中国证券投资基金业协会基金从业资格。

晋家兴律师研究和擅长婚姻家事、企业法律风险防控、商事争议处理、财富传承、金融机构不良资产处置、办理了大量民商事争议纠纷案件。数次为首约科技（北京）有限公司提供法律服务挽回巨额国有资产的损失，担任北京默涵投资有限公司、领航智慧数科（北京）科技有限公司等数家企业的法律顾问。

晋家兴律师案件代理经验丰富、法律理论功底深厚，办案思路严谨，为人正直、坦诚，坚持以诚信、敬业、高效、优质的法律服务为宗旨，在执业中以事实为依据以法律为准绳，维护当事人的合法权益，维护法律尊严。

微信号：15011554338

邮箱：489391335@qq.com

王丹丹律师

王丹丹律师，执业于北京济和律师事务所，系中华全国律师协会会员。主要业务领域为婚姻家事、财富传承及公司法律事务等，曾为多家上市公司、国有企业提供专业法律服务。

王丹丹律师执业期间处理过多起疑难、复杂的婚姻家事案件，尤其擅长婚姻家事业务中的房产、人身保险及股权的分割与继承、子女抚养权争取。多次受邀国内知名的大型人寿保险公司，为保险从业人员进行专项法律培训，并取得了良好的效果。系《财富传承案例与实务操作》一书编委成员。

王丹丹律师具有坚实的法律基础知识、深厚的法学理论功底、高超诉讼技巧和灵活的处理能力，得到了客户普遍认同及广泛称赞。王丹丹律师已经在合法的范围内为当事人争取了最大限度的合法权益，并仍将以认真、严谨、高效、专业作为执业水准，更好地服务于委托人。

微信号：13311599642

邮箱：dandanwanglaw@163.com

图书在版编目 (CIP) 数据

身边的婚姻法律顾问：离婚纠纷常见法律问题与全程应对指南 / 王秀全，张莹主编 .— 北京：中国法制出版社，2021.11（2022. 12 重印）
ISBN 978-7-5216-2187-7

Ⅰ.①身… Ⅱ.①王… ②张… Ⅲ.①离婚 - 民事诉讼 - 中国 - 指南 Ⅳ.① D923.91-62

中国版本图书馆 CIP 数据核字（2021）第 195943 号

责任编辑：秦智贤（qinzhixian@zgfzs.com） 封面设计：李 宁

身边的婚姻法律顾问：离婚纠纷常见法律问题与全程应对指南

SHENBIAN DE HUNYIN FALÜ GUWEN：LIHUN JIUFEN CHANGJIAN FALÜ WENTI YU QUANCHENG YINGDUI ZHINAN

主编 / 王秀全 张 莹

经销 / 新华书店

印刷 / 北京虎彩文化传播有限公司

开本 / 730 毫米 ×1030 毫米 16 开 印张 / 14.25 字数 / 248 千

版次 / 2021 年 11 月第 1 版 2022 年 12 月第 2 次印刷

中国法制出版社出版

书号 ISBN 978-7-5216-2187-7 定价：48.00 元

北京市西城区西便门西里甲 16 号西便门办公区

邮政编码：100053 传真：010-63141852

网址：http://www.zgfzs.com **编辑部电话：010-63141798**

市场营销部电话：010-63141612 **印务部电话：010-63141606**

（如有印装质量问题，请与本社印务部联系。）